# 赵匡胤

## 乱世枭雄开启
## 文治盛世

陈红晓◎著

中国言实出版社

## 图书在版编目(CIP)数据

赵匡胤：乱世枭雄开启文治盛世 / 陈红晓著.
—北京：中国言实出版社，2014.5
ISBN 978-7-5171-0559-6

Ⅰ.①赵…　Ⅱ.①陈…　Ⅲ.①赵匡胤(927~
976)-生平事迹　Ⅳ.①K827=441

中国版本图书馆 CIP 数据核字(2014)第 082876 号

责任编辑：郭江妮

出版发行　中国言实出版社
　　　　　地　　址：北京市朝阳区北苑路 180 号加利大厦 5 号楼 105 室
　　　　　邮　　编：100101
　　　　　编辑部：北京市西城区百万庄大街甲 16 号五层
　　　　　邮　　编：100037
　　　　　电　　话：64924853(总编室)　64924716(发行部)
　　　　　网　　址：www.zgyscbs.cn
　　　　　E-mail：zgyscbs@263.net
经　　销　新华书店
印　　刷　北京毅峰迅捷印刷有限公司
版　　次　2014 年 7 月第 1 版　　2024 年 1 月第 2 次印刷
规　　格　710 毫米×1000 毫米　1/16　18.75 印张
字　　数　223 千字
定　　价　58.00 元　　ISBN 978-7-5171-0559-6

# 序

看到红晓关于赵匡胤的长篇小说，我颇有感慨。

红晓走着与他的许多同龄人不同的道路。

红晓在一条不宽不长名气却大的河流旁长大，河的名字叫颖水。这条河哺育出许由、韩非、张良、徐庶、司马徽、晁错、褚遂良等文人高士。在颖水边长大的红晓，细胞里浸润着文学。

从红晓的身上，我看到了当年的我的影子。混迹于坷垃堆，成长于庄稼棵，没想着咋捞钱，不考虑过日子，一门心思迷恋于文学，被左邻右舍目为"圣人蛋"，一样。甚至在自己喜欢的姑娘面前总是显得手足无措，晕晕乎乎，也一样。

也有不同处。红晓比我更痴迷，更有牺牲精神。家境并不宽裕的他，自费跑到北京参加鲁迅文学院和《人民文学》举办的创作班学习。红晓性格比我开放。我的学习对象主要是书本，从不主动找老师求教。红晓刚写了两篇小东西，就从偏僻的禹州乡村跑到许昌来找我求教。其实，我就是比红晓走上文学之路早一些，就我那两把刷子，哪敢当人家老师？后来，红晓又拜访了《原野》杂志的执行主编路铁老师。再后来，他又投到大名鼎鼎的刘震云老师名下。应该说，投师还是能走捷径的。我是平稳前进，红晓是跳跃式上升。

红晓已写了四部长篇，编了两部文集，其中《父爱如山》在全国有较大影响。

红晓选赵匡胤来写，是很有眼光的。

赵匡胤恢复了华夏主要地区的统一，结束了安史之乱以来长达二百年的诸侯割据和军阀混战的局面，为社会的进步、经济的发展、文化的繁荣创造了良好条件，使饱经战火之苦的民众有了和平安宁的生产生活环境。

从唐朝中叶以来，地方藩镇权势过大。他们建立独立王国，甚至犯上作乱。赵匡胤依据宰相赵普提出的"削夺其权、制其钱谷、收其精兵"的十二字方针，分别从政权、财权、军权三个方面削弱藩镇，以达到强干弱枝、居重驭轻的目的。他通过几杯美酒，轻而易举地解决了大将擅军权的问题，被誉为"最高政治艺术的运用"。

与历史上其他著名的王朝相比，赵匡胤创建的宋朝以其鲜明的文人政治特色登上中国文治盛世的巅峰。赵匡胤奉行"文以靖国"的理念，通过尊孔崇儒、完善科举、创设殿试等一系列重大举措，彻底扭转了唐末以来武人专权的黑暗局面，使宋代的文化空前繁盛。赵匡胤是五代十国野蛮政治的终结者、后世历朝文明政治的开拓者。

赵匡胤不轻易杀人。他黄袍加身之后，对前朝的残渣余孽并不斩草除根。我认为这是政治手段，是为了不激化矛盾，免得与他同样想当皇帝的人以复仇为借口来讨伐他。但不管怎么说，他因此落下了一个好名声。范仲淹就说："祖宗以来，未尝轻杀一臣下，此盛德之事。"

赵匡胤的成才之路给我们以启示。他虽是"官二代"，却并不"拼爹"，而是靠个人奋斗，一步一个脚印，从士卒走到皇帝的宝座上。他从小就有远大的志向，以天下为己任。他心地清正，嫉恶如仇，宽仁大度，虚怀若谷，好学不倦，勤政爱民，严于律己，不近声色，崇尚节俭，以身作则，这种人格魅力是他成功的重要因素。

　　红晓写赵匡胤是下了一番功夫的。

　　红晓写的是历史传记小说。历史传记小说的写法，存在互相抵牾的意见。但我想，"大事不虚，小事不拘"的说法也许能为大家所接受。如果大事也虚了，只有人名是真的，恐怕说是历史小说就有些勉强。如果细微的地方都要求真实，那就无法写成小说了。红晓也是遵循这一原则来写的。这就需要：首先掌握大量历史资料，其次考虑怎样把互不关联的碎片联缀起来，把那些概括叙述具体化起来，以使读者在愉悦阅读的过程中获得知识。

　　作品中有一些生动的细节描写。如写幼年赵匡胤驯马的细节："小香孩儿和那马穿过城门的时候，由于那马又高又大，且不是正身过去的，而是斜着跑了进去，这样刚好就让小香孩儿的头撞到了门角上。那马来得极其猛烈，把小香孩儿一下子撞飞了出去。他的父亲在远处一下把眼睛圆了，大张着嘴再也合不拢了。一些人也闭上了眼睛。想那活泼乱蹦的小香孩儿这下定是完了。不想，那小香孩儿噌地又从地上跳了起来，以极快的速度追上了那马，一个筋斗翻了上去。"这里把小匡胤的勇敢机灵写得活灵活现。小匡胤读书读到长平之战的时候，看到白起将四十万赵国俘虏全部坑杀了，当即跑到离他们家不远的一座供有白起的庙里，把白起的塑像扔了出来。这个细节很好地表现了小匡胤的嫉恶如仇和心地善良。陈桥兵变前夕，赵匡胤在街上听到别人说他就要当皇帝的传言，禁不住对家人说了这事。正在厨房做饭的小妹妹，吓得大哭，提了擀面杖跑出来，照定哥哥赵匡胤的身上就抡，哭道："大男人在外面干大事，干什么由你们自己来决定，跑回来吓唬我们妇女干什么？"写出了小姑娘的少不更事，也写出了兄妹间的亲密关系，折射出男尊女卑的世态。这些描写虽是作者虚构或加工的，但合情合理，使人感到真实。

　　史料中是不做具体心理描写的。史料要求的是真实性，人物自己心里想的没有说出来，如果作者具体描写，缺乏资料来源，就显得不真实了。但小说需要写出有血有肉活生生的人物，心理描写就是不可缺少的了。《赵匡胤》中的一些心理描写是很细腻的。如赵匡胤在陈桥兵变之前，心想，如果自己能够当皇帝，自己的宏图大业就会实现得更快一些，就会更有利于天下，有利于百姓。柴荣是一位非常难得的好皇帝，并对自己有知遇之恩，自己打心眼里敬重这位大哥。然而，如今柴荣死了，他的儿子就未必能够当个像他那样的好皇帝。何况他的儿子如今才七岁，能干成个什么事？这段思想活动写出了赵匡胤的矛盾心理，写出了他想当皇帝，并非全是为自己着想。再如：赵匡胤想出去游历一番，跟妻子贺氏商议。然而，贺氏不同意，她不想独个儿守孤单。"何况这时候的世道，兵荒马乱的，要是有个好歹，叫我一个女人家如何在这个世界上存活？"写出一个女人对丈夫及自己命运的担心。

红晓既向书本学习语言，也向生活学习语言，他的语言生动形象、雅俗共赏。如小标题中的"出师未竟身先死""利剑穿豆腐""狗急跳墙"等就运用了不同风格的语汇。第一个化用杜甫诗句；后两个是民间俗语，运用比喻。文中例子如："京娘见他死拧……"韩通性格"一根筋"。这里的"死拧""一根筋"都是朴实灵动的群众语言。赵匡胤对待手下"像一个妈生的似的"。陈桥兵变后，街上有几个无赖，想浑水摸鱼，抢劫财物，不料，"就如光头上长虱子一样"，当即被逮捕。这些比喻都很贴切。赵匡胤在祭祀时间内，要求京都内外保持好的秩序，这个时期是严打、整顿时期。这里的"严打"使用时髦语言，使人便于理解，风趣幽默。

读史料会使人感到枯燥无味，但阅读这样的小说，则使人感到兴味盎然。红晓写的《赵匡胤》会成为广大读者喜爱的好书！

贾凤翔

# 目　录

# 1

## 传说出世带香

公元 927 年正是中国又一次大分裂的五代十国时期，唐朝已经灭亡 20 年了，北方已到了五代的第二代后唐，这时是唐明宗李亶（本名嗣源，称帝后改此名）在位，南方仍有不少分裂政权。先不说这些，单说这年 3 月 21 日，在洛阳夹马营一名将军的家里，伴随着一声啼哭，赵匡胤出生了。他生出来的时候，很是奇异，红光绕室，有一种非常好闻的牡丹香味一昼夜都没散去，他小小的身体，满是金色，像个小金人儿一样，三个月都没有褪色。这让周围的人都感觉极其不可思议；他父亲纳闷地说："怎么会出现这样的事呢？"

接生婆说："我接生过多少个孩子，还从没见过这样的稀罕事！"

一旁伺候的丫环说："真是太稀罕了，小公子长大后，肯定是个大贵人！"

一名老将军捋着胡子沉思说："这小孩儿来历不凡，一定要好好教养他，这样他以后也许会有大的出息，为人造福，否则，可能会危害四方。"

这老将军的话一说出来，小孩儿的父母就谨记在了心里。他们下决心一定要好好栽培他，让他向好的方面发展。

母亲看着父亲，说："给咱们的孩子取个名字吧。"

父亲思考了好半天，觉得自己一生没有达到理想的境地，希望这个儿子长大后不会这样，就说："就叫他匡胤吧！"

于是，小孩儿就有了一个寄予着父母厚望的名字——赵匡胤。

然而，由于他出生的时候，香气绕室，人们都又亲热地叫他"香孩儿"。

赵匡胤的小名就叫"香孩儿"。

人们私下里都说："这香孩儿出生的时候那么香，长大后怎么会干臭事呢？不用说，也不会的！"

"定然是个大好人！"

这香孩儿果然是个大好人，在父母的严格管教下，他每一步都沿着正确的轨道行进。由于他在军营里长大，又遭逢那个乱世，士兵们整日在他周围习武，也使得小香孩儿对武功非常的喜欢。看大人们练习，他也跟着比划。大人怎么练，他也怎么练。这小香孩儿又是天生颖悟的人，什么都一学就会，把他的小体格练得非常棒，眼睛也很是发亮。练起拳来，起如风，击如电，闪身如猫，抖身如小猛虎，行如小游龙。他的父亲赵弘殷本来就是个将军，并且还是个非常勇猛的将军，少时就骁勇异常，擅长骑马、射箭，他将这些技能理所当然地教给儿子。

有一次，军营里搞来了一匹烈马，通身是红色，没有一根杂毛，又高又大，谁骑它，它都会把谁撂下去，摔他个骨断筋酥。小香孩儿说："让我来试一试！"

　　周围的将官们都不让，说："还是算了吧，它又高又大，你又小又矮，如果是摔坏了，我们怎么向赵将军交代？"

　　说什么也不让小香孩儿骑。

　　然而，这小香孩儿，非要试一试。大人们越是这样说他，他越是不服气。将官们没办法，只好让士兵去告诉他的父亲赵弘殷。赵弘殷来了后，看了看那匹高大的马，摸了摸马的屁股，又瞧了瞧自己的儿子，摸了摸儿子的头，有点担心，但还是说："就让他试一试！"

　　又嘱咐小香孩儿：'一定要多加小心！"

　　小香孩儿很感激自己的父亲，心想还是父亲了解自己，对自己好。他冲父亲和众将官俏皮地微笑了一下，说："请你们放心吧！"

　　众将官们也说："你可一定要小心呀，摔下来可不是闹着玩儿的。"

　　赵弘殷说："给马拴上缰绳，套上马鞍！"

　　小香孩儿像那匹倔马一样桀骜不驯，说："不用，您看我一定能驯服它！"

　　说完，"嗖"地一下就蹿上了马背。

　　那匹马一经人骑，就发脾气，只见它驮着小香孩儿像箭一样冲了出去，真有如风驰电掣。小香孩儿用双手紧紧地抓着那马长长的鬃毛，马被抓得生疼，就跑得更加的快。小香孩儿在马背上一颠一伏，人们都为小香孩儿捏着一把汗。眨眼工夫，那马已经奔上了城头的斜坡道。就在这时候，人们的心惊了，赵弘殷更是几乎跌倒下去。可怕的事情发生了，小香孩儿和那马穿过城门的时候，由于那马又高又大，且不是正身过去的，而是斜着跑了进去，这样刚好就让小香孩儿的头撞到了门角上。那马来得极其的猛烈，把小香孩儿一下子撞飞了出去。他的父亲在远处一下把眼睁圆了，大张着嘴再也合不拢了。一些人也闭上了眼睛，想那活泼乱蹦的小香孩儿这下定是完了。不想，那小香孩儿"噌"地又从地上跳了起来，以极快的速度追上了那马，一个筋斗翻了上去。

那马又载着小香孩狂奔起来。穿过草地，涉越河流，翻过山冈，最后终于没劲了，才停了下来。当赵弘殷和众将官们找来的时候，那马已被小香孩儿驯服得服服帖帖了，在一片草地上吃草呢。

这下众人才放心了。

都说："吓死了，吓死了！"

"香孩儿像赵将军一样勇猛。"

赵弘殷当然很是高兴了，又担心地过来看小香孩儿身上的伤，竟是一点事也没有！原来，当那马载着小香孩儿快要撞到城门角的时候，小香孩儿一看大事不好，赶紧从马身上跳了下来，由于速度过猛，就摔在了地上；不过，一点事也没有。

当然，人们不知道缘故，一时在军营里传得神乎其神，都说小香孩儿的头是铁头。又把他出生时候出现的异象联系起来，更感觉这个孩子将来不得了。

还有一件事，让人们感觉很是稀奇，觉得小香孩儿不一般。

一天，小香孩儿和小伙伴韩令坤在一个破庙里玩耍，正"老虎、杠子、虫"玩得开心，却有一大群麻雀在外边的树上"喳喳喳"地乱叫个不停。韩令坤说："这群麻雀，真是烦人！"

小香孩儿说："走，咱出去打它几个下来，看它还叫！"

于是，两人争抢着跑了出来。没想到，他们两个刚一出庙门，身后那庙"轰"地一声就坍塌了，一阵烟尘腾上天空。

他们两个脸上好一阵惊恐——差一点砸死在里面！

人们都说："那群麻雀通神灵，知道庙要倒塌，故意叫他们呢！因为那小香孩儿不是凡人！"

赵匡胤的父母当然也非常重视对他品德的培养，他的母亲对赵弘殷说："香孩儿和你一样太爱练武了，但是不能光练武，将来成为一个纯粹的武夫，应当让他读书，让他懂得做人的道理，这样才不至于凭借他的武功干错事。"

这里简要介绍一下赵匡胤的家庭背景。他父亲赵弘殷原是涿州人，赵弘殷的曾祖父在唐朝的时候曾当过涿州郡附近的县令，祖父曾当过地方藩镇官御史中丞，父亲曾是州刺史，可谓官宦世家。然而对赵匡胤有直接影响的还是他的父亲赵弘殷。

赵匡胤的母亲姓杜，是定州安喜（今河北定州）人。她和赵匡胤的父亲赵弘殷的结合有着一段非常偶然的奇缘。

那一年的冬天，赵弘殷由北地河朔南行，路过定州杜家庄，恰好碰上天降大雪，这样，道路自然是不好走，还天寒地冻的，只好在一户庄院的大门下暂避风雪。这户庄院的主人姓杜，也就是赵匡胤的外公家。赵弘殷人缘很好，看院的庄丁见他不同于此地的一般人，且长得仪表堂堂，身材雄伟，于是对他很好，私下里款待于他。后来一经攀谈，庄丁发现赵弘殷果然是言语不俗，于是就禀告了杜家主人。杜家主人见到赵弘殷后也很是喜欢，便请赵弘殷留下来。住了数月，双方都不讨厌，且感情愈加深厚，杜家经过商议，便想把自己的女儿四娘子许配于他。四娘子也就是后来赵匡胤的母亲，因在家族平辈姑娘当中排行老四，就都称她为四娘子。这个四娘子长相美丽，平时读书识字，是个十分知书达理的姑娘，见了赵弘殷后，也钟情于赵弘殷。两下里一说，赵弘殷也很是欢喜，于是便在杜家庄院张灯结彩，举行大婚之礼。大婚之后，四娘子便跟着赵弘殷来到了洛阳的夹马营，且在这里生下了第一个儿子赵匡济，然而，这个儿子没有长多大，就夭折了，接下来又生了赵匡胤。

我们再回到小匡胤的教育问题上来。此时的赵弘殷觉得杜夫人说得非常有道理，便到处延请名师来教授赵匡胤。赵匡胤是个很听话的孩子，让他学他就学，并且非常投入，很快养成了爱读书的好习惯，常常是手不释卷，直读到深夜。

这个小匡胤也是天生的心地善良。当他读书读到长平之战的时候，看到白起将四十万的赵国俘虏全部坑杀了，心中大为愤怒，当即跑到了离他们家不远的一座供有白起的庙里把白起的泥像扔了出来，说："这样违背武德的人，根本就不配当武神！"

## *2*
## 历　难

　　如果说少年时候的赵匡胤容貌雄伟，器度豁如，见过他的人都认为他不同于常人的话，那青年时候的他更是壮硕，眉清目秀，耳垂到肩，手长过膝，细腰宽臂膀，可谓是气宇轩昂。他白日练武，晚上读书，可以说没有一刻是虚度的。家人看他如此，都心里非常的喜欢。

　　在赵匡胤出生的时候，正是天下长久动乱不息的年月，各处军阀混战，使老百姓没有一天安宁的日子过。

　　到了五代的第四代后汉隐帝乾祐元年（公元948年），军阀王景崇在凤翔举兵叛乱，赵匡胤的父亲赵弘殷参加了此次征讨。他们和叛军在陈仓（今陕西省宝鸡）大战一场。在激烈的交战中，纷乱的战场上，一支利箭射中了赵弘殷的左眼，然而，赵弘殷甚是神勇，非但没有后退一步，反而更加奋勇向前，把王景崇和后蜀的联军打得大败。

　　因为这次战斗，赵弘殷被任命为护圣都指挥使。

　　一家人自然很是喜悦。喜悦之余，赵匡胤感觉自己已经长成，可在家里总是吃白饭，毫无作为，心内又产生许多苦恼。若能像父亲一样，是多么的荣耀啊！可是他又不想为谁盲目而战。

　　他由此产生了出去游历一番，看看天下大势，长长见识的强烈想法。俗话说：读万卷书，行千里路嘛！何况他还学了一身的好武功呢！

　　这时候，他已经结婚，就跟妻子贺氏商议。然而，贺氏不同意，她不想独个儿守孤单。何况这时候的世道，兵荒马乱的，要是有个好歹，叫一个女人家如何在这个世界上存活？想着想着就哭哭啼啼起来。

　　然而，他的父亲却支持他的做法，说："大丈夫，志在四方，不出去历练历练，怎么会有大的作为？"

　　她的母亲内心虽很是不舍，但见他的父亲如此说，也不得不同意了。是啊，不历练怎么能行？即便是你读的书再多，武功练得再好，也是弱苗一棵！

　　赵匡胤的母亲杜夫人是一位了不起的女性，很快用好言好语使赵匡胤的妻子同意了丈夫的出游，并大大方方地送他上路。

　　杜夫人说："儿呀，出门在外，肯定是很不容易的，你一定要照顾好自己！"

　　赵匡胤说："母亲您放心吧！儿不怕吃苦，也一定会照顾好自己，也请您和父亲保重身体！"

　　赵匡胤背好行囊，带一条齐眉棍打马扬鞭就走了。

　　赵匡胤从小生活在城市里，长在军营里，还没有见识过外面的世界，这一出来，才知道天是多么高，地是多么阔，也才知道了人世的艰辛。当他看到老百姓低矮的草房、窝棚，身上穿的破烂的衣服，吃食的粗陋，饥饿的面相和一座一座新坟的时候，就忍不住心酸，老百姓怎么这么苦！连年战乱，民不聊生。每当他见到穷苦得过不下去的人的时候，总是要拿出自己作为盘缠的银钱来周济他们。他心里产生出一种强烈的愿望，他要改变这个世界，使人们都过上太平富裕的生活！

他随身带的盘缠毕竟有限，这样，他的盘缠很快就用尽了，他住在穷苦的老百姓家里，和他们一起吃野菜、喝稀汤，深深体会到了老百姓的苦和老百姓的善良，不管他走到哪里，到了哪家，即使人家再穷也会给他找些吃的。还有一位老妈妈特意给他煮了几个鸡蛋端上来，感动得他泪都出来了，心想，日后一定要作出一番事业来报答他们。

他想必须先要找一个使自己能够生存下去的地方，然后才能慢慢有所作为。这时候，他已经游历到复州（今湖北天门），便去拜访了此地的军阀王彦超，想先在那里找到个事情做，他毕竟是练就了一身武功的，且从小在军营里长大。

可是王彦超见这样一个困苦的青年来拜访自己，很是不屑一顾，因为像这样的困苦青年来他这里求差事的多了。遂不愿接纳赵匡胤，像打发叫花子一样给了赵匡胤一些钱，说："年轻人，你很有理想，只是我这里实在没有适合你的职位，很是对不住呀，你还是到别处看看吧！"

赵匡胤很是失落，本不想要这一点钱，可是自己又毫无办法，想不到第一次找事就碰了一个这样的钉子！

赵匡胤又只好上路了。

赵匡胤手中的钱很快又花光了，虽然他不像刚出来的时候那样使钱随便。此时的赵匡胤穷困潦倒，彷徨无计，有时他真想就此回家去，可是怎么能这样回去呢！他是不会甘心的，他无论如何也不承认自己是无用的。即使再苦，他也要坚持下去，他不怕吃苦！他风尘仆仆，衣衫破旧，这个他根本不在乎。他坚持用冷水洗澡，寒冬腊月大雪天也依然如斯，他意在锻炼自己坚强的意志、吃苦耐劳的精神。

有好几次他独自一个人行进在荒无人烟的地方，有小毛贼还要打劫他，然而这些小毛贼哪能被他放在眼里，他一伸手，就全把他们给打趴下了，反从他们身上搜出一些东西来以示惩戒。"若是再犯，定要你们的狗命！"

赵匡胤又来到了随州，去投奔董宗本，这董宗本原是赵匡胤父亲赵弘殷的故人。于是，董宗本便接纳了赵匡胤。这董宗本虽然并不怎么认可赵匡胤，但对他还是不错的，虽然没有给他什么好职位，但也像对自己儿子一样把他养在自己的家里。

董宗本家里也有一个儿子，名叫董遵诲，和赵匡胤年龄差不多，也爱好武功，志气远大，因此两人常在一起玩耍讨论，切磋技艺。这董遵诲也是年轻气盛，使的是一对方天画戟，武功很好，谈起话来仿佛未来的天地就是他一人的，加上赵匡胤当时是因穷途末路投靠他父亲的，因此这董遵诲总是不把赵匡胤放在眼里。两人虽在一起玩耍切磋，可又总是因为言语不和而吵架生气。

那时候，董遵诲总是会看到他们那个城上漂浮着一片紫色的祥云，夜里睡觉又好几次梦见一条一百多尺的大蛇于雷电交加里化成飞龙腾空而去，便认为这些自然现象都是因为自己而引起的。于是，和赵匡胤说话时更是盛气凌人，用话强压赵匡胤。说赵匡胤难以和自己相提并论，说赵匡胤的意见狗屁不是。

赵匡胤当时也很年轻，心里自是很不好受，觉得在这里真是受窝囊气，于是他又打马告辞了。

# 3
## 救了赵京娘

　　离开随州，赵匡胤住到了一个道观里，这个道观名叫清油观。一天闲闷，就在道观里走走，当他走到后院的时候，却听到了一个年轻女子的啼哭声。他很是奇怪，想一个道观里怎么会有女子的哭声呢？于是循声去找，原来此声发自种菜的那个小屋内。他想推开门，却见门是用大锁锁着的。

　　赵匡胤觉得不对头，一个女子怎么会被锁在这里，必有蹊跷，难道是这里的道士暗地里偷女人？他顿时火起，就想砸了门把女子救出，但还是强忍住了，觉得还是先找这里的道士问一问才好。一转脸，正好看到一个道一经过这里，他就急忙去问那道士。那道士惊慌不敢言。赵匡胤见状更是觉得可疑了，又问其他道士，都不敢说。赵匡胤大怒："什么道观，原来是一群好色之徒，明里吃斋诵经，暗地里淫人妻女！"

　　道士们很是害怕，辩白说："不是的，不是的！"

赵匡胤可不怕，说："不是什么？难道是拐卖妇女？这也同样可恨！我一棍砸了算了！"

说着就要动手。

众道士见他勇武，就又说："不是的，完全不是这样，施主还是不要管闲事的好，我们实在是不敢说呀！"

赵匡胤怒上心来，说："此事我偏要管，我是管定了，你们不用害怕，到底是怎么回事，你们仔细讲来，否则的话，我认识你们，我的齐眉棍可不认识你们！"

道士们还是害怕不敢说，有个道士说："这事说了，我们就活不了，你还是去问观主吧！"

赵匡胤见这群道士懦弱无用，于是拽着他的齐眉棍就上大殿找观主。

这位观主姓王，王观主见赵匡胤逼得紧，就把实话都说了出来，并领着赵匡胤打开了那个关押女子的屋门。赵匡胤去看那女子，不禁眼前为之一亮，这女子长得也真是绝色，有后人形容这女子说："眉扫春山，眸横秋水。含愁含恨，犹如西子捧心；欲泣欲啼，宛似杨妃剪发。琵琶声不响，是个未出塞的明妃；胡笳调若成，分明强和番的蔡女。天生一种风流态，便是丹青画不真。"

原来，此美貌女子也姓赵，名叫京娘，今年十七岁，家住在蒲州。因为跟着自己的父亲来此地还香愿，不想在路上碰上了一伙土匪。他们看京娘长得实在漂亮，就放过了他的父亲，单将京娘掳去。这伙强盗有两个大头目，都同时看上了京娘，争着要娶京娘，互不肯相让。后来经过商议，说等再掳来一个和京娘一样美丽的姑娘后，两人一人一个一块成亲。他们经过清油观，就把京娘寄押在了这里，让清油观的道士们代为看管。清油观的道士都是老实本分的出家人，都害怕得不行，哪敢违抗？于是就……

赵匡胤完全问明了情由，就要救京娘出去。然而，王观主却害怕了，说："施主还是饶了我们这些出家人吧，您把这个姑娘救走了，那伙强匪回来，我们这些人还活得了吗？肯定是观毁人亡呀！都是杀人放火的主儿，我们哪惹得起？"

京娘赶紧跪下，泣求道："公子和道长一定要想办法救我一救！大恩大德永世不忘！"

赵匡胤哪有放弃之理？他眉头一皱，计上心来，说："观主休怕，赵某一生见义必为，什么都不怕，我在这里留个记号，你们好对那伙强盗去说。"

说完，抡圆了他的齐眉棍把那窗子和门全砸了个稀烂："你们可以对他们说，是我赵匡胤砸了门窗抢走了人。冤有头债有主，他们要是想找我，就让他们到蒲州的路上找我吧，我不怕他们！"

道观的道士们亡无法，只得如此，他们也不想替那些强盗做伤天害理的事。赵匡胤要送赵京娘回蒲州的家，观主还说："男女授受不亲，两位施主一路千里，多有不便，依贫道之见，还是结为兄妹互相照应才方便。"

两人甚是欢喜，刚好都姓赵，本是一家人，结为兄妹更是亲密。于是设香案，拜关老爷，结为兄妹。王观主为他们备足行囊，就此上路。

两人各骑一匹马，径奔蒲州，白天行路，晚上寻客栈，晓行夜宿，自不必待言。那京娘也真是太美貌了，一路行来，能抖落下许多人的眼睛。那赵匡胤也仪表堂堂，威武英俊，都还以为是两个小夫妻呢，羡煞旁人。晚上投诉客栈，小二一眼瞧见京娘，都惊呆了，舌头吐出三寸，无论如何也收不进去，因为他从来没有见过如此美貌的姑娘。

那一天，他们亡行至一片树林里，劫掠京娘的两个强盗还真追上来了，大头目叫李虎，二头目叫李豹。京娘有点害怕地躲在赵匡胤的身后。赵匡胤说："不用害怕，看我如何收拾他们。"

赵匡胤立马当先，用齐眉棍一点，说道："你们真是胆大，强抢良家妇女还敢追到这里！"

大头目李虎道："小子，你抢了我的女人，还敢如此，今天我就灭了你！"

赵匡胤说："那你就放马过来吧！"

李豹说："哥哥，让兄弟我来，杀鸡焉用宰牛刀？"

说着就挥舞大砍刀冲了过来。赵匡胤用他的齐眉棍抵住他，打在一处。那李豹武功再强在赵匡胤面前也就是三脚猫的功夫，只斗了两下，就被赵匡胤一招"横扫千军"扫落马下，连滚带爬地滚回去了。李虎使条狼牙棒，哇呀呀挥舞着扑过来，赵匡胤不跟他们玩虚的了，急忙闪身躲过，顺势从背后一棍抢过去，正打在李虎的背上，一棍就把李虎从马上打飞了出去，顿时气绝。吓得剩下的强盗们魂飞魄散，拨转马头纷纷逃窜。

赵匡胤也不追他们，和京娘继续赶路。京娘在一旁都看呆了，说："我的妈呀，一群这么厉害的强盗就这样被你打跑了？"

赵匡胤说："跑了。"

京娘说："我原来只是以为哥哥你会一些功夫，没想到是如此的厉害，如此的英雄！"

赵匡胤笑了说："这算什么？只是一群小毛贼罢了。"

京娘小姐本来对赵匡胤心存感激，赵匡胤侠骨仁心，从清油观当中救了自己，一路相送，在路上又总是像亲哥哥一样地照顾自己，从没有过油嘴滑舌，图谋不轨之处，如今见赵匡胤武艺竟然如此高强，心内更是喜欢。姑娘有了小心事，就是想要把自己的终身大事托付于眼前这个好哥哥。想那红拂女还能自己选择英雄，切莫说我如今深受哥哥大恩，愧无所报，就是我的终身大事，舍了此豪杰，还能再托什么人呢？

而赵匡胤是没有这个心的，他家中已娶妻室，结婚以来，夫妻恩爱，几乎从没有红过脸、吵过嘴，何况自己如今出来的目标还未寻见，他只是一片侠义热血急人之所急，将眼前的落难姑娘送回家而已。更何况，侠义之道也不允许他有这样的想法，这样，好像自己是因为对姑娘有所图才送姑娘似的，他告诉自己完全不能这样。他的仁爱之心、侠义之心，制约着他不往这方面想。

姑娘看上了结拜义兄赵匡胤，但还有心再试试他。

赵匡胤在前面开路行，姑娘在后面心生一计，突然装着肚子疼："哎哟，哎哟！"

赵匡胤回头："贤妹怎么了？"

京娘说："兄长，我忽然肚子疼，身体不适，想要下去解手。"

赵匡胤说："那就下去吧，我在这里等着你，看着马匹行囊。"

京娘装着难受的样子说："兄长，我疼得受不了了，下马不得。"

赵匡胤犹豫了一下，虽然已经结拜为义兄义妹，可还是男女授受不亲，有点不方便，然而在此情形下，又有什么办法呢？只好自己下马去搀扶妹妹下来。

京娘一阵心喜，棸身偎贴义兄，挽颈勾肩，万般旖旎。

再偷眼看那赵匡胤，虽脸微红，心局促，然而却无半点猥亵之意。姑娘更是爱了：这是真君子呀！

京娘去避人处滞留片刻，又返回来，再让赵匡胤扶她上马。几次三番，赵匡胤都毫无怨言，且关心备至，小心入微。赵匡胤知道女人的身体跟男人不一样，就是病多，这一点他娶过媳妇，也是深有体会的，因此也根本没有往别的地方想。

夜宿客栈，京娘睡在床上，又总是一会儿叫喊冷了，要添被子，一会儿又热了，要减去被子，几番故意折腾赵匡胤，赵匡胤却毫无倦意，一喊就到。赵匡胤是天下最聪明的人，然而，在这种男女情事上却是尽管娶了媳妇也还是懵懂。他还没有意会到义妹这是喜欢上自己了。他想的是义兄义妹应当如此。

蒲州是越来越近了，京娘是打定了主意要嫁给义兄赵匡胤，可见赵匡胤还是一副傻乎乎的样子，心里不免着急。想你赵匡胤怎么这么笨呢？

京娘决心不顾羞丑亲自对义兄说，何况义兄义妹一起走了这么远的路，也是感情深厚了，也拆除了心理上的不少障碍。

然而，她一向赵匡胤说，赵匡胤却连想也没想就连连摇头，说："不行不行，彼此同姓，难以结婚，兄妹相称，怎能乱来？何况我原有妻室。"

京娘说："我们同姓，兄妹相称，可是并无血缘关系，你有妻室我不在乎，自古以来大丈夫三妻四妾，就不用再说，我愿意在姐姐之下。"

赵匡胤说："贤妹，并不是我胶柱鼓瑟，原为义气上千里相送，今日若就私情，跟抢你的那两个强盗有什么不同？将原先一片真心化为假意，让天下豪杰们笑话。"

被赵匡胤这样拒绝，心里自然很是难受，她说："你不知变通，死脑筋，为了义气，就两人不能在一起？"

赵匡胤说："并非我不知变通，只是怕天下豪杰们笑话。"

其实，一路行来，赵匡胤虽然没有这样的心思，但在他的心里还是很喜欢这个妹妹的，不过只是把她当妹妹，没有他念。如今虽然妹妹提出来了，他纵然心里真有些想和妹妹在一起，可又怕天下的豪杰们笑话。

京娘见他死拧，也毫无办法，只有自己流泪，背着脸也不再理这个义兄。两人默默地前行。只是在这行中，赵匡胤对她更是怜爱了，千方百计地哄着她，逗她开心，可她就是不笑。

直到走至蒲州家门前，京娘才理赵匡胤，像从未有那回事似的。两人到家，全家人悲喜交集，又是哭又是笑。爹娘都说："我的女儿回来了，我的女儿回来了，我还真以为今生今世再也见不到我的女儿了！"

哥哥嫂嫂们也在一旁笑着抹眼泪。京娘又回头介绍义兄赵匡胤，说全亏义兄搭救，又一路护送回来。

一家人只顾欢喜呢，却忘了女儿背后还有个护送的英雄赵匡胤。于是，又拉着赵匡胤不撒手，感激之情无以言表。弄得赵匡胤都不好意思了，惺遽说："路见不平，拔刀相助，是完全应当的，用不着什么感谢！"

京娘故意说："兄长可侠义了！"

家人看看京娘，再回头看看赵匡胤，两人郎才女貌，还真是一对儿。

京娘一家为赵匡胤摆酒略表感谢，他们也想了，为什么赵匡胤会送自己的女儿那么远地回来？肯定是对自己的女儿有情有意，不然的话，哪会有如此的好人？如今这世道！说不定他们两个在路上就那个了，孤男寡女一路行来，看他们两个回来时那眼神那说话的声气都让人怀疑。虽然私底下询问女儿，女儿赌咒发誓不承认，还委屈地流了眼泪，他们却认为女孩儿家怎么会承认这种事，就是有也不会承认的。于是，决定席间将女儿正式许配给赵匡胤。

哪知他们一对赵匡胤讲，赵匡胤就放下了筷子，酒也不喝了，而且是大怒呀，他说："你这老头子，我赵匡胤为义气而来，却将一桶污水向我泼来，我若是贪恋女色，路上便成亲了，为什么还会千里相送？你们如此不识好歹，枉费我一片热心！"

赵匡胤说毕，把桌子登时踢翻，骑上马飞奔而去。

## 4 遇到一个和尚

赵匡胤游历了中原、华北、西北许多地方，都找不到能够发展之地。后来他在襄阳一座寺庙里碰到了一个法号叫"了然"的高僧，他把自己的苦闷告诉了这位了然高僧。了然高僧看他气度不凡，武艺高强，谈吐雄阔，心怀慈善，很是同情他的境遇，就对他说："当今能成事、得人心的大英雄非郭威莫属，我观施主也非同凡人，您何不投奔他去？相信您在他那里会有用武之地的。"

又经过一番交谈，赵匡胤就决定北上找郭威去。

唐朝天祐元年（公元 904 年）郭威生于尧山，三岁的时候随家搬到太原，不久父母死去，他便成了孤儿，被姨母韩氏收养。郭威长大成人后身材魁梧，爱好练武，处事决断勇敢。十八岁的时候去往潞州（今山西长治），找一位姓常的朋友，当时李继韬在潞州招兵买马，郭威顺势参加了他的军队。由于本来武功高强，所以一去到李继韬的军队里，就得到了李继韬的赏识。李继韬死后，二十一岁的郭威便跟了后唐的建立者，唐庄宗李存勖，因通数算而当上了军吏。这时的他认真读了《阃外春秋》，慢慢知道了些兵法，处事也不再鲁莽了，在军中的地位稳步提升。

郭威为后汉的开国皇帝刘知远立下了汗马功劳，刘知远当了皇帝后，郭威被封作枢密副使，这是国家军队当中一个非常重要的职务。然而，刘知远仅做了一年的皇帝便驾崩了，他的儿子刘承祐当皇帝后，郭威被升为正枢密使，兼中书门下平章事，也就是宰相的职位了。

却说赵匡胤欲北投郭威，高僧知道此时赵匡胤行囊已尽，便又慷慨解囊相助，希望他能早日大展宏图，实现心愿。赵匡胤自然很是感激，遂辞别了高僧了然和尚，前去找郭威。

此时的枢密使郭威正率兵在河中（今山西永济）平叛，赵匡胤心无旁骛，一直找到山西郭威的军营中。此时郭威的军队也正需要人，他一来，便被纳入军中。赵匡胤也没有想那么多，不再像以前一样到一个地方，就想要一个自以为合适的职位，他此时一心想的就是投奔郭威，哪怕从一名士卒干起。

在作战中，赵匡胤由于武艺高强，勇猛冲杀，自然很是引人注目的。

郭威大军平定了河中、长安、凤翔三镇的叛乱。郭威被汉隐帝授予检校太师兼侍中的官职。

然后郭威又率兵北伐契丹，取得了很大的胜利，被封为邺都留守，以宰相兼方镇，且受诏总领河北诸州军政要务，可谓权重一时。

郭威在河朔镇守，主政邺都，于内侄兼义子柴荣的协助之下广招兵马，一边对入侵的契丹国军队进行抵御，一边对百姓进行抚慰，使边疆老百姓的日子过得很是舒心，大家都很感激郭威，拥戴郭威，也使郭威的声望非常的高。

功劳太大了，对自身来讲并不是好事，这会遭致朝廷的猜忌。当皇帝的刘承祐便想着让人把功高盖主的郭威召回，杀了郭威，且非常不聪明地在郭威还未回到京城的时候，先诛杀了郭威的家人。这让郭威如何自处？让谁也无法忍受。

"我在这里苦做贡献，你在朝中什么都不干，光享福不说，还诛杀我的家人，你这皇帝也真是不配当！保你这样的昏君何用？干脆率兵宰了你得了，反正我不杀你，你必杀我！"

又怒又悲伤的郭威带兵攻到了京都开封城下，朝廷的军队和郭威的军队在城下大战一场。在混乱当中，那汉隐帝死于乱军之中。

打开都城之后，郭威的属下想拥立郭威当皇帝，然而郭威坚决不同意，并先让刘知远遗孀李太后主持大事安定人心，又马上假借太后名义遣人去到徐州迎宗室刘赟来当皇帝。

义子柴荣私下对郭威说："父亲为何不趁此机会登基呢？难道这江山就只有他们刘家能坐得吗？"

郭威说："现在断然不能，为父若坐了皇位，那刘家宗室河东的刘崇、徐州的刘赟和许州的刘信必然会很快联军杀来，到时候，必然会大乱矣！"

柴荣听了，连连点头，说："是，是，是！"

那刘赟本是刘崇的儿子，刘知远的亲侄子，后来过继给了刘知远，又据守徐州要地，所以郭威计划立刘赟，想那刘崇由于立的是自己的儿子，肯定不会有什么话说。若要立刘信，刘崇和刘赟父子二人肯定不会服气。待那刘赟远离徐州之后，再找机会把他杀死。然后再趁刘信没有防备的时候偷偷地用军队把他围起来。如此，就是那刘崇兴兵也没有应和他的人，无法成事。

那刘赟接到太后的懿旨，赶紧高兴地收拾进京的行装。刘崇听说郭威杀了汉隐帝，大惊，即欲兴兵开封，然而又听说要立自己的儿子刘赟为帝，又马上打消了兴兵的念头。当然了，儿子当了皇帝，比什么都好，比汉隐帝不被杀还在位时还要强得多！刘崇内心里很是兴奋，还向正在他面前拆穿郭威计谋的太原少尹李冀怒斥道："一派胡言，完全是妖言惑众！来呀，把他拉出去给我砍了！"

于是就上来两个虎狼军士把李冀拉出去了。李冀在临死之前，破口大骂刘崇："你这个混蛋，活该你们刘家的江山落入郭威之手！"

许州的刘信考虑到他们宗室两家的关系，也派自己的儿子来徐州迎接刘赟进京。

# 5
## 干得出色，一路上升

刚宣布刘赟当皇帝没多长时间，忽然传来边报，说是契丹入侵。李太后忙命郭威率兵出征。这样的事，在这个时候，只有郭威能够率兵出征，不派他派谁呢？

谁知，契丹入侵是假。郭威率兵一出京师，走到檀州（今河南濮阳）时，就发生了兵变。

郭威的手下都知道此时时机已经完全成熟，不顾郭威再行推辞，就把一面黄旗披在了郭威的身上，一齐跪下高呼万岁。

郭威带领大军回至开封，向太后上书道："事出意外，迫不得已。"

真是事出意外，迫不得已，李太后也很是识时务，当下便宣布把还没有进到京都当过一天皇帝的刘赟给废了，让他去当湘阴公，请郭威监国。

紧接着，百官也是见大势所趋，都多次上表劝进。这样，郭威在第二年的一月，便正式当上了皇帝，年号广顺，国号周，也即五代最后一代后周。

在刘家宗室正侥幸天下大乱之后还能够保住皇位的时候，郭威回师京都，且让京都的亲信郭崇赶紧到宋州（今河南商丘），把刘赟软禁在了别馆内，令包围徐州的军队攻入城内。刘信见一切都完了，不愿做俘虏，便悬梁自缢了。如此，三镇只剩一镇，刘崇对郭威当皇帝也是敢怒而不敢言了。

这也让一直追随郭威的赵匡胤学到了不少东西，凡事须多动脑筋。

赵匡胤是个非常杰出的人物，他没有那么多迂腐的忠君思想。他想的是只要能够让天下的老百姓过上太平日子就好。因此，郭威一系列利国利民的举措，他都非常拥护。当然，对于郭威当皇帝，他也非常积极地予以拥戴。

这样，在郭威当了皇帝之后，赵匡胤便被晋升为东西班的行首。

过了没多久，赵匡胤又被提拔为滑州（今安阳）的副指挥使。

赵匡胤可谓是干得出色，一路提升。由于赵匡胤的仁厚义气，在攸关生死的战争中，在与乱世的碰撞中，他也结交了一些意气相投的生死弟兄，号称"义社十兄弟"。他们是赵匡胤、杨光义、石守信、李继勋、王审琦、刘庆义、刘守忠、刘廷让、韩重赟、王政忠。他们都是在后汉的时候投入枢密使郭威部下的，当时也皆为低级军官，地位差不多相当。结拜的时候年纪最大、地位最高的是李继勋，他时任殿前司散员都指挥使。他们当中个个武功超强，义气深重。以赵匡胤为首，石守信也是有勇有谋的将帅之才，很是了得。他们都在战争中发展和壮大了自己。

此时，最赏识赵匡胤的人是郭威的义子柴荣。郭威的家人全被汉隐帝给杀死了，他没有了后代，就把内侄柴荣当成了自己的亲子，一心培养。柴荣是邢州尧山柴家庄人，他的父亲名叫柴守礼，祖父名叫柴翁，是当地的望族。柴荣年少的时候父母双亡，曾跟着商人颉跌氏在江陵贩茶，对社会积弊有所体验，后来又跟着郭威在战场上厮杀，练就了一身的英勇，也是像赵匡胤一样义气深重、豪气冲天的人物。郭威当了皇帝后，便令柴荣去当檀州的节度使，后来又让他当京城开封的府尹，这是掌管京城的最高级别的行政职位。很明显，柴荣也就是郭威以后的皇位继承人了。

柴荣经郭威同意后，把赵匡胤调到京都自己的身边，让他当开封府的马直军使，也就是掌管京都骑兵的官位。这让赵匡胤更能够展示自己的才华了。

广顺三年（公元953年）冬，郭威患病驾崩，他的义子柴荣于第二年的正月初一登临帝位。这就是周世宗。他才刚刚三十四岁，正是精力旺盛、年富力强、大有作为的时候。事实上，他也的确是很有作为，是难得的有道明君。

这让赵匡胤跟着他也很有盼头。

柴荣当皇帝之后的第一步便是调整人事。他最赏识赵匡胤，于是赵匡胤当然又再一次迎来了大幅度晋升的好机会，他被荣升为禁军的将领，和他的父亲赵弘殷一起分典禁军。

# 6

## 有活干就是机会

柴荣刚当上皇帝一个月，北汉就跟契丹联合起来进攻，想要一起把刚刚兴起的后周吞吃掉。

北汉就是刘崇成立的汉。郭威废掉了刘赟，后来又截杀了他。刘崇不甘心他们刘家的江山被郭威所占，也想为儿子报仇，于是就在太原自立为帝，占据河东十几个州，继续沿用后汉的乾祐年号，历史上叫做北汉。

实际上这刘崇也很聪明，郭威活着的时候，他明白自己不是郭威的对手，一直不敢轻举妄动，且又依附了契丹，做个依靠，伺机报仇夺国。

今见郭威驾崩，他的义子柴荣即位，就感觉机会终于来了。他想："郭威我是斗不过，难道你的义子也那么厉害，我也斗不过吗？今番我一定要夺回我们刘家的江山！"

那契丹国早就垂涎着中原的土地和财产，五代第三代的后晋开国皇帝石敬瑭甘当契丹"儿皇帝",并将今天北京一带的"燕云十六州"割给契丹。契丹在石敬瑭死后,兵进中原,但最终未站住脚。十几年过去了,契丹野不心死,因此和北汉一拍即合。

然而,他们不知道,柴荣同样不好欺负,何况柴荣的手下还有个十分了得的赵匡胤!

柴荣是位十分好斗的皇帝,一听说打仗,他就分外来劲,想要御驾亲征。虽说老臣冯道力劝他不要亲征,可还是挡不住他。冯道说:"万岁,此仗您只需坐守皇廷,运筹帷幄就可以了,量那刘崇也没多大的能量,他从平阳出逃之后,势力已经大减,并且士气沮丧,肯定是没有胆量再来的。况且,如今您刚刚登基,国家正处于新旧交替的时候,在这个时候人心最容易动摇。再说,禁军当中有不少骄兵悍将,军心还未稳定,对万岁您来说,实在是太危险了!"

然而,柴荣想,皇帝坐守皇廷,未必是好办法,一旦军情有所变化,就很难控制。御驾亲征是有点危险,但是治理国家,一点小小的危险算得了什么呢?况且,御驾亲征,还能增加战斗力,更有希望把敌人打败。

柴荣也相信他的军事力量是很强的,能够将敌人打败。

大臣王溥和一些新提拔的青年将领如张永德与赵匡胤等,都极力支持皇帝亲征,和这位皇帝大哥在一起打仗心里有劲儿。

柴荣心里也清楚,禁军当中确实有一些骄兵悍将,但他这个马上皇帝,能被这些吓倒吗?他心里想的是这正是制服那些骄兵悍将的最好机会。

柴荣率领着后周大军以极快的速度往北挺进,于高平(今山西高平),跟北汉的军队碰上了。两军对敌列阵,柴荣的军队分列为左、中、右三路。谁想,刚开始打,右军就一下子崩溃了。右军的指挥使樊爱能和何徽看到敌军,心里不寒而栗,领着人马就跑,步兵则是丢盔卸甲，一个个都向北汉投降了。

这样弄不好，柴荣全军就会大乱的。柴荣看形势危机，赶紧亲自出来指挥战斗。赵匡胤见皇帝如此，心里一阵激动，跟着这样的皇帝，为何不大干一场？于是向自己的军队大声喊道："此刻万岁这样的危险，我们为什么不护上性命呢？"

又转身对张永德道："贼军只不过是气焰嚣张而已，没有什么可怕的，只要我们拼命就能够战胜他们！你手下有不少左手会射箭的人，你可带兵上到高处进行战斗作为左翼，我带兵作为右翼对贼军进行攻击。国家生死存亡，在此一战。"

张永德本是郭威的女婿，是赵匡胤的顶头上司，但打心眼里佩服赵匡胤的机智谋略、英勇善战，见赵匡胤说得有理，就说："好，就如此打。"

赵匡胤和张永德两个人分别带着两千人马即刻发起攻击。赵匡胤冲锋在最前面，可谓是一马当先，向敌军杀去，真是勇不可当。在赵匡胤的率领下，士卒们个个勇气大增，方才有人投降的阴影也已经不复存在，都拼上了性命，无不以一当百。在这样的情形下，北汉的军队无法招架，全线崩溃，刘崇见势不妙逃之夭夭。此时契丹的军队还没有参加战斗，但是在后面见状，也心里感到害怕了，遂下令撤兵。

后周柴荣的军队趁势掩杀上去，对河东城进行围攻，火烧城门，赵匡胤于激烈的战斗中被沆矢射中了左胳膊，但还是冲锋在前，毫不退却。你说这样的人，干什么事会不成功呢？

此一战，把敌军打得狼狈不堪，后周军取得了很大的胜利。

战斗结束后，皇帝柴荣随即下令把樊爱能、何徽和那些所部军使以上的军官七十多人依军法全部处死。皇帝柴荣说："你等都是累朝的宿将，并不是不能打仗，今天却望风而逃，是想把朕当成奇货卖给刘崇吧?"

自此后,那些骄横不服的将领、懈怠的士兵,都深刻地感受到了这位新皇帝的威严,开始明白了军法的不容侵犯。

而赵匡胤在此次战斗中也是威名大振。人人提起他来,无不竖大拇哥:真是英雄!

因为此次战斗,赵匡胤被加封为殿前都虞候,兼领严州(今浙江德清)刺史,进入到了禁军高级将领的行列。柴荣更是对他刮目相看。

# 7

## 跟着一位好皇帝

虽然在高平一战里打了个大胜仗，然而，柴荣内心并不满意。因为在这一场战斗当中，这位十五岁就上战场的皇帝看到了自己的军队内部暴露出来的许多问题。他在高级将领的会议上讲："朕不能容忍的是，一些将领太过骄悍，贪生怕死，士兵参差不齐，队伍不整，军法不严，号令不听。因为这些才会有临战而逃、丢盔卸甲、投降敌军的可怕现象发生。此一战就几乎坏了我们的大事，几乎亡了我们的国！"

众将领都认真地听着。柴荣又说："为何当大将的樊爱能和何徽会领头而逃？既然严重犯了军纪，为何还敢大着胆子回来？为何战斗刚一开始，那些步兵便丢甲投敌？为何我们不能乘胜将刘崇灭掉？这一切都说明问题。我们的军队必须要整顿，朕命殿前都虞候赵匡胤代朕进行整顿，哪个不听，一律按军法论处！"

赵匡胤开始按照柴荣的旨意对军队大刀阔斧地进行改革，对军队存在的问题毫不姑息。他首先罢免和淘汰了军队里年老体弱和病残者。其次，他招募天下壮士，把当中最突出的专门编为一支队伍，名为殿前诸班，统帅将领是殿前都点检。这也就是殿前禁军，是赵匡胤一手建立起来的。再次，于高平之战以前，殿前司的兵力和实力比侍卫司差很多，如今，赵匡胤把本属于侍卫司的精壮兵力对殿前司给了补充，使殿前司兵员大增，战斗力也显著提升。如此，侍卫司和殿前司的实力差不多均等。

赵匡胤整顿完军队之后，皇帝柴荣亲自来检看，进行阅兵。只见诸军士兵，无不精当，兵甲之盛，近代无比。皇帝柴荣很是满意，不住地点头道："这才像是一支军队，赵爱卿真乃国之栋梁也！"

国家军队力量提高了，也使赵匡胤的威望更提高了一步，人们对他无不佩服。

周世宗柴荣是位非常有作为的皇帝，他不但让得力干将赵匡胤整治军队，使军队的战斗力大大增强，还努力发展国内的经济，使国家繁荣富强。他千方百计增加耕田，激励人民进行生产，惩治腐败，打击贪官，兴修水利，治理河患，安抚百姓，极大程度地促进了综合国力的提升。

柴荣有着远大的雄心和抱负，他要统一天下，使整个天下繁荣富强。

柴荣在显德二年（公元955年），对朝中翰林学士们做了一次测试，题目有两个，当中的一个是《平边策》。柴荣的主要用意是寻找到一个统一天下的大政方针，最主要的也就是先往哪里打。这时候，他们的北边是北汉与契丹，南边是南唐，西南是后蜀。但是这些翰林们都没有想透皇帝此次测试的目的，仅是泛泛而谈而已，只提了一些什么"修文德，来远人"之类的陈词滥调。然而，这些都不现实，不切合实际。只有比部郎中王朴写的最打动柴荣的心，使他的眼前洞见光明。王朴的《平边策》为后周规划了统一天下的基本原则和具体方略。那就是先攻打南方长江以北的诸州，然后是再攻打长江以南，再然后攻打后蜀，再然后是进攻契丹，最后是平定北汉。这样，便能够统一天下。

柴荣读毕这篇策论，很是激动，这和他心里所想的不谋而合，一个完整详细的攻伐战略于他的脑海里更为清晰了。那就是先打南边，再攻北边，先打容易打的，然后再攻取不容易攻的。

在十国当中，南唐是最为富庶也是最大的国家。南唐跟后周有着两千里的边界线，后周若要打南唐，南唐是很难防范的。依照王朴说的，应当先攻打南唐防守薄弱之地。"南唐重点防东，我们打西；南唐重点防西，我们就攻东。"这样就能够清楚他们最薄弱的地方在哪里。我们无需兵太多的兵马，只用小部队对他们进行骚扰即可。若我们采取行动，他们肯定会调动大军来应付；若他们不出动大股的兵力，我们便能够马上取得一些好处。他们若总是调动大军，就会把他们的国家弄得很是疲惫。如果把南唐弄得疲惫不堪，难以应付，我们就可马上占领他们的江北诸州。然后我们再用江北的民力对江南进行攻打，那就容易多了……

# 8

## 关键时刻显英雄本色

柴荣非常赞赏王朴的建议，然而，他并未对南唐马上用兵，而是先下命令把后蜀所占领的秦、凤、成、阶四州收复过来。这四州原就是中原的领地，后晋时候被后蜀给占去了，此后一直未夺过来。

柴荣对这四州的收复是对南唐征服的前奏，是一次大举用兵的试验。

后周的军队初战取得了很大的胜利，可谓是士气高昂，接着又连续打了数仗，也取得了一些胜利。然而因为军队长途跋涉过于疲劳，粮草军需物资跟不上，此次试兵便迅速陷入困境。一时不知道如何办了。是往前打，还是往后退？朝中大臣们议论纷纷。以宰相为首的多数大臣都建议撤退。周世宗听了心中很不是滋味，他当然是不愿就此中途而返的。统一的大业还没有开始，怎么能就这样停止了呢？可是不这样，又当如何呢？

柴荣让赵匡胤马上亲自到前方观察战局。赵匡胤到了前线，认真了解了双方的情势后，认为此四州完全能够攻下，于是回来后向柴荣报告。柴荣听了当然很是欣慰，便不再谈退兵之事，一心攻打。没过多久，前线果然频频传来捷报。数月过后，这四州全部被攻下了。

接下来，便是向南唐进攻。后周显德二年（公元955年），柴荣的军队从都城开封出发了，直打南唐的门户军事重镇寿州（今安徽寿县）。

真正的主场戏开始了。

此时的南唐国主是中主李璟。李璟是个爱文不爱武的人，性格柔和，最会吟风弄月。当柴荣的大军打过来的时候，他还在他的宫内享受生活呢。

柴荣的军队刚开始的时候在寿州的外围连续打败了南唐的小股军队。然而柴荣心里清楚，这还不是真正的战场，两国之间的真正军事较量还未真正展开。在柴荣获悉南唐开始大量地往寿州增兵的时候，便决心亲自率兵去打。那些老臣们又要阻拦他，然而，哪能阻拦得住这位雷厉风行的英武皇帝？

赵匡胤是殿前禁军的头号将领，当然要跟着皇帝出征。

数日后，皇帝柴荣率军来到寿州城下，在淝水北岸驻扎下来。柴荣下令征调当地几十万的民夫，日夜不息地轮流攻打城池。他亲自率领六师，将寿州城围了个水泄不通，连只小鸟儿也飞不进去。然而守卫寿州城的南唐将领刘仁赡也不简单，不管柴荣怎样地攻打，就是攻不下寿州。

柴荣见此，一时是毫无办法。如此，双方处于僵持状态。而南唐的后续部队源源不断地抵达寿州附近。

攻不下寿州城，时间长了就会对柴荣的军队极为不利。这时候，最首要任务是先把南唐的援军给解决掉。然而，柴荣的各路大军全部围在寿州城，不可以随便乱动。万一把这些军队调开，寿州城内的军队肯定会马上主动出来作战，那么柴荣的军队就会腹背受敌，后果不堪设想。这个极其重要的任务应当让谁去执行呢？柴荣经过慎重思考，还是觉得赵匡胤这个有勇有谋的年轻将领去最为合适，目前除了他还能有谁呢？

柴荣就对赵匡胤说："赵爱卿，目前的形势非常急迫，涂山的唐军距寿州颇近，可以顺着淮河很快地抵达寿州，所以一定要把这股部队先解决掉！这个重要任务就交给赵爱卿你了，一定要把他们给拿下！"

赵匡胤胸有成竹，得令道："陛下放心，臣一定把他们给拿下！"

赵匡胤带着几千精干的骑兵飞奔涂山。

赵匡胤前面的南唐军有一万人，还主要都是水军，而赵匡胤所带之人皆为陆军，若是正面交战，那赵匡胤是很难取胜的。赵匡胤考虑周全了，只能是智取，而不能硬打。

他首先想到的是一个引蛇出洞的战术。

赵匡胤让他的大队人马先潜伏在距离唐军几里的涡口，也就是涡水汇入淮河的地方，之后又让一百多名骑兵攻击南唐的军营。打了没有多长时间，赵匡胤的军队便佯作打不过，作赶紧逃跑状。唐军果然上当，很是兴奋，觉得敌人真是打败了，挥着武器掩杀了过来，当然很快就进入了赵匡胤为他们布下的埋伏圈内。赵匡胤来个瓮中捉鳖，将唐军打得大败，把唐军的反包围圈也给撕开了。如此也就把东北边的唐军威胁给解除了。

然后，赵匡胤还要对付东南边的皇甫晖。皇甫晖带领着十万唐军驻扎在清流关，这里具有地理优势，也非常难打。此时，赵匡胤再次发挥了他的机智，他学一下韩信当年"明修栈道，暗度陈仓"之计。他把自己的军队分作两路，兼程而行。一路人马摇旗呐喊，虚张声势，抵达清流关下，摆出要跟敌军拼命的架势；另一路则偃旗息鼓，由赵匡胤带领着偷偷地绕至清流关的后面。那皇甫晖于山下布阵，正想跟敌军前锋进行战斗，却实在没有料到赵匡胤从后边打了上来。皇甫晖大为惊骇，完全慌了，不知如何是好，只有赶紧逃遁。就这样，赵匡胤迅速便又拿下了占尽地理优势的清流关。赵匡胤趁势掩杀，一直追赶到滁州城下。皇甫晖想要砍毁护城桥，阻断赵匡胤进城的可能。可是令他大为惊恐的是，那赵匡胤太过英勇了，只见他纵马一跃，就飞过了护城河，身后的兵马则是蹚水过来。皇甫晖都傻了，然而他又不甘心服输，对赵匡胤高声喊道："你我都各为其主，本没有什么仇怨，请你让我出城摆好阵势再打！"

赵匡胤一听他这话，就笑了，也高喊道："好哇，请你出来列阵吧！"

那皇甫晖果然整顿军队出城交战。然而阵脚还未扎稳，赵匡胤便纵马冲了进来，高叫道："只有皇甫晖是我的敌人，别人都不是！闪出一条道来！"

赵匡胤手拿长剑直取皇甫晖，皇甫晖还没有缓过神来，就被刺中了头部，被赵匡胤活捉了。

南唐另一员大将姚凤见状急忙挥舞大锤来击赵匡胤。然而，赵匡胤一个狮子大摆头，躲过他的大锤，顺手一拽，又把姚凤也给活捉了。

如此，南唐的外围军队全部被英勇的赵匡胤给解决掉了。

# 9

## 英雄还是赵匡胤

赵匡胤英勇地带兵解决了南唐的外围，寿州便成为了一座孤城。这下李璟真是慌了，接连三次让使者来向柴荣求和，愿意割让江北六州。然而，柴荣根本不愿理睬他们这些，柴荣要的是他们这个国家。

柴荣的军队一刻也没有闲着，很快又攻下了扬州和泰州。

文弱的李璟无奈之下，只好派兵应战。他任命他的弟弟李景达为元帅，玩命地向周军反扑了过来，且顺利地把泰州给夺回去了，然后又直戳扬州。

扬州的守将韩令坤一看唐军势大，大为心慌，急忙向皇帝柴荣求救。

这次，柴荣又点了赵匡胤的将，说："韩令坤是爱卿的朋友，他那里甚为紧急，你赶紧率兵去救他吧！"

赵匡胤不敢怠慢，马上带领着两千人马奔往六和去援助韩令坤。

这个时候，李景达带着两万军队自瓜步（今江苏六和）东南渡江，于六和二十多里的地方扎下营寨，誓要拿下扬州。在南唐的援军来之前，韩令坤已很是害怕，想弃城而逃，说如今南唐又添了两万人马了，他的心里更是没底。

赵匡胤看其态势，对他的手下下令说："只要发现扬州的兵卒过六和，就砍断他们的两腿！"

韩令坤非常清楚赵匡胤是个令出必行的人，绝对不会说妄话，于是下定决心坚守扬州。

两方兵力悬殊，赵匡胤稳坐军营，也不主动进攻，手下的将领有的便急了，说："将军，敌人兵多，为何我们不想办法主动出击？"

赵匡胤说："唐军造栅栏安营下寨，这明摆着是害怕我们。然而此时我们的军队只有两千，若主动出击，肯定会把我们的全部力量暴露给敌方。我看最有效的方法就是以静制动、以逸待劳，待他们前来，再把他们就地歼灭掉。"

赵匡胤这样一说，士兵完全放心了，他们对赵匡胤的能力深信不疑。

双方相持了数日，南唐那边终于沉不住气了，带领着全部大军向赵匡胤扑来。赵匡胤率领着他的两千人马进行迎击。他的这些兵个个英勇异常，正是所谓的"强将手下无弱兵"！若发现有士兵有未尽全力的，赵匡胤便使剑于他们的皮笠上做个记号，收兵以后，把几十名不尽力、胆小者和偷懒者尽皆枭首示众。

次日再打，赵匡胤手下的兵将无不奋勇争先，拼死相敌，把唐军打得纷纷逃窜，斩杀五千余人。赵匡胤率兵趁势追击，追得唐军在混乱渡江的时候，又死伤无数。

此场大战，赵匡胤把南唐精锐几近完全消灭掉。

然而，寿州城却还未攻下。眨眼半年过去了，柴荣心中很是焦急，又惦记着京都的事务，便决定留下军队继续攻城，自己和赵匡胤先回京都。

回京后，赵匡胤被柴荣连升三级，他真是喜欢这个年轻有为的勇将，并加封赵匡胤为殿前都指挥使。

# 10
## 再次提升

　　柴荣是个不骄不躁的好皇帝，时刻不忘自省、总结经验和教训。他深深地感觉到自己水师的欠缺，跟南唐的军队打仗，好似跛脚者跟健康者摔跤，受制约得很。为此，他下令于开封西的汴河岸边建立制船厂，制造战船几百艘，又让南唐的降卒领着其他兵卒操练。几个月之后，后周水上作战的能力已经跟南唐差不多了。

　　时间过得很快，眨眼间柴荣的军队已经在寿州城外围了整整一年的时间。这时候在淮南战场，南唐的元帅李景达连续增兵添将，部队很快都集中到了寿春附近，在紫金山驻扎，就像连珠一样排列了十多个营寨。跟寿州城内烽火相通，遥相呼应。寿州城虽然一直被围阻着，然而还是很不容易攻克。柴荣的将士们多有懈怠，都想着要退兵了。柴荣考虑到寿州城已经被围了这么长的时间，用不了多久，必然能够拿下来，此时如果退兵，就是半途而废了。这时候一定要鼓舞士气，坚持攻城。于是他又带领着赵匡胤亲自到了战场。

柴荣来到寿州，在紫金山下边驻扎。刘仁赡依旧死守不出，等待着南唐的军队快些到来。柴荣也考虑到了这些，便对赵匡胤说："爱卿可率殿前人马先把南唐外围的援军消灭掉，以断城内之臆想。"

赵匡胤领命后带领着自己的尖刀人马勇不可当、势如破竹，很快把寿州外围的南唐诸军逐个击溃，打得他们狼狈逃窜。柴荣的军队分成三路对他们进行追杀。一路沿着淮河的水路；一路柴荣亲自带领，沿淮河北岸；一路是赵匡胤带领，沿淮河南岸。

三路人马对南唐的溃逃援军进行追杀，杀呀，砍呀，一直撵了两百里。追撵得南唐的军队无处可逃，最后只有投降。

此一场大战，唐军损失兵员将近四万。寿州城外的唐军外围力量全部被解决掉。

这时候，城内也是弹尽粮绝，吃没吃的，喝没喝的，总不能空着肚子守城吧？何况已经成为一座孤城了，还守得住吗？

刘仁赡见大势已去，心忧致病，无奈之下，也只好上表要求投降。

南唐的门户打开了，以后的仗要好打得多了，柴荣放心了，带领着赵匡胤回京。

回京后，柴荣又加封赵匡胤为成义军节度使、加检校太保，依旧任职殿前都指挥使。

没有过多少日子，柴荣第三次南征。大军渡淮河于濠州（今安徽凤阳）城西，扎下营寨。

南唐的军队这个时候在濠州的东北十八里滩驻扎，地势非常的好。河滩广袤好几里，周围有淮水环绕着，河水相当的深，唐军便又于四周造了栅栏停靠船只。唐军想着柴荣的军队很难渡水来打仗。哪料敌方是早有了准备的。柴荣带来了很多骆驼，令甲士骑着这些骆驼过河，径取十八里滩。那赵匡胤根本不用骑骆驼，骑着他的战马就过了河。

赵匡胤率领他的军队一口气就把唐军的水寨给攻破了，连气都不喘，烧毁敌舰七十多艘，杀死敌人两千多名，占领濠州。赵匡胤沿着淮河指挥自己的军队趁势掩杀，一路追击，马不停蹄，昼夜不息，沿河城栅，一概拿下。大军一直打到泗州（今江苏盱眙），城内守将见赵匡胤锐不可当，勇猛异常，知道难以抵敌，便急忙出来交城投降。

柴荣的大军分三路继续往前挺进，气势如虹，且战且行，金鼓之声使几十里外都能够听得见，一直到达楚州的城下。赵匡胤一路人马在楚州的城北面，他本人始终奋战在最前面，很快就把楚州给拿下了。

次年的三月初十，柴荣前去銮镇又一次抵达长江口，他让赵匡胤带着战舰开进长江，对南唐的舰船进行攻击，一直把对方的水军赶到长江南岸，烧毁南唐营寨，取得了很大的胜利。

唐军整个长江北线失守了，柴荣的大军随即摆开了要过江而战的阵势。

南唐皇帝李璟不断收到前方战败的消息，实在没有兴趣做他的文章了，一向温和的他和大臣们商议后决定派使者奉表到柴荣那里愿意去掉自己的帝号，向周称臣。并且把江北十四州的地盘划归周所有，以江为界，还向周奉送大批的财物，向周写降表乞降。

柴荣接到南唐的乞降表，龙心大悦，暂时收兵回京。

# 11

## 大业未竟身先死

在柴荣对南唐进行作战的时候，北方的北汉和契丹总是借机在后面小规模地骚扰。这使柴荣大为恼火，本来想平定南唐之后再去把契丹在石敬瑭时候侵占去的燕云十六州收复过来，今见南唐已经割地投降，就先把南唐的事搁在一边，回头去收拾契丹。

柴荣平定淮南回京之后，立即令张永德前去北方御敌。后周的成德军节度使郭崇也开始大规模地向契丹的束城（今河北河间）进攻，以回应契丹军队的屡屡骚扰。

显德六年三月柴荣令各路大军集往沧州，还让诸将疏浚北地河流，在河流沿岸整修舟师，以做战争的准备。

四月，柴荣抵达沧州。这一天，天还未亮，柴荣便带领着数万步兵和骑兵由沧州开拔，直击契丹的国界。

柴荣的军队走到沧州以北一百里之外的宁州时，契丹的宁州刺史王洪倒也自知时务，没有打一仗，便带着他的全部属下投了柴荣。

二十日后，柴荣专门对水军进行整治，让赵匡胤担任水路都部署，又让韩通担任陆路都部署。两路大军齐头并进，先行开路，两日之后，柴荣也由水路坐船北上，战船首尾足有好几十里那么长，规模甚是浩大，气势壮观。所到之处，契丹那些守将望风而降。益津关向西，水路慢慢变得狭窄，几千只大型战船很不容易通行。柴荣便下令步兵牵引着小貂继续进发。他自己也登上岸去，骑马向前。

此时，后周的大军还没有赶上来，护驾的士兵不到五百人，而契丹的战马总是时不时地出现在附近不远的地方。作为皇帝的柴荣处境是极其危险的，身边的官员非常地担心：假如皇帝出了什么差池可如何是好啊！

赵匡胤听说皇帝处境危险，赶紧带领着人马飞奔前来护驾。

次日，柴荣率部来到了瓦桥关（今河北的涿州）南。赵匡胤首先来到这里，瓦桥关兵将五百人向赵匡胤投降。赵匡胤还没来得及解下马鞍，又闻说瓦桥关西北边有几千契丹兵将在那里，就马上又率领一百多名战骑前去进攻。契丹兵甚是恐惧，一看见骑兵便赶紧逃跑。

之后，侍卫亲军指挥使李重进和其他诸将也都跟着到了。面对柴荣强大的阵势，契丹的瀛洲刺史连忙投降，另一个州的刺史也跟着投降。

真是兵不血刃，所向披靡。

柴荣在瓦桥关行宫大摆宴席来庆祝此次胜利，顺便跟众将商讨一下收复幽州的事情。

皇帝柴荣对于收复幽州兴致是很高的，然而，他手下的将领们却持不同的意见，有人说："陛下从京城里出来了四十二天，兵不血刃就把燕南这些地方全部收复了过来，真是前世未有的大功勋。但是，现在契丹的真正实力全聚集于幽州的北面，我们不宜太过深入了。"

但此时柴荣统一中原的愿望太过迫切，所以对于众将的表态很是不满意。他依然下命令让李重进任先锋，率先出兵，前去攻占固安。

发布命令的当天柴荣就因太过操劳，顿感身体极度不适，难以再行军打仗。于是攻打固安的行动取消了。

后来，柴荣病情加重，不得以决定班师回京。

回京后，赵匡胤军功实在卓著，并且明显地超过了殿前都检点张永德，因此柴荣颁旨，让赵匡胤代替张永德，任殿前都检点一职，成为了禁军当中的最高将领。

但是，赵匡胤心里很是不自在，因为张永德和赵匡胤关系向来是非常好的，赵匡胤一直在张永德的手下干。张永德一直也很器重他，凡事都征求他的意见，并屡屡向皇帝柴荣推荐赵匡胤，两人知己知彼，像亲兄弟一样。赵匡胤的妻子因病去世几年后没钱续弦，还是张永德借给他银钱操办的婚事。

好在，张永德仍旧加检校太尉、同平章事之官衔，级别还是很高的。

赵匡胤一心为公，为了事业，从来不知道置家产，生活很是清苦，但由于他总是得到皇帝的赏识，就不免招致嫉妒者。那时候，柴荣对于官员腐败问题很是重视，有一次赵匡胤跟着柴荣远征，有人就对柴荣说赵匡胤聚敛了不少金银财宝，然而，柴荣命人打开赵匡胤的箱子一看，发现了一捆一捆的都是些破旧的书籍，兵书战策、治国之道，什么都有……

可惜的是，赏识赵匡胤的柴荣，这位五代史上最有作为的明君，这次患病倒下后就再也未能起来，就此撒手人寰了。

之后，柴荣七岁的儿子即位。

柴荣在临死之前，曾把朝中大臣们招到榻前，他很清楚年仅七岁的小孩子不可能有什么能力管理国家大事，就是刚刚册封的皇后也才二十多岁，能有多少政治经验？因此他一定要找几个信得过又有能力的大臣来尽心地辅佐。

在军事上，柴荣最信任的是赵匡胤，知道赵匡胤是个有血性的好男儿，又一心为国。

便把他安排到了最重要的岗位上。这也等于把整个江山都托付给了他。

# *12*
## 皇位并非专为他家设

对于皇帝柴荣的死，赵匡胤也非常的痛心。柴荣不光是一位非常难得的好皇帝，而且对赵匡胤有知遇之恩，总是那么赏识他、重用他。只要他立了功就会马上提拔他，他打心眼里敬重这位皇帝大哥。

然而，个人是个人，如今他死了，他的儿子就未必能够当个像他那样的好皇帝。何况他的儿子如今才七岁，能干成个什么事？赵匡胤是个有大志的人，他为什么就不能当皇帝呢？他想，如果自己能够当皇帝的话，那他的宏图大业会实现得更快一些，也更有利于天下，对老百姓会更有好处。

于是，他的心里慢慢地滋生了要当皇帝的想法。

与此同时，赵匡胤在军中人气很旺，除了李重进掌握的侍卫司之外，还没人能够和他抗衡，再者那李重进又以淮南节度使的身份镇守淮南，不在京城。何况如今侍卫司许多将领都是他赵匡胤的铁兄弟。比如韩令坤是侍卫司马步军都虞候，他们俩的关系是不用说了；侍卫司的马军都指挥使是高怀德，副指挥使是张令铎，他们与赵匡胤都好得不得了。只有一个侍卫马步军副都指挥使韩通不是赵匡胤的人，但身单势孤哪会是这些人的对手？何况那韩通又是个有勇无谋之人。

再说赵匡胤的义社十兄弟们，他们如今也大都完全成长起来了，在军中担任了重要的职位。

赵匡胤在柴荣死后，人气更加的旺，势力不断膨胀，而柴家的势力和威望却一天不如一天。

在柴荣指定的顾命文臣中，王溥见赵匡胤如今人望甚高，也是站在赵匡胤这边的，私下里什么事都和赵匡胤商量着办。魏仁浦为人宽厚，做事谦虚谨慎，总是以德报怨，他和赵匡胤关系也不错。

可能赵匡胤当皇帝是众望所归吧，人们都认为他当了皇帝后能够更好地稳定大局，于是京都大街小巷都在暗暗地流传着都点检要做天子的说法。

新皇即位半年后的一天，镇、定两州飞马来报，契丹与北汉联合入侵。新皇还是个小孩子，皇太后就和大臣们商议，派能征善战的赵匡胤前去抵御。

于是赵匡胤立即组织军马，准备出征。留下殿前都指挥使石守信和殿前都虞候王审琦看家。其余驻军都跟随出征，麾下侍卫马军都指挥使高怀德，副指挥使张令铎，侍卫步军虎捷左厢、右厢都指挥使张光翰、赵彦徽等都是得力干将。殿前司副都点检慕容延钊充当先锋，先行出征。

即将率兵出征的赵匡胤更显得威风凛凛、威名赫赫。京城里就到处流传着这样一句话："出兵那一天，都点检赵匡胤就会做皇帝。"

这不仅表达了一种愿望，也有着某种预示。然而，其实一般老百姓是很怕朝代更替这种事的，纵观五代史，哪一个朝代的更替不是充满血腥？不是大肆杀戮？不是纵容士兵进行掳掠？因此一些富商都携家带口地从京城逃出去了。

尽管赵匡胤已经滋生了当皇帝的念头，但还没有想到此时就要当皇帝，此时他一心想的是如何御敌。当他在街上听到这样的谣传后，心中一时间甚是慌乱，心想：这到底是怎么回事？人们怎么能这样谣传？弄不好会坏了大事，毁我家性命的！

于是他赶紧跑回家中。回家后禁不住就对家人说了这事："外面都在说要立我当皇帝，除了皇宫之内，都晓得此事了，我当如何呢？"

这话让他正在厨房做饭的可爱的小妹妹，也就是后来的燕国长公主听到了，心内大惊。她一个整日在家里没经过什么事的姑娘，立刻就提了擀面杖出来，照哥哥赵匡胤的身上就抡，委屈地大声道："大男人在外面干大事，干什么由你们自己来决定，跑回来吓唬我们妇女干什么？"

赵匡胤见妹妹都急哭了，心内很是自责，忙劝解了妹妹几句，便心事重重地出来了。

自此，他也下定了决心，如果真要立自己当皇帝，那就干！并且一定要干好！

之后，赵匡胤率领大军前去御敌，没想到大军刚刚出京师，走到陈桥驿那个地方，忽然有边报来，赵匡胤勒马问道："边疆如何了，快些报来！"

"贼已退兵，契丹国内起内讧，尽归国去了！"

赵匡胤和众将士们闻听此言，绷紧的心弦一下子放松了，顿时欢呼雀跃，可以不用打仗了，可以回军和家人团聚了！

此时天已将晚，赵匡胤命令大军，在此休息一晚，明早回京。

然而，没想到，就在这一晚上，却发生了一件惊天动地的大事。

# *13*
## 陈桥驿黄袍加身

这天晚上，由于心中高兴，无战事了，也放得开，赵匡胤就设酒和将士们大饮一通。赵匡胤喝得最多，真是酩酊大醉，众将把他扶至帐内休息。天尚未明，赵匡胤忽觉外面喧腾，并感觉有人在身旁叫自己，不觉睁开眼来，却发现众将穿甲带刃地和掌书记赵普都站在他的床下。

赵普和赵匡胤关系可不一般，显德三年（公元956年），世宗带兵对南唐进行征讨，赵匡胤把滁州攻陷后，赵普也以军事判官的身份来到了滁州，当时赵弘殷在滁州病了，赵匡胤又兵发扬州，实在没有时间伺候老父亲，多亏赵普一天到晚地陪侍着赵弘殷，端汤喂药，无微不至，这让赵匡胤一家很是感激。特别是像赵匡胤这样至情至性的人更是打心眼里感谢他。还因为都姓赵，因此赵匡胤便把赵普看做是一家人。后来，赵匡胤担任了定国军与归德军节度使的时候，赵普身为书记官，一直在赵匡胤的幕府做事。

这时候，赵普见赵匡胤一折起身来，就赶紧把事先准备好的一领黄袍披在了赵匡胤的身上。赵匡胤还没有意识到那是黄袍，就见众将一齐都跪了下来，高呼："参见万岁！万岁金安！"

赵匡胤一时吓得一激灵，说不出话来，再往自己身上一看，发现自己身上披的是只有皇帝才能披的黄袍，顿时吓醒了。

原来，他手下的将领们私下早就计议好了，要在合适的时候立赵匡胤为皇帝，由于怕他不同意，就一直没告诉他。他们都认为赵匡胤有勇有谋，一心为公，除了执行军纪不容情面以外，其他时候对待手下都是非常好的，和他们这些人像一个妈生的似的，只有跟着赵匡胤干，才有奔头，为那个不懂事的小毛孩子卖命，就是死了，他也什么都不知道，实在不值！

如今不打仗了，又把军队都带出来了，正是个机会，因此经过一夜的计议，决定就此拥立赵匡胤当皇帝，并且也当即派衙队军使郭延赟火速赶回京城，把这件事告诉殿前都指挥使石守信和殿前都虞候王审琦，让他们安排好京城里的一切……

这些确实都是一些干事利索的大将军，又有智谋星掌书记赵普在一边为他们谋划，一切都办得真叫"滴水不漏"。

赵匡胤清醒过来之后，马上就把黄袍从身上揭了下来，大怒道："你们这是干什么？真是太过于大胆了，要我们都犯死罪吗？"

赵普说："万岁，如今小皇帝年幼，不能理事治国，于国于民都不利，您当皇帝是大势所趋呀！"

那高怀德和张令铎站起来，不由分说，捡起那件黄袍，又披到了赵匡胤的身上。众人在下边高呼："万岁万岁，天命所归，大势所趋呀，万岁！"

高怀德和张令铎把黄袍强披在赵匡胤身上，就是不让他重新再揭下来。他们也都恳求道："万岁，众望所归，这个皇帝您就当了吧！"

慕容延钊和赵普也都说："事已至此，您要不当这个皇帝，朝廷闻之，将会置我们这些人于何地?! 望您怜恤这些跟您出生入死的将士们，还是披上这领黄袍吧！"

此时所有的兵卒们也都跪在了外面，高呼："万岁，我们誓死拥立赵大帅为万岁！"

"恳请大帅为皇帝！"

赵匡胤为难地说："你们这是要陷我于不义呀！先帝是个很少有的好皇帝，对我恩重如山，委我以重任，我如何能夺他江山?"

众将说："先帝再好，可惜已经驾崩，如今需要万岁您出来主持政事、治理国家呀，不然，以后天下大乱分崩离析，悔之晚矣！"

事到如今，也毫无办法了，何况他赵匡胤从小就有大的志向，要统一国家、国泰民安！

他叹了口气，说："好吧，你们非要逼我当我这个皇帝，如今我不当也不行了，不过，一定要听我号令！"

将士一听赵匡胤答应当皇帝了，顿时群情振奋，说："愿听陛下号令！"

张令铎说："哪个不听，立斩之！"

赵匡胤说："少帝和太后，都是我曾经面北拜过的人，朝中百官，都是和我比肩的人，你们不能对他们进行凌辱，更不能使用任何暴力。近代的帝王刚进京的时候，都是纵兵大掠，擅动府库，你们一定不可这样，事情过后，一定会重重地赏赐你们，否则，全部族诛！"

众将士皆又拜迄："谨遵圣意，否则全部族诛！"

赵匡胤先派客省使潘美回京告谕少帝和众大臣们，然后让楚昭辅赶紧回京确保赵匡胤家人的安全。

一切都安排之后，赵匡胤率兵回京。

# 14

## 正式登基

赵匡胤的大军由仁和门进入京城，早就恭候在那里的石守信与王审琦赶紧开了城门，迎接进去。

这个时候大臣们早朝还没有散，闻听潘美晓谕的事情后，一个个脸色顿时都变了，朝堂之上，很是混乱。范质气得直哆嗦，一把就将王溥的手给紧紧握住了，颤声说："仓促派他前去御敌，此我们之错！"

范质的手指甲都扣进王溥的肉里去了，血都要被扣出来了。王溥一向和赵匡胤关系亲密，一时不知如何说好。

京城的百姓们见发生了兵变，心里都很是害怕，躲在家里不敢出来。后来又见回来的大军纪律严明，秋毫不犯，才都把心放回了肚子里，静观事态的发展。

赵匡胤回到京城后，命令军队各自回营，自己也回到了都点检的办事衙门。他一时还不知道如何面对朝中大臣，心里真是既喜又愧，自己去时是朝中大臣，领兵大元帅，回来的时候却成了皇帝……

过了一会儿，将士们便把范质和王溥两位丞相押过来了。赵匡胤赶忙从自己坐位上站了起来迎接他们，待他们就像以往一样，说："两位丞相大人来了。"

又对旁边的将士们怒道："这是两位丞相大人，担当国事的栋梁，怎敢对他们造次！"

将士们退在两旁。王溥站在那里很是茫然，不知如何是好。范质则是大瞪着两眼，看着赵匡胤，道："赵点检，今日是怎么回事？先帝对你可不薄！你怎能……"

赵匡胤听此话，心里一时大愧，说："大人息怒，我实在是没有办法，我深受先帝皇恩，可是今日被六军将士们苦苦所逼，实在愧对天地，您说，我应当如何呢？"

范质也不知道怎么回答了，只是还气愤地瞪着赵匡胤。王溥此时已经回过味来，心中也已经承认了赵匡胤成为皇帝这个实事。

在一边站着的军校罗彦瑰手拿利剑上前大声斥道："我辈无主，今日必得天子！"

赵匡胤呵斥罗彦瑰，不得对丞相如此。然而，那罗彦瑰并没有退下，依旧手里拿着剑怒视着范质。

范质看着王溥，王溥看着范质，不知如何是好。

稍顿，王溥便先降阶向赵匡胤拜道："参见新皇，我主万岁，万万岁！"

范质见王溥这样，心里大大叹了口气：嗨！便也随着王溥降阶下拜道："参见新皇，我主万岁，万万岁！"

但是范质心里还是感觉窝囊，出气不顺，吐字也因此囔囔的不清不楚。

赵匡胤顿时心里豁然开朗，赶紧两手相牵，扶两位大人起来。

和朝中大臣们都说清事实之后，赵匡胤马上率领着左右人等去崇元殿，召集百官，即刻举行周帝禅位大典。途中他看见一个宫娥怀里抱着一个小孩子，便走过去问："这是谁的孩子？"

宫娥害怕地回答说："这是先帝的小皇子。"

赵匡胤回顾左右说："应当把这小皇子如何？"

赵普过来小声对赵匡胤说："应当杀掉，免除后患！"

赵匡胤听了很是凄然，很是惭愧，想起先帝对他的种种好处，心里很是难受。他见潘美在后面一个人默默地不说话，就问潘美："潘爱卿的意思呢？"

潘美不知道如何回答是好。

赵匡胤说："朕接先帝之位，已是有愧，如果再把先帝的孩子杀死，朕心不忍！"

潘美说："臣跟万岁都曾北面侍奉过世宗，如果臣劝万岁把他的孩子杀了，就实在对不住世宗，如果劝万岁不杀，万岁肯定会生疑心。"

赵匡胤见他有仁爱之心，就说："世宗的儿子不可当成你的儿子，你就抱回去，当成你的侄子抚养起来吧！"

潘美遵旨。

一行人来到崇元殿。到申时（下午三点），百官都到齐了，站了一朝堂。可是大家突然发觉还没有把禅位的诏书制出来，一时扰攘，赵匡胤也小声说："真是太过仓促了。"

谁想，站在前面的翰林学士承旨陶谷已经事前拟好了诏书，忽然自袖内掏出来，念了起来。

对于陶谷此举，赵匡胤也是一怔，他怎么会准备个诏书？难道他知道自己会有今天？心里顿时有一种被人看穿了的不快。然而，这个陶谷毕竟解决了一个难题。于是，赵匡胤正式穿上龙袍坐上皇位，满朝文武一起跪倒，三呼万岁。

礼毕。

# 15
# 真命天子

　　此次陈桥兵变，大军进城后纪律严明，秋毫无犯，并且进城后很快就被命令回营了。街上有几个地痞无赖，见大军入城，就想要来个浑水摸鱼，抢劫一些财物。不料，就如光头上长虱子一样，当即被赵匡胤逮捕，斩杀于市曹。官府对此事认真负责，随即对被抢劫者给予了足够的赔偿。

　　这一点，老百姓都非常地感激赵匡胤，个个额手称庆，说："如今我们真是碰上真命天子了！"

　　"是啊，真爱护我们老百姓！"

　　于是，个个拥戴。

　　赵匡胤的母亲杜老夫人听说儿子黄袍加身成功当了皇帝后，心里很是泰然，说："我儿天生异象，从小就有大志，今番果然也！"

　　赵匡胤坐殿，首先封少帝为郑王，太后为周太后，迁居云西宫。并颁布法令，周室宗庙和寝陵，依旧遣人进行守护。令周宗正及时祭祀，让朝廷命官对周太祖和周世宗按时进行祭拜。

赵匡胤黄袍加身之后对周室所做的一切，都令朝中大臣甚是心安，也觉得新皇不会危及自己。

不仅如此，赵匡胤对朝中百官都给予了加官赏赐，采用了两朝天子一朝臣的做法。后周一切大臣，无论是文臣还武官，无论是京官，还是地方官，皆采用统一的政策，一律留用。依旧由范质、王溥和魏仁浦担当正、副宰相的职务。虽然范质当初对赵匡胤兵变非常的不满，还当面骂他，然而赵匡胤还是非常器重他。当他患病的时候，赵匡胤还亲自去他家探望，并赏给他二百两黄金、一千两银器、两千匹绢。没过多长时间又赐钱百万。对宰相魏仁浦也是这样，患病时候也亲自去探望，进行赏赐。并分别加封三人为宰相侍中、司空、右仆射这样的官职。新皇的这些举措，使原本不满的前朝宰相范质无话可说，并且内心很是佩服，自觉自愿地变换到宋朝的开国宰相的角色里来，且满怀忠诚地为新朝的发展献言献策，贡献自己的力量。

就是对已经告老的后周有名望的大臣，赵匡胤也没有忘记。像前司徒窦贞固、前司空李谷、太子太师侯宜和扈从柯等居于洛阳的后周元老，赵匡胤都全部赐给他们金钱和器物。

新皇对后周旧臣表现出的极大诚意和耐心，得到了世人由衷的赞叹。

在新皇赵匡胤遣使到地方上传达国家政权转移、已经改朝换代的时候，地方上的节度使总是会不放心地先问："现在的宰相是哪个？"

答说："依旧是范质、王溥和魏仁浦三位大人。"

又问枢密副使、禁军将领及其属官都是哪些人等等，回答的皆是："还都是原来那些人，没有多少变动。"

地方官这才完全放下心来，摆案、燃香、跪拜、接旨，也就是放心顺服新的朝廷了。

翰林学士王著对后周很是留恋，在赵匡胤举办的宴会上，禁不住痛哭流涕。众大臣面面相觑，不知如何是好，想皇帝赵匡胤肯定会杀了这个不识时务的王著。当时就有人主张杀了他。赵普说："这是对新朝的大不敬，应诛！"

张令铎说："该死，杀了他！"

然而，赵匡胤却笑了笑，一摆手，说："醉话，王爱卿今日是喝多了。"

群臣见皇帝这样说，紧张的心情才放了下来，说："是呀，王大人今天是喝多了，还是不要他喝了吧。"

赵匡胤便向一旁伺候的人招手说："快把王大人扶回去吧，他今天实在是喝多了，应该回去好好休息一下了！别把身体喝坏了，明日不能为朝廷办差！"

于是，王著便被两名小太监扶回家去了。

宴席之后，赵普私下里问赵匡胤："陛下，今天那王著在宴会之上冒犯陛下，怀念周朝，已经犯下死罪，陛下为什么不杀了他？"

赵匡胤宽厚地说："算了，他一个书生，说两句怀念的话，发两句牢骚，也无大碍，何必小题大做，就要人性命呢？"

赵普连连称是。

赵匡胤对地方上的实权派也都给予了加封。派遣使者怀揣着诏书往各地对当地的守将进行宣谕，给他们加官晋爵。

天雄军节度使符彦卿守太师、雄武军节度使王景守太保、定难军节度使李彝殷守太尉、荆南军节度使高保融守太傅，别的节度使也都尽皆给予提升。根据宋朝的官吏任用制度，带"守"字就是资格还没有到而暂加的意思，这很显然是对他们有越级加官之意。

忠武节度使张永德，也就是赵匡胤的老伙计、老上级。他的妻子是后周太祖的女儿，也是真正的皇亲。赵匡胤登基之后，依旧尊重地称他为"驸马"，礼遇有加。

那些不知道新皇到底会对自己怎样，心里没底的地方节度使们见新皇如此，也完全打消了这样的顾虑，都来新朝归附。

赵匡胤对此次兵变当中的全部将领和谋士们都给予越级的赏赐。韩令坤当了侍卫马步军都指挥使，石守信当了侍卫马步军副都指挥使，张令铎当了侍卫马步军都虞候，张光翰当了侍卫马军都指挥使，赵彦徽当了侍卫步军都指挥使，赵匡胤原来的位置给了慕容延钊，高怀德当了副都点检并当上了驸马，王审琦当了殿前指挥使还领地方节度使。

当然，对内外的马步军士兵也给予了不少的赏赐。

赵匡胤当皇帝后大赦天下，并实施了一些很有效的利民措施。

京都汴梁所有的供给皆都由汴河运来。因此疏浚河道就是急需的。原先，每年都会征调民夫自带衣食来疏浚。新皇帝赵匡胤就此下令，以后民夫再行清理汴河的淤泥、疏浚河道，全部的日常供应皆由政府来承担。

那时候，河北的粮食连年大丰收，因此价格下跌得使农民非常的苦闷。赵匡胤登基后便马上施行了宏观调控，高价收购粮食，使农民受益很大。

这一切全部是在新皇赵匡胤登基后几天之内推出的，一切的一切都在显示如今与过去气象的不同。

新皇宽厚仁爱，关注民生，开科取士，一切都在井然有序地进行着。朝代更替了，皇帝也换了，然而，一切却没有产生一点断裂，发展的还是发展着，弊病也在积极有效地纠正着……

人们都禁不住喜悦地说："当今的皇上就是和过去的皇上不

一样。"

"当今的皇上是好皇上，爱民的皇上！"

"这才是我们的真命天子！"

"我们过了大半辈子了，如今才遇到个真命天子。"

"这次的皇帝肯定会长久的。"

"我们能够过上长久的安定生活了。"

赵匡胤得到了万民的拥戴，民众都希望他的江山万万岁。

当时有个生于唐朝末年的陈抟老祖，有经世之才，因厌倦于五代之乱，进入华山学神仙导养之术，能辟谷，或一睡三年，后来在华山隐居，是个半人半仙的人物。从后晋、后汉以后，每次听说一个朝代更替，就会高喊："哭啊，哭啊！"

有人问他，他只是瞪着眼不回答。

有一天，他正骑着毛驴在华阴游荡，忽听市上的人都在说："赵点检做官家。"

他便惊喜地"哈哈"大笑。人问他笑什么。他笑着说："从此后，天下大安矣！"

# 16
## 李筠不服

  虽然新皇赵匡胤对地方上的实权派也都给予了加封，然而，他们手中掌握着地方上的军事大权，因此赵匡胤还是毫不敢懈怠地密切注意着他们的动向。赵匡胤非常清楚此时的局势，虽然他们都表面上顺服了朝廷，然而内心里还在观望、掂量。他也清楚一些人会怎么想，一些人迟早会跳出来，反对自己。然而眼下最重要的是稳定，只要大多数的地方势力能够被安抚下来，就是有个别的跳出来，也不算什么，他有足够的信心迅速把他们灭掉，也让那些还在观望的看看，我赵匡胤到底有没有能力治理这个天下！

  所幸的是，赵匡胤坐上皇位一百多天之内并没有地方势力敢公然反对他，这就使人在心理上逐渐适应和安稳了下来，都承认了现在新皇的地位。

  然而，终于还是有人按捺不住了。

  这个按捺不住的人是昭义军节度使、并州太原李筠。

这个李筠武艺高强，从小也是擅长骑马射箭，并且很是与众不同。他非常有力气，能把一百多斤重的弓拉开，且连发连中。

正是因为他武艺高强，在后唐的时候才毛遂自荐到秦王李从荣的手下开始了军马生活。后汉乾祐三年（公元950年）在郭威率兵打进大梁京都之时，李筠跟着郭威反汉，立下了不小的战功。后来被郭威封为昭义军节度使，治所在地是潞州（今山西长治）。在那里干了没有多长时间又被封为检校太傅、同平章事、加兼侍中、加检校太尉。

此后的几年，李筠始终在昭义军节度使的任上镇守后周西北边境。李筠屡次跟北汉和对北汉给予支援的契丹大军作战，并且是屡屡把他们打回去，甚是骁勇。他先后攻克了辽州（今山西左权）和长清寨等地，活捉那里的刺史和大将几百名，可以说是后周西北边境有力的屏障。

至陈桥兵变时，李筠于昭义军节度使的位置上已经干了八年多。这八年当中跟北汉打仗，攻是先锋，守是屏障，逐渐养成了仗着自己武艺高强、重兵在握、专横跋扈、任意而为的军阀作风。

他擅自动用朝廷的赋税，召集亡命之徒，甚至还因为一己私愤把朝廷派去的监军使给囚禁了起来。当时的皇帝柴荣对他很是头疼，然而又拿他一点办法也没有，最多只是下诏斥责一番算了。

所以，在一听说赵匡胤兵变坐了龙庭之后，他内心很是不爽，大怒说："他赵匡胤算个什么东西，我当节度使镇守潞州的时候，他才刚刚当上东西班行首的小头目！他有什么资格发动政变，反周坐龙庭？——这个小逆贼！"

当时就想发兵讨伐赵匡胤。

当赵匡胤派使者来到潞州宣谕加李筠为节度使兼正二品中书令的时候，他说什么也不接受。经他身边的人好说歹说，苦苦相劝，讲了赵匡胤势大，也是天命所归，等等，说得他心乱如麻迷迷瞪瞪的时候，才勉强下拜，接受朝封。可是在下跪接受朝封的时候，还是一副气哼哼的样子。

接受完朝封，李筠摆酒招待使者。可是喝着喝着，李筠突然又想起了后周，想起了那些令他非常不顺心的事，于是赶忙下令在墙上挂上郭威的画像来，自己哭了又哭，说："臣对不起您呀，先皇，您当初待臣可是不薄，形同父子，可是如今改朝换代，臣就要跟着别人了……"

这是当着使者的面，一时弄得使者脸上很是难堪，想你李筠到底是怎么回事？现在已经改朝换代，新皇给你加官晋爵，你为什么还那么怀念旧朝呢？

弄得跟着陪侍的手下人员也你看看我，我看看你，心里很是害怕，这弄不好要犯死罪被杀头的呀！好在有人聪明，赶紧出来替李筠说好话进行遮掩，笑说："李公今天大喜，受新皇加封，喝酒过量了，一过量就忘了自己了，还望钦差大人不要见怪，不要见怪！"

使者当时也无可奈何，只好应付说："没什么，没什么，李公真是过量了。"

正在哭着的李筠却说："谁过量了？我才没过量呢！"

聪明人又笑了说："过量的人都是这样，过量还说没有过量，钦差大人见笑了。"

然而李筠的过量可不同于翰林学士王著在赵匡胤举办的宴席上的过量，王著是身无缚鸡之力的书生，是文官，而李筠是手握兵权的一方节度使，这不能不引起赵匡胤的注意。那钦差回去就向赵匡胤汇报了这样的情况。

赵匡胤也早就对李筠心里有数，心理上对他已有所防范。而这期间，那北汉的皇帝刘钧也听说了李筠在接待宋朝来使时的事，禁不住一阵心喜，觉得这真是个好机会，就赶紧写了一封信，用蜡封好，秘使人送往李筠处，极力想劝那李筠跟自己联合，一起对付赵匡胤。

李筠对这件事也并没有向朝廷隐瞒，随即就把这封信转交给了赵匡胤。赵匡胤看了一阵冷笑，心道："只要你敢跟北汉联合，我就一定会把你消灭掉！"

然而，赵匡胤并没有很快出兵，因为李筠此时还没有公然地反叛。所以，他一方面特意亲赐诏书，语重心长，好心好意地对李筠进行抚慰，另一方面又石李筠的儿子李守节进京来当皇城使。

赵匡胤对李筠进行安抚，希望他维护国家安定，不要跟朝廷作对。召他的儿子来京当官，是想试探一下他是不是真的一心要造反。李筠也想了，赵匡胤是在试探他，如果不让儿子去，就说明自己是真的公然要和朝廷作对，要造反，这就弄得自己很被动。不如就让自己的儿子进京，这样还可以准确地对你赵匡胤的动向予以把握，那时，自己要是起兵的话，会更有胜算。

于是，李筠就把儿子李守节派去京都了。

没想到，赵匡胤一见到李守节，就给他来了个措手不及的下马威，劈面就问："太子，您为何来到了这里？"

这话，李守节听了真是犹如当头一闷棍，当时就吓得几乎瘫过去。那李守节本是没有反心的，赶紧磕头，甚至磕出了血，道："万岁为何这样说，必然是有人在挑拨您和家父之间的关系了。"

赵匡胤坐在龙椅上平和镇定地说："你也不用代你那老贼父亲遮掩了，朕早便闻言，你对那个老贼屡屡劝谏，然而他总是不听。他把你派到这里来，就是想让朕把你杀了，随后便以此为借口和朕作对。所以，朕不杀你，请你回去对你那老贼父亲讲，朕没当天子的时候，他想怎样就怎样，现在朕已为天子，就容不下他有一点胡为!"

于是,李守节赶紧跑回了他的父亲那里,把原话讲给他的父亲听,并苦苦地劝说他的父亲。然而他的父亲并不听他的劝说,心想,好呀,你赵匡胤,既然这么着了,那我们就打吧!便加快了起兵的步伐。

当然,赵匡胤也已经开始准备,要和李筠大干一场。

## 17
# 赵匡胤大战李筠

李筠让幕府起草了讨伐"逆贼"赵匡胤的檄文，上面罗列了赵匡胤的许多罪名，说他犯上作乱、篡夺君权等等，用词激烈，多有不逊。这标志着李筠正式向赵匡胤宣战了。

李筠还和北汉的皇帝刘钧结盟。他想，只要有北汉的援助，自己也就什么都不怕了，两下联手，一定能够打败他赵匡胤！

李筠和刘钧两人见面后，李筠由于一心想借人家的兵，就向人家低头称臣。刘钧也满腔热情地封他为西平王。

当李筠公然反叛的消息传到京城之后，新皇赵匡胤马上把枢密使吴廷祚召来了。吴廷祚向赵匡胤分析了李筠的优势和劣势。他说："陛下，我看李筠在地理方面很占优势，潞州地势很是险要，易守难攻，如果他西去太行山，占据孟州和洛邑等地，把虎牢关当成屏障，完全可以跟我们抗衡。然而，这个人平时非常骄横，又有勇无谋，未必看到这一点，他一向刚愎自用，即使他的手下看到这一点向他建议，他也未必会采纳。不过我们要先有个心理准备，首先占据通向太行山的要塞，把他的后路给断了。随后引蛇出洞，把他消灭掉。我朝刚刚建立，形势未稳，所以这次仗不能打得时间过长，必须速战速决。"

赵匡胤见他分析得很是正确，就采纳了他的建议。

赵匡胤又召开了重要的军事会议，广征建议，很快制定出了作战方案，并决定御驾亲征。

御驾亲征前，赵匡胤对自己心爱的弟弟赵光义道："朕此次出征，如果是打胜了，那就不用说了，万一不能胜，可以让赵普分兵守住河北别做他途。"

赵匡胤和李筠的战争就这样开始了。

李筠让自己的儿子李守节留下驻守潞州，自己则率领着三万大军南下和赵匡胤的军队在长平大战一场。

在战场上，两军对垒，李筠见了高怀德和石守信，就高兴地大声叫喊他们的名字："二兄别来无恙乎？"

高怀德和石守信也与他以礼相见，说："李公别来无恙。"

礼毕，李筠说："周高祖和世宗都对我们有大恩，你们为什么要反周呢？"

高怀德和石守信说："我们并非反周，当今皇帝乃是圣明的皇帝，乃是天命所归！"

李筠说："什么天命所归，天命也应该是柴家的后人当皇帝，为什么是他赵匡胤？我劝你们还是赶紧过来和我一起反赵匡胤吧！"

那高怀德和石守信二人哪听他这些？话不投机，就开始打起来。

李筠内心里很是失落，怎么老朋友们都不听我的话呢？看来真有点麻烦了。他催动他的拨悍马，招呼他手下的第一员猛将儋珪枪和高、石二人战在一处。

高怀德抵住李筠，石守信抵住儋珪枪，一场大战。

李筠果然是勇猛，和高怀德大战五百回合不分胜败，高怀德没有他力气大，就想着用巧招赢他，但还是打了个平手。

那儋珪枪把一杆大枪舞得上下翻飞，真有如一条龙似的，然而，今天他碰见了比他武艺还要高强的大将石守信，又战不多合，就渐露怯意，被那石守信卖个破绽，闪身斩于马下。

李筠见他的儋珪枪完了，再无心恋战，拨转马头就回本阵。高怀德和石守信趁势就带兵追了过去，李筠回头道："我们本是老朋友，难道真要我的命吗？"

石守信说："反贼，今天就让你死于我的马下！"

那李筠闻言，再不抱幻想，边战边退，在泽州南，又是一场大战。高怀德、石守信破敌三万多人，三千多人投降，俘虏北汉河阳节度使范守图，把北汉派去的监军卢赞也给杀死在乱军之中。李筠只好退守在泽州城内不出来。赵匡胤此时也到了，指挥大军把泽州城围得像铁桶一般。

李筠麾下的数员大将见这个势头，也不管不顾了，他们本来就不赞成李筠举事，于是赶紧率军投诚。

北汉的皇帝刘钧看大势不妙，也急急忙忙逃跑了，只剩下李筠。

这时候，李筠的小老婆刘氏问李筠："现在军中还有马匹多少？"

李筠不解，说："你问这些干什么？"

刘氏说："如今我们是孤城一座，用不了多长时间便会陷落，若有数百马匹，可以跟我们手下的得力干将突围出去，然后走保上党，那里既容易防守也容易求援，难道不比在这里死守强吗？"

李筠听了觉得这也不失为一个好主意，看看军中还有一千来匹马，便想着待黄昏时分突围出去。然而这时候又有人向他建议道："此时在城里边的，未必都和你一条心，万一出城，说不定就会有人将你劫持了去投降献功，那时候后悔也就晚了。"

此时的李筠真是蒙头转向，也不知道到底怎么办是好了，真是"英雄"末路。想想禁军中那些将领们以前和自己关系那么好，如今都反目不认他了，他还能相信谁呢？这一切都使他很犹豫。

可是他这一犹豫，就错过了一个好机会。

次日，泽州城就被赵匡胤的大军攻破了。李筠无奈之下，往火里一跳，他的一生也就这样完结了。

然而，他的儿子李守节跟了赵匡胤后，赵匡胤封他为单州的团练使，后来改任辽州、和州的团练使。在李筠投火被烧死的时候，他的那个小老婆已经身怀有孕，后来李守节找到了她，她生下一个男孩，李守节就把他养大。

只可怜李筠！

## 18
# 杯酒释兵权

  赵匡胤用兵如神，这给那些心里有叛逆想法的人更大的震慑，他们都一个个赶紧转向，诚恳地向赵匡胤表现忠心，以示拥护。此举让赵匡胤心里很是受用，也一时觉得国内算是无忧了。

  他站在御花园的廊亭上沉思着，自从唐末以来，天下数十年的时间，单是帝王就换了五代八姓，可谓是天下大乱，战火不息，生灵涂炭，如今真应当让百姓们过上太平的日子了……

  然而，过了没多久，赵普就开始上书。赵普说："唐末以来，天下大乱，朝代屡屡更替，主要的原因就是藩镇的势力过大，使得君弱臣强。为了我朝长治久安，就应当先采取一个有效的预防措施，来避免这样的事情在我朝发生。"

  于是，赵匡胤当即召见赵普，问他有何良方。赵普说："陛下，臣觉得这样的情况下，只有对症下药，那就是先慢慢地掌握他们的权力和经济，把他们的精锐部队收回来，使他们既没有钱、没有权，也没有军队，天下很自然地也就没有什么不稳的了。"

在这之前，赵普就多次上书赵匡胤说石守信和王审琦这些人长期在禁军的将领位置上干不合适，应当给他们动动位置，当时赵匡胤舍不得这些跟自己出生入死的弟兄们，就一直没动他们。如今借这个机会，赵匡胤又问赵普说："像石守信和王审琦等武将都对朝廷和朕是非常忠心，爱卿你为何对他们这些人总是不放心呢？"

赵普说："我的确不是对他们有什么不放心，我知道他们都对陛下和朝廷非常的忠心，然而，我认真调查了一下，觉得他们几个人都缺乏掌控和驾驭部下的能力。如果他们的部下有人想要造反，到时候恐怕他们就身不由己了，像陛下您对周世宗不也身不由己吗？"

赵匡胤听到这里，默然无语……

赵普走后，赵匡胤独自一个人想了很久。赵普说得很有道理，难道自己坐上皇帝的位置不也是这样的吗？但他是性情中人，又天生敦厚纯良，虽然征战这么多年，可连一个俘虏都没有杀过，如今更不忍对这些和自己情同手足的弟兄们下手。想想以前那些历代的皇帝们都是"飞鸟尽，良弓藏，狡兔死，走狗烹"，而自己做不出来那样的事，也从来没有把这些跟着自己出生入死的弟兄们当成什么"走狗"。当年汉高祖刘邦登上了帝位之后对于跟着自己出生入死的功臣们的滥杀……想起来就让人对刘邦这个人心生厌恶！自己这些弟兄是不同于李筠那种人的，李筠是自己的敌人，他不能像对待李筠似的对待这些弟兄们……

想当初，在他刚当上皇帝的时候，许多藩镇都很是骄横，无视法律，特别是他的那些结义兄弟们更是有过之而无不及。有一日，他便叫上他们，让他们都拿着弓、带着箭，每个人骑着一匹马来到了固子门下马饮酒。喝到正高兴的时候，他忽然对这些弟兄们道："此处很是僻静而无人，你们要是想当皇帝，现在完全可以趁着这个机会把我杀了，然后自己当皇帝。"

兄弟们一听这话，顿时都吓傻了，等反应过来后赶紧浑身哆嗦地跪伏于地。他连着问了三声，也没有人敢回答一句。

他说："你们是真心拥戴我当这个皇帝吗？"

兄弟们都又赶紧叩头，高呼："万岁！"

他言道："既然你们拥护我当这个皇帝，就一定要像个当大臣的模样，别再像先前那样为所欲为，骄横不法了。你们那样还叫我如何当这个皇帝？"

大家又惭愧地高呼："万岁！"

这些人都喝得大醉回去，从此后再也不敢骄横不法了……

赵匡胤想了好久，就是夜里也睡不着觉，辗转反侧。可为了大宋江山的稳定，为了百姓不再遭受战乱之苦，也为了自己如今这个皇位，总要处理这些事情。

一定要想个万全之策！

最终他下定决心先是把慕容延钊和韩令坤在禁军中的职位给解除了。他们两个人都是禁军当中领导职位最高的，也都兼任地方节度使，在地方上驻守，其实，禁军中的职位对他们来说，已经形同虚设，既然如此，解除职位，对他们来说，也不算什么。

他们两个的问题解决后，还剩下禁军中的几个弟兄。这一天，赵匡胤就摆了一桌宴席，请这些弟兄们喝酒，弟兄们都知道，赵匡胤最是爱喝酒的，也最是看重兄弟情谊的，于是都欢欢喜喜地前来赴席。

等酒喝到一定程度的时候，赵匡胤命令在身边服侍的人员都退下，开始进入了正题。他说："若不是大伙，就不会有如今的太平天下，大伙对国家做出的这番贡献，朕永远感念啊。"

大伙听了，心里都很是快活，纷纷说道："都是陛下英明。"

赵匡胤没有理会他们的奉承，接着叹了口气，说："然而朕当天子也真是不容易啊，感觉着还没有去地方上当个节度使自在呢！我经常是连觉都睡不好一个，日子真是不好过呀！"

弟兄们听了赵匡胤对于当皇帝的感想，相互看看，很是不解，难道当皇帝真还没有当地方节度使自在吗？有人便说："臣等愚钝，不明白到底是怎么回事，请陛下明示！"

赵匡胤说："非常显然嘛，朕如今这个位置谁不想坐坐呢？"

大伙听了赵匡胤说这话，心里觉得很是不对劲儿，觉得必定有因由，皆忙跪下问："陛下为什么这样说？现在天命已定，哪个还敢不安分？"

赵匡胤说："朕和你们都是生死弟兄，朕也明白你们都不会有什么不安分，可是你们手下的人若是贪图富贵了将如何？万一他们将黄袍往你们身上一披，你们是不是也会身不由己呀？"

话说到此，即使再不明白的人，心里也很清楚了，皇帝大哥这是在猜疑他们了，这是弄不好就会掉脑袋抄家灭门的大事呀，顿时心里都非常的害怕，急忙跪下头磕得山响，道："臣等太过愚蠢了，还望陛下念及旧情，给我们指出一条明路来！"

赵匡胤看时机已经成熟，就连忙将他们揽起，感慨说："人生在世上，真是太过短暂了，一眨眼的工夫就过去了。那些追求富贵的人，不过都是想把财物积攒得多一些，大大地享乐，也使子孙们没有贫穷之忧罢了，你们为什么不能放下兵权，到地方上当个节度使，选一块好的宅田，作为留给子孙的不动产业，再多买些歌儿舞女，天天饮酒快乐终其天年呢？朕可以跟你们约定为儿女亲家，这样我们君臣弟兄之间就不会再有所怀疑，上下相安，这不是很叫人高兴的事吗？"

赵匡胤说这话，好像他自己只是追求富贵的人一样，其实，他纵然当了皇帝，生活也是极其节俭的。他总是身着粗布的衣服，还绝不允许家里人奢侈浪费。有一天，他看见他的大女儿穿了一件用翠鸟羽毛做的衣服，很是生气，就命令她脱下来，并说道："你穿这样的衣服需要多少翠鸟为之丧失性命呀，如果天下的人都学你这样，那就会把翠鸟全部捕尽的。"

赵匡胤对自己很苛刻，生活上非常的节俭，但是对别人却总是很大方、很宽容。因为他心中装的就是一个天下。天下太平，繁荣富强就是最重要的事。

此时，石守信等弟兄们听赵匡胤说到此，心里已经很洞明了，无不叩头谢恩道："陛下念臣等至此，真是如同生死骨肉啊。"

次日早朝，石守信、高怀德、王审琦和张令铎等皆上书称病，言辞恳切，要皇帝批准把他们的兵权解除。赵匡胤全部诏准，令他们到地方上去当节度使，除了天平节度使石守信依旧保留着马步军都指挥使的虚名外，把别的弟兄的禁军职位都给免掉了。

一段时间过后，石守信留在禁军的虚名也给废掉了。自此，侍卫军马步军都指挥使的位置空出来了。

赵匡胤是个非常有情谊的人，特别是对这帮弟兄们。此后没过多长时间，就跟他们结成了儿女亲家，互通婚姻，他把自己的大女儿昭庆公主嫁给了王审琦的儿子王承衍，二女儿延庆公主嫁给了石守信的儿子石保吉，御弟赵廷美也把张令铎的女儿娶了过去。

这就是历史上有名的赵匡胤"杯酒释兵权"。这下真是江山稳固，弟兄和美，君臣相安了。

# 19
## 一切权力归中央所有

赵匡胤在建国之后就总是在思考五代时期朝代更替频繁，战乱不已的根本原因。要想长治久安，该从何下手呢？

从唐朝天宝以来，藩镇各霸一方，主要的原因就是他们握有地方上的财政大权。他们征收上来的赋税只上交朝廷一点点，其余的都自己留用了，这叫做"留使"或者"留州"。地方上经济基础厚实了，便自己招兵买马，壮大军队。此类情况在赵匡胤刚建立大宋的时候，还普遍延续着，朝廷势力要是比较弱的话，能不害怕吗？于是，赵匡胤采纳了赵普的建议，乾德二年颁令全国各州，自这一年开始每年所收的赋税除留下地方行政的基本开支所需以外，剩下的尽皆上交朝廷，不能以"留使"或"留州"之名义进行截留。次年的三月，赵匡胤再次颁令，重申上项规定。如此一来就将地方节度使留州的特权给剥夺了。然而，准许地方上留下基本的行政费用，依旧会为地方截留赋税留下钻空子的机会，于是赵匡胤再一次颁发诏令，地方收支的账薄一定要通过朝廷的审核批准，不能妄有支费。

赵匡胤在地方上都设了转运使，以对地方上的财政进行监控。转运使还拥有审计和监察等多种权力。此举让地方上原有的割据本钱全被朝廷给抽走了，相反的是让朝廷的财力雄厚了起来，能够更加有力地对地方进行控制。同时，由于地方政府财力降低了，也就再无能力和军队相勾结，这对社会的稳定非常有好处。

自五代以来，沿袭旧制使用的是唐钱，新铸的非常少。赵匡胤便下令开始造自己本朝的钱，钱文是"宋通元宝"。各州轻小质料低劣和铁镴钱都不能使用，铁镴钱即是混合铁跟锡铸造而成的钱币。诏书到后限一个月之内送交官府，过时还未上交的，根据情节的轻重给予治罪，发现私自制造钱币的，全部处死。

茶、酒、盐、矾、香等实行国家专营。这样一来，就使朝廷年收入大增，国用富足。乾德三年对寿州和黄州等五州茶叶实行专营，使国家每年的收入增加了一百多万缗。即是说，单此五个州的茶叶专营，就使国家年增加了十亿文钱的收入，而这些收入过去皆被地方所截留。与此同时，制定严厉的法律保障国家的专营权，若发现私自酿酒进京都五十里之内并达到五斗的，擅自贩卖官盐达三十斤的，煮碱达十斤的，官灵暗自进行交易的全都判死刑，弃市。

赵匡胤对于地方行政权的收回，也采用了多样措施。

早在五代之时，有的节度使占据数州，叫做"支郡"。支郡势力强大，对朝廷形成了严重的威胁。在乾德元年（公元 963 年），赵匡胤平定湖南和湖北之后，首先把那里的支郡给撤了，令潭、郎等州直属朝廷。这一变革到宋太宗的时候全部完成，一切支郡在全国范围内尽皆撤销。随着这个指施的实施，节度使便由称霸一方的土皇帝变成了原来治所的那个州的高级长官。纵然如此，于一个州内，节度使的权力也又被层层分割，难以膨胀。

有一天，赵匡胤对身边的人说："五代时期，藩镇尽皆嚣张跋扈，能够随便伤害人命，朝廷也不管不问，刑部的职权差不多是被废弃了。人命关天的大事，如何能够这样纵容姑息呢？"

身边的人也有同感。

赵匡胤于是下令诸州，各州死刑一定要向朝廷进行上报，由刑部复审，地方上不得自行杀人。

建隆三年（公元962年）十二月，赵匡胤下诏，每一个县设置一名县尉，对盗贼、打架、争讼等治安方面的事情进行负责。原来这些事情是地方节度使亲随担任的镇将负责的，此后，这些镇将所分职权只是在他们所驻的城内。

开宝六年（公元973年）七月，赵匡胤又下令将诸州马步院改为司寇院，选派进士及第的人员和人选资序差不多的文臣担当司寇参军这一职位。这样也把藩镇对州府的一般案件审理权整个给剥夺掉了。

在把禁军的权力都收过来后，赵匡胤就开始计划着把地方上节度使的兵权也全部收回来，免得他们以后会骄横生事。

赵匡胤不愧是一个文治武功兼优的皇帝，他向地方颁旨，精选地方军队里勇猛的军士登记上报朝廷，以补充都城禁军的缺额。选拔的标准是国家统一的。刚开始的时候是挑选军队里身体非常棒的兵士作为"兵样"，送往各地，以此为标准进行挑选。后来是用木头做成人形为"兵样"，要求地方根据规定的标准进行挑选。挑选出来后，先在地方上进行训练，待达到相当高的水准之后，再送往汴京，然后再经过皇帝赵匡胤亲自检验，方能补充到禁军。

赵匡胤的这个举措，不仅是为了加强侍卫军的实力，同时也是为了削弱地方军事力量。这样一个上升，一个下降，力量就悬殊了，谁还敢跟朝廷抗衡？

那一年的十一月份，赵匡胤在京城的西郊先后举行了两次规模浩大的阅兵仪式，并对这两次阅兵非常的满意。看到将士们一个个雄赳赳气昂昂生龙活虎的样子，赵匡胤感到从未有过的兴奋，他对陪同的大臣们说："自后汉与后晋以来，禁军卫士数量也没下十万，然而真正有用的却很少。朕一年来，将老弱病残尽皆裁除，在武艺上又亲自给他们指点，如今再看，都是精锐之师了！"

大臣们见到这个壮观的场面也一个个都很高兴，都在一旁奉承着赵匡胤："陛下真是英明盖世！"

"陛下的武艺谁人能敌？"

是啊，宋太祖的武艺在整个中国历史上都是极其有名的，他把教演士兵们练武的实战招式编成套路，形成了中国武术当中有名厉害的"太祖长拳"、"大洪拳"、"小洪拳"。

接下来，他要想把地方节度使的军权收回来，就是水到渠成的事了。

赵匡胤武功盖世，内心却敦厚，天生爱喝酒，就是解决国家大事，也爱在酒席宴上解决。那一年地方上的节度使们来进京朝拜赵匡胤，赵匡胤便在御花园宴请他们。

又是喝酒喝到一定时候，赵匡胤开始了正题："卿等皆为国家的栋梁功臣，长时间地为国家镇守地方，整天忙于公务，朕十分感念，今天这宴席实在不够优待贤士的规格，让朕不知道要如何表达这意思好了。"

凤翔的节度使兼中书令王彦超是一个非常聪明的人，一听赵匡胤这话心里就明白了，他和赵匡胤的交情不是一天两天，而是从年轻的赵匡胤历难的时候就开始了。

当年赵匡胤投靠于他，他一时走眼没收留赵匡胤。大宋建国后，赵匡胤曾问王彦超："卿那时候为什么不用朕呢？你看朕真是那样没用的人吗?"

一般人听了这话,肯定不被吓得尿裤子,也会冷汗直流,然而,这王彦超却不,只见他毫不惊慌地说:"万岁,复州那个小地方怎会容得下真龙天子呢?庙小不能留大菩萨,一切都是上天规定好了的。"

这样一说,赵匡胤甚是开心,此后对他还是甚好。

如今,王彦超明白皇帝要解除他们的军职了,你不给也得给呀,这是挡不住的,不如做个聪明人、知时务的人,就立即向赵匡胤跪下道:"微臣原无什么功德,但一直深受皇恩,内心实在惭愧,如今微臣也上年纪了,再留在这个位子上就会为国家带来不便,俗话说,叶落归根,望陛下允许微臣告老还乡,实现微臣的最后一个心愿吧!"

然而,另几个节度使如安远节度使武行德、护国节度使郭从义、定国节度使白重赞、保大节度使杨廷璋等还不知道怎么回事,以为赵匡胤说他们有功劳都是真心话,就无所顾忌地顺着往下说,七嘴八舌地争着回忆起当年的战争历史和在战争当中所受的苦来。赵匡胤听了心中烦躁,当即便打断了他们的话,说:"这全是以前的事了,如今再谈起来已经没有多少价值了。"

于是众人闭口。

次日,赵匡胤便下旨,把那些节度使的职位全免去了,加封了他们许多虚职,如太傅、上将军之类。说起来他们都是为皇帝护驾、职位很高的功臣,皆是从二品、从三品,俸禄优厚,但其实都没有什么实际的权力,等于让他们来京城养老了。从此彻底根除了五代当中藩镇拥兵自重的祸源。

消除了地方上的祸患后,赵匡胤又开始想朝廷内的事情。他觉得宰相的权力在朝廷当中太大了,几乎能和自己平起平坐,那怎么行?

在这以前，宰相觐见皇帝的时候，皇帝必须要赐坐、赐茶。宰相于大臣当中享有特殊的地位。

那一天，赵匡胤对坐在一旁的范质等三位宰相说："朕的眼睛今天模糊，什么都看不太清，烦请你们三位把文书拿来我看。"

范质三人都站立起来向赵匡胤上呈文书，等回来之时，却找不到座位了。原来，在他们站起来那当儿，椅子被人给撤走了。

从此后，再上朝，宰相们就站着说话。

与此同时，宰相在朝廷的最高命令——皇帝诏书的拟定当中的权力也降低了。

唐朝的时候，皇帝的诏书是由中书省拟定的，此类拟稿有个专门的称谓，叫做"熟状拟定"，简单地说就是"熟拟"。然后将拟定的稿子送交皇帝御览。而这个时候，范质等由于想着自己原是前朝旧相，为了避嫌，也为了突出皇帝的地位，每遇朝廷定旨下令的时候，他就先写个札子，提出一条建议，上报赵匡胤，由赵匡胤亲自裁决，之后再由他们正式拟定。几年后，这三位老宰相告老，赵匡胤便命赵普担任宰相这一职。但是，赵匡胤为他设置了一个副手官职，叫做"参知政事"，由薛居正和吕馀庆来担任。刚开始的时候，副手没有多大的职权，连对皇帝的命令进行宣布的资格都没有。上朝的时候不能领班，也不能主持用印，更不能入宰相处理政事的政事堂。这个时候，赵匡胤非常看重赵普，那是为了突出他的地位。可是后来，赵普开始张狂，觉得自己了不起，和别人不一样，赵匡胤心中对他产生了不满。遂下令让参知政事进入政事堂和宰相一起处理政务，遇事大家商议着办。且三人轮换着掌印，押班奏事。这等于说参知政事已经和宰相差不多了，不再仅仅是赵普的副手。

除了这些，从那以后，宰相在军事、财政和人事等方面的权力全被分割了。

# 20
## 雪夜访赵普

赵匡胤在加强禁军、削弱藩镇和集权朝廷的同时，一项更重大的任务总是萦绕在他的脑海里。这项任务就是统一天下。这时候的宋朝国土还仅为黄河和淮河流域一带，长江以南的南唐、吴越、荆南和南汉诸国还都割据一方。此外，于四川有后蜀，北方山西境内是北汉，而燕云地区被契丹所占。他在考虑着用什么办法把他们都统一过来……

先从何处下手呢？是否依照当年周世宗柴荣的路子走，继续对北方作战？他一时委决不下，他也为此向多方征求意见。

在赵匡胤建国后的第八个月，他就这一问题密访过张永德。赵匡胤这时候非常想把北汉给统一过来，可是他还未最后拿定主意。

张永德说："陛下，臣觉得北汉军队虽然不多，但是却极力强悍，并且后边还有契丹撑腰。若没有完全的把握就贸然用兵，只怕一时也难见成效。"

赵匡胤说："驸马看应如何打法呢？"

张永德说："每年可多遣一些小股的兵士对他们进行骚扰，让他们无法安定地生活，更无法进行正常的军士训练。然后，派人到契丹千方百计地说服他们不要出兵帮助北汉，然后便可消灭北汉。"

赵匡胤点了点头，说："不错，还行！"

建隆二年，赵匡胤又把张晖召来想听听他怎么说。

这张晖在对李筠用兵的时候，任行营壕寨使，在战场上很是英勇，总是身先士卒。在平定叛乱之后，赵匡胤升他为华州团练使，他在那里政绩非常的好。

张晖说："陛下，臣以为如今的泽州和潞州一带刚刚因为李筠经过一次战争，人民尚未从战争的创伤里恢复过来，如果朝廷再马上动兵攻打北汉，只怕会在人力方面显得很是不足，这让人民很不容易承受。"

赵匡胤没有说话，用询问的眼光看着他。

张晖说："依臣愚见，为今之计，不如先不要用兵，先好好地积蓄力量，待民富国强之日再攻他们也不晚。"

赵匡胤听了他建议，心里还是不太满意，觉得都是一般般的建议。于是依旧赏了他些袭衣、金带、鞍勒马之类，让他回去了。

对于这件事，赵匡胤还曾向右仆射魏仁浦询问。一次在宴会上，赵匡胤突然笑着问魏仁浦："魏爱卿为何不为我敬酒？"

魏仁浦便上前给他敬酒，待魏仁浦走近他身边的时候，他小声地问魏仁浦道："朕欲亲征北汉，卿意下如何？"

魏仁浦说话也不拖泥带水，极干脆地说："欲速则不达，还望陛下认真地想一想。"

赵匡胤征询别人的意见，自己也在心中反复掂量，可还是拿不定主意，无有良策。作为一国之君，国家不统一，他是吃不好、睡不香的。最后他想问问赵普。一想到要问赵普，他就想即刻见到赵普。赵普这些年在治国方面给他出了不少好主意。

此时正是大雪纷飞的深夜，赵匡胤睡不着，为国事操劳，一刻也让他不得安宁。这时候天气非常的寒冷，他觉得自己是一个从小练功的人，身体当然比赵普一个文官强上百倍，就决定立即去赵普家密访赵普。他当皇帝后，也因为艺高人胆大，曾多次微服私访。所以，赵普每次下朝后都不敢脱下朝服，总是害怕皇帝陛下会突然来访，令自己慌手慌脚来不及换衣服。这天，下这么大的雪，外面的雪足有半尺来厚了，还呼呼地刮着刺骨的北风，赵普想皇帝他老人家也不会来了。正准备睡觉，就听到了急急的敲门声响："咚咚，咚咚咚咚，咚咚，咚咚咚咚！"

家人好半天才听出这敲门声，不耐烦地说："谁呀，这时候了，不在家里呆着，还出来串门，不知道冷呀！"

一开门，万没想到是赵匡胤，于是赶紧下跪："万岁！"

赵普一家人都非常的激动，这么冷的深夜，陛下还来探访。

赵匡胤说："朕已经约好了光义，他过不多久便到了。"

赵普一家子赶紧忙前忙后，用木炭生火做饭，给他们两兄弟取暖充饥。赵普的夫人亲为斟酒，赵匡胤则似兄弟一般叫她"嫂嫂"，真是像一家人似的。赵光义说："嫂嫂家的肉就是做得香，真好吃！"

赵普夫人说："太仓促了，伺候不周，还望陛下宽恕！"

赵匡胤、赵光义和赵普三人围着炭火，吃着夜餐烤肉，饮着烧酒，赵普心情还没有平静下来，说："陛下下这么大的雪深夜来此，肯定有什么重要的事吧？"

赵匡胤一脸愁苦的样子说："我睡不着觉呀，卧榻之外都是人家的天下，心里烦躁，所以来找卿说说话。"

赵普说："那陛下您是感觉您的天下小了？若是如此，我们可以南征北讨，开拓疆土，现在正是时候，微臣想听听您有什么计划。"

赵匡胤吃了一口肉，说："朕想首先把北汉统一过来。"

赵普嘿然良久，说："臣认为这样不妥。"

赵匡胤说："为何？"

赵普回答说："北汉往北是契丹，往西是党项，位置在我们大宋和辽国与党项之间，若收复北汉，那么辽与党项万一出兵向南，我们大宋只能独力担当了。与其如此，还不如暂时先不管他们北汉，将北部边境的防守加强起来，待我们把南边的那些割据势力平定之后，再回过头来攻取北汉。像北汉这样的弹丸之地，会成什么大气候？到时候我们非常容易就能攻下它。"

赵匡胤听了赵普这一番话，立即笑了，道："我的意思也是这样，方才只是想试一试卿而已。"

又转向自己的兄弟赵光义，说："从五代以来，兵连祸结，帑藏空虚，一定要先定巴蜀，然后再定江南、广南，利用他们的富庶充实国力。河东和契丹相妥壤，如果先统一他们，契丹就会南下对我们造成危害，所以先把他们搁置在一边，待我们国力强大了之后，再回头收拾他们。"

赵光义不住地点头。

# 21
## 借道收荆南

五代十国的时候，湖南属于楚国的地盘，后周广顺元年（公元951年），楚国发生了内乱再加上南唐的入侵，楚国政权覆灭了。在后来的军阀混战当中，周行逢锋芒毕露，把湖南给霸了去，建立五代史中的周行逢政权，建都常德。赵匡胤当了皇帝之后，又加封周行逢为中书令，来维持国家一时的稳定。实际上，周行逢的政权拥有非常大的独立性，是不在十国之列的真正的地方割据势力。周行逢死后，他年仅十一岁的幼子周保权即位，无力掌握大权，其内部将领试图夺取周家的权力。周行逢的幼子无力镇压，便向赵匡胤求助，希望赵匡胤派兵帮忙平叛。赵匡胤出兵帮助周家平叛需要路过荆南，荆南属于今天的湖北，是交通要冲，战略位置重要，想要统一天下，必须先拿下荆南。赵匡胤认为可以利用路过荆南的机会，先把荆南拿下。

赵匡胤逮着这个好机会，赶紧组织人马出征。

荆南的小主子高继冲年龄还相当小，因此把一切民政事务全都交给了节度判官孙光宪，把所有军事事务交给了衙内指挥使梁延嗣进行处理。高继冲对他们说："若每一件事处理得都很好，也没有人在中间挑拨，就不会有什么大碍。"

大宋军队的都监（监军）李处耘来到荆南之后，先让阁门使丁德裕去对高继冲说："天朝的军队欲借宝地一过，希望您能供应一些军队的军需。"

于是，高继冲立即召集手下商议，然后对宋军说："天朝大军经此路过，本应借道供应军需；然而，百姓们没有见过大的世面，这样一来他们会非常的害怕。所以我们只能是在一百里以外提供军需。"

李处耘听了心里不肩快，于是又第二次派丁德裕去要求。

其实，大宋军队打此经过，他们心里都很害怕；然而，每人的内心想法又各有不同。

孙光宪与梁延嗣全都建议高继冲答应下来。

荆南的兵马副使李璟威却对高继冲说："朝廷大军说是只是向我们借道，然而，我看他们的这个势头，说不定还会对我们进行袭击。我们可以在荆门险要之地埋伏下三千人马，待他们夜里经过之时，对他们的主帅发起袭击。这样一来，他们的军队必然会回军。然后，我们可回军把周保权那边的叛将擒来送给他们。到那时，我们就有了功劳，他们也不会对我们怎么样。不这样，我们就会有摇尾求食之祸患。"

高继冲听了害怕说："我们高家多年来对朝廷忠心耿耿，我想是不会发生如此之事的，是你想得太多了，再说你打得过宋军吗？"

孙光宪对高继冲说："李璟威太糊涂，如何能看明白现在的时局和我们正面临的问题。中原从周世宗的时候就有统一天下的志向，如今，刚建立起来的大宋朝廷一切的计划和安排全是围绕这个事情进行的。他们把周保权平定了以后，难道还会有向我们借道回去的可能？依我之见，干脆把我们的荆南献给朝廷算啦，这样也会免受战争之苦，您也不至于丢掉自己的荣华富贵。"

高继冲说："只能如此！"

这李璟威大有大诗人屈原之志，见自己的建议不被采纳，禁不住长叹一声说："事情已经这样了，我还活在这个世界上干什么呢！"

说完，就上吊死了。

虽然他们的主战派和主和派处理事情的路子不同，然而对事态的评估还是一致的。都知道大宋朝廷此次派兵平乱，不是那么简单，必然会顺手把自己也给解决了。

不过，当家的内心还是希望他们不会将自己解决掉，心里总是怀着那一点点希望。

于是，高继冲就让梁延嗣跟他的叔父高保寅抬了牛肉和美酒到宋军驻地进行犒劳，也顺便摸摸朝廷军队到底有何打算。

李处耘在荆门接待了梁延嗣一行，对他们甚是有礼貌，而且表示感谢。梁延嗣见人家对自己这么友善，心里很是热乎，心想看这样，他们也不会对这个地方下手的，于是赶紧让人快马加鞭向高继冲报喜去了。

荆门和江陵相距一百里路，那一天，宋军的元帅慕容延钊在军营里设宴款待梁延嗣。李处耘却秘密地命令几千轻骑兵士火速向前进发，直逼江陵。

此时的高继冲正在江陵急切地等待梁延嗣和自己的叔父回来，突然闻报："宋朝军队已经快到我们江陵了。"

高继冲一听，心里就慌了，宋朝的军队怎么这么快？他们要干什么？不管如何，先出去迎接吧。于是，赶忙率众出城。

　　高继冲在江陵北边五十里的地方遇到了李处耘的军队。李处耘对高继冲也没有任何不礼貌的行为。他先是对高继冲作揖行礼，然后对他说："我们的慕容延钊元帅马上就要到了，请您在此等候。"

　　而他自己却带着亲兵先进了江陵城。

　　高继冲甚是惶惑，但到这时候了，也只好由着人家。

　　待慕容延钊来到之时，李处耘已经控制了整个江陵城，占领了各个要害之地，开始在街上巡逻警戒了。此时的高继冲及其部下们心里才清楚到底是怎么回事，内心特别的不安，害怕会危及自己的性命。于是，为了保命，急忙就把自己手中所有的地盘全部献给了大宋。

　　就这样，赵匡胤收复了荆南。

## 22
# 比赛吃人肉

宋军大将慕容延钊率领着大军抵达湖南，准备帮周保权把叛乱给平了。然而，让他没想到的是，就在他收复荆南的时候，周保权的手下已经平定了叛乱，而且他们还把叛军将领的肉给吃了。

慕容延钊见叛军没了，就命令军队加速前进，日夜不停地向朗州进发。

周保权听说后，害怕了，慌忙召集手下的观察判官李观象等商议办法，说："现在叛乱已平，朝廷的军队为何不回军，反而加速向我们这里进军呢？他们是不是要把我们……"

李观象说："我们原先向朝廷求援，是为了平叛。现在他们没有回军，可能这次是想要把我们和荆南一勺烩了。荆南连反抗一下都没有就被灭了。我们凭借荆南作屏障，现在屏障没了，我们的地盘也很难保全，不如我们也趁早归顺朝廷，这样还能保住我们的富贵无损。"

周保权觉得李观象的话很有道理，好像也只有如此了。然而，指挥使张从富等一些武将们坚决认为不可投降，说："他们朝廷的军队太不讲道理，我们身为武将一定会拼死一战，他们是朝廷的军队又怎么样？我们这些人已都是身经百战的呀！那些叛军不是也被我们给平了吗？并且是不费吹灰之力！"

这样一说，众武将也都仗着自己身上的武艺和内心的那股狠劲来了精神："可以一战！"

周保权见此，又觉得这么说也有一定道理。于是又开始计划着怎样和朝廷的军队相抗衡的事。

慕容延钊原本想的是最好和平收复，才派阁门使丁德裕前去安抚，可是张从富表现得很是强横，摆出一定要死拼的架势。并且命人将他所辖之地的桥梁尽皆拆毁，将一切船舶尽皆沉没，还把大树砍倒把通向朗州的全部路径都给堵死了，试图挡住大宋朝廷的军队前进的步伐。

赵匡胤便遣使者向他们警告说："你们上书求援，朝廷才发大军来拯救你们，现在叛乱的人已经被诛灭，朝廷的军队对你们是有大恩的，为什么反而以敌对的态度来对待朝廷的军队呢？这样会给你们自己带来灾难的！"

这一番话，就像是给周保权他们的最后通牒。

然而，人家也有一套理论，说："不错，是我们请朝廷的军队来的。然而在朝廷的军队到来以前，我们已将叛乱给平息了，你们也该回去了。如果要想夺我们的地盘，那不行！"

如此，一场大战在所难免！

这一战，慕容延钊在三江口（今湖南岳阳），将周保权的军队打得大败，缴获船只四千多只，杀死敌军四千多人，把岳州给拿下来了。

张从富自澧州南出兵，跟朝廷的军队对阵，然而，看宋军势强，心里很是害怕，还没有交战，便掉头往回跑，宋军所获俘虏甚众。

李处耘从俘虏当中精心挑选了数十名身体既白又胖的人，然后当着所有俘虏的面将其杀死，然后再让士兵夸张地大口大口吃掉，看谁吃得香。还说："你们不是也吃人肉吗？不是也把叛军将领给吃了吗？我们就是拿人肉当饭吃的，你们仔细看清楚了！"

那些俘虏看得如筛糠一般发抖，大多数都尿了裤子，有两个俘虏当场就吓死过去了。其余的也缩了脖子使劲闭了眼不敢再看。

人肉吃完后，李处耘又在年轻健壮的俘虏脸上刺了字，放他们先回了朗州。

那些俘虏屁滚尿流地回到了朗州后，极力述说宋军的恐怖和残暴，说宋军拿人肉当饭吃，把他们吃人的场面叙述得鲜血淋漓、真真切切，使听的人都吓傻了。心想那样的魔鬼谁还敢跟他们打仗呀！

于是朗州的兵士一点斗志也没有了，好长时间眼前都在浮现着那个吃人的恐怖场面。这样哪还能打仗呀，于是在城内放了一把火，就往深山谷逃去。

这仗无论如何是打不下去了，朝廷的军队捉住张从富以后，砍头示众。可是却找不到了周保权和他的家人，便到处搜寻，最后在一个寺庙当中找到了他们。

宋朝大军顺利收复了湖南全境，共十四州，一监，六十个县，九万七千三百八十八户。

此后，赵匡胤对占领地实行了一系列的优惠措施，来安抚当地的百姓。

周保权被押回朝廷后，赵匡胤很是大度，并没有给他一点难为，还封给他一个右千牛卫上将军的虚衔。

# 23

## 少年皇帝孟昶

再说那后蜀，赵匡胤的宋朝大军顺利收复了荆南和湖南，把后蜀和南唐的联系给彻底斩断了。

后蜀的皇帝是孟昶，即位当皇帝的时候只有十六岁，然而少年有为。

孟昶在治理蜀地期间，免除苛捐杂税，与民休息，使农业取得了很好的发展，使这里在经济方面很是富庶和繁荣。真可谓是国富民安。

后蜀的赋役全免了，一斗米的价格只是三文钱。在唐朝最繁荣的李世民时代，一斗米还要四五文钱，当时的人们就很是骄傲，感觉过上了历史上从未有过的天堂日子。在孟昶统治的时候，创下了米价比唐朝最繁盛的时候还要便宜的价格记录。那时候出生在市内的人根本不知道小麦和稻子是怎么从地里长出来的，是什么样的苗，还想着笋和芋都是树上结出来的，他们也根本就没有出过城。

那时候，村落闾巷之间，弦管歌舞，合筵社会，晚上灯火通明，亮如白昼。

那时候，后蜀的都城成都城墙上都种上了芙蓉花。九月盛开，真是比画出来的还好看。孟昶很是高兴，对大臣们说："自古以蜀为锦城，如今看它，真如织出来的一般。"

人们闲时都出来游玩，珠翠绮罗，名花异香，馥郁森列，市里的亭台楼榭、供人们游玩的地方，望上去真就像是仙境一般。

以致当时后蜀的宰相李昊夜读书，当他读到《晋书》王恺和石崇斗富的故事时，笑得喘不过气来，连声说道："这些人跟穷要饭的有什么不一样？还以此为富，真是笑死我了，笑死我了！"

要知道王恺和石崇在晋代可都是富可敌国的，他们之间的斗富故事在历史上也非常有名。可见当时后蜀国的富裕。

孟昶很爱他的人民，也会治理国家，一时把他的国家治理得极其的富裕。然而，他却没有赵匡胤雄霸天下的豪气。他只把眼光放在了蜀地这个小地方，却没有想到要统一天下。因此，他也就忽视了在军事上的发展。加上他在治理国家上的巨大政绩，使他后来有点儿骄傲，变得不再从善如流，而趋于刚愎自用了，这就注定了他必被宋朝吞并之命运。

而他最大的失策就是在军事上重用了王昭远。

王昭远是真正的当地人，他的父亲在他很小的时候就死了，因此家里非常贫苦。他十三岁的时候迫于生计，去一座庙里给一个老和尚当了个小徒弟。有一次，孟昶的父亲孟知祥在自己的公署做善事，广施僧众，王昭远跟着自己的师父拿着行囊也去了。

没想到，孟知祥一见到这个小孩子，看他说话、办事聪明伶俐，一下子就喜欢上了他。见他和自己的儿子孟昶一样的年龄，就想让他给自己的儿子当个小伴童。又仔细观察了一番之后，就对他说：

"我家有个和你一样大的小孩子，你愿不愿和他一起读书呀？"

这王昭远虽聪明，但还没有读过书，他也做不了主，就仰头看他的师父。

他的师父哪敢说半个不字？何况这也不是什么大不了的事，不就是个小徒弟嘛？给他就给他吧，这样也讨贵人欢心了。

这样，王昭远就留下来跟了孟昶。此后他们两个就在一起读书，在一起玩耍，很是开心，也从而建立起了深厚的感情。

孟昶即位之后，就封王昭远为卷帘使、茶酒库使。孟昶把枢密使王处回打发回家养老去之后，王处回的枢密使位置也就空了下来。一空下来，孟昶就又想到了王昭远，王昭远和他从小就是好朋友。他的伴读，他也自然是信任的。

王昭远便被孟昶任命为通奏使，知枢密副使，实际上是枢密院的最高官员。孟昶不管是大事小情都交给他去处理。国库中的金银和布帛，王昭远可以随便支取，孟昶从来不过问。可见孟昶对这个从小玩大的朋友是多么的信任。

然而，皇太后，也就是孟昶的母亲就不怎么看好王昭远，对孟昶说："王昭远不过是你原来的仆从而已，怎么能担此重任呢？"

孟昶低着头，不说话，太后又说："让如此之人担任枢密院的高级官职，士兵哪个会对他服气呢？"

然而，此时前朝的旧臣都被孟昶打趴下了，他最需要用人，并且需要的是像王昭远一样非常忠于自己的人。现在他不用王昭远，又用谁呢？还有哪个人让孟昶更信任？

所以，他并没有听从母亲的劝阻。

实际上，那王昭远也不是什么都不懂的人，他也曾用心攻读过兵书战策，还常有心得，并常以军事家自居，把自己比作智谋超群的诸葛孔明在世。

孟昶从小和他一起长大，自然也见他读书的，因此对于他这方面的能力，还是有些相信的。

宋朝的军队顺利收复荆南和湖南，这让后蜀朝廷内不少人感到非常的害怕，丞相李昊对皇帝说："以臣看来，宋朝之国运，不像后汉和后周那样短，也可能是上天厌烦了长时间的战乱，命宋朝来统一这个天下了。这也是天命所归，我们若向宋朝称臣纳贡，也可能会保存得比较长远一些。"

孟昶听了这样的话，也觉得的确如此，于是便准备采纳李昊的建议。可是王昭远不高兴了。他是自恃非常有才的人，当然不愿就这么容易让自己的国家屈居于别的国家之下，就坚决地反对这件事，说："万岁，我国富甲天下，要财有财，要兵有兵，为什么非要向他宋朝称臣纳贡呢？这真是屈辱卖国的策略。他宋朝的兵将虽厉害，我们这些人也不是吃素的，打仗要的是谋，而不是单纯的兵多将广，何必要怕他们呢？"

经王昭远这么一说，孟昶也不愿屈居于人下。"是呀，我们为什么非要怕他们呢？他们比我们富有？比我们有谋略？我们的将军们也不是吃素的，比如眼前的王昭远，是和我一起长大的，读了不少的兵书，那么有才，为什么我们非要向他们称臣纳贡呢？来了就打吧！"

后蜀山南道节度判官张廷伟对王昭远说："王大人还没有建立什么大的功劳，然而如今却身居要职，您若是再不亲自出马干出点事来，如何服众呢？"

王昭远看着张廷伟意味深长地说："是呀，真应当干出一些大的事业来了，不然别人就会说闲话了。这就要看我们和宋朝的局势了。"

张廷伟见说到王昭远的心里头了，内心甚是高兴，他也是为了巴结讨好皇帝身边这个红人，于是又献计说："我看眼下最好的办法是联结北汉，使北汉发兵攻打大宋，我们可以从黄花、子午谷出兵给予配合，使大宋南北受敌。我们便可很容易地取得关右之地。此事若成，您在朝中的地位就会非常的牢固，什么都不用害怕了。"

这王昭远也是"从善如流"，当即便采纳了张廷伟的建议，称赞说："好，这个办法真是太好了！"

王昭远也做好了要干一番大事，为国建立功勋的心理准备。

他首先说服了孟昶同意自己的做法，然后派兵东屯三峡，于涪州和泸州等地对水军进行扩充，作为后援。

与此同时，开始联络北汉。把信密封在蜡丸内派人送往北汉。信的内容大体是说，蜀国已经增兵褒、汉，做好了充分的准备，诚邀北汉过黄河同一时间起兵，共同讨宋。

派去送信的是枢密院大臣孙遇、兴州军校赵彦韬和杨蠲。其中这赵彦韬最是聪明和势利眼，在路上对他的两个同伴说："如今大宋那么强大，我们怎么跟人家打呀！我们蜀国虽然富裕，可军事上却和大宋相差十万八千里。"

孙遇说："就是，我看也是这样。"

杨蠲说："主要是咱们的皇帝不会治军，在这方面也不会用人，用个王昭远，他会干什么？他会打仗？"

杨蠲又说："我们蜀国在很长时间里都过着安乐富裕的生活，早就把怎么打仗给忘了，这要一打，必被大宋所吞并。"

孙遇说："到时候，我们就全完了。"

杨蠲说："都是这王昭远事多，对大宋这样的强国，称臣纳贡还唯恐不及，他却要赶着跟人家打仗，这不是自己送死吗？也把我们给陪葬进去了！"

孙遇说："王昭远，读了几本破兵书就觉着自己了不起了，他知道打仗是怎么回事？靠着和陛下亲近就……"

赵彦韬说："如今这个大势，也是天命所归，大宋已经把荆南和湖南给灭了，接着也必定会把我们灭掉。我看这信我们还是别去送了，识时务者为俊杰，干脆咱们投大宋去得了！"

于是，三人一商议，就把去北汉的路线给改变了一下，转向了大宋，把信给了赵匡胤。

赵匡胤正找不到攻打蜀国的机会呢，接到信后，即刻来了精神，马上准备兵发蜀国。

# 24
## 宋蜀大战之前

赵匡胤对从蜀国来的这三个人作了仔细的询问。他们三个人肚子里可都装了满满的宝贝。赵匡胤赦免了他们的罪，对他们甚是优厚，让他们将蜀国的山川要塞、地理形势、驻军位置、路程距离等绘成地图。

在这以前，赵匡胤已经搜集了一些蜀国的情报。赵匡胤曾把张晖自华州（今陕西华县）调至凤州当团练使其兼西面行营巡检壕寨使。凤州曾经被后蜀所占，周世宗柴荣的时候才把它给收回，此地是宋朝和后蜀的交界地。张晖在华州干得就非常好，因此，赵匡胤就把他调往了凤州，让他仔细勘察川陕一带的地形、山川之险易。张晖认真仔细地做了这项重要的工作。且提出了很有效的收复办法。

将荆南收复后，赵匡胤从那里得到了一个名叫穆昭嗣的医生。穆昭嗣原来在荆南侍奉高家，如今当宋朝的翰林医官。赵匡胤屡屡召见他向他询问一些遥向蜀地路途的情况。

穆昭嗣说："荆南这块地方，其实是蜀、南唐和南汉汇聚之地。如今天朝的大军已经把它给收复了，这样，水路和陆路皆能够到达蜀了。"

赵匡胤听到这样的话，心中很是振奋。

赵匡胤也曾派遣探子到蜀国去搜集情报。探子为了取悦皇帝，回来说："如今成都城内全在吟咏一首叫做《苦热诗》的诗。诗里说'烦暑郁蒸无处避，凉风清冷几时来?'"

赵匡胤大笑了说："这是蜀国的人民在召唤我们前去收复他们呢!"

再者，眼前这三个向北汉送信的人，也让赵匡胤获取的蜀国信息更为确实和全面了。

于是，赵匡胤对自己的大军作了全面的部署，分为北路军和东路军。北路军两万人马，王全斌任都部署，崔彦进辅佐，王仁赡任都监，自凤州南下。东路军由刘光义任副都部署，曹斌任都监，逆长江西进。在后勤军备上，沈义伦任随军转运使，曹翰任西南面转运使。此阵容，差不多集中了宋军全部的精锐力量。

赵匡胤在大军出征的时候，为出征的将士们在崇德殿上设宴饯行，将事先已经画好的军事地图交予了他们，向他们细致地交代了重要的军事位置，以及应怎样攻取的一些细节，同时交代了此次行军打仗一定要遵守的三项大的原则。首先，鉴于蜀国将校当中有许多北方人，应先争取这些人。如果有能给我们当向导、供应军需、带领部下归附的，就热烈欢迎，加重赏。其次，我们的军队所到之处，一定不能放火焚毁人家的房屋，一定不能打砸抢，一定不能殴打凌辱当地的官民，绝对不能掘人家的坟墓，也绝对不能对当地的桑柘等经济树木进行砍伐，违者以军纪论处。再次，这次平后蜀，为的是统一他们，所以在攻城夺寨的时候，仅需对他们的武器和粮食给予没收、造册登记。至于那些金钱布帛一类的全要分给士兵。

赵匡胤笑着问王全斌道："此行能攻下蜀国吗?"

王全斌信心十足，精神百倍，腰杆一挺，回答道："臣等仰仗天威，遵从陛下的妙算，用不了多长时间，必能拿下他们!"

有名叫史延德的中级军官也趁此机会上前说道："如果蜀国在天上，那真是够不着，然而在地上，我们大军一到就会马上将其荡平。"

此番话讲得很是大气，可谓胸有成竹，使人闻之热血澎湃。赵匡胤心中也非常高兴，忍不住以手拍他的肩说："说得好! 大丈夫做事就当如此!"

赵匡胤对蜀国是志在必得，他已经开始为蜀国的皇帝孟昶在开封京城里安排家了。他命令八作司于汴河附近择了一块风水宝地建一座好宅子。他为孟昶建的这座宅子在右掖门，南临汴河水，有五百多间，将所有生活用具全准备妥帖，就待孟昶来住了。

# 25

## 破梦入剑门

后蜀好久没有打过仗了，长时间过着优越富足的日子，依仗自己的富足，也不怕他赵匡胤。王昭远对此次战争更是有诸多向往，他想在此次战争中建立威名，让全蜀国、全大宋，甚至是全天下的人都知道他的军事才能、他的神机妙算。

蜀国皇帝孟昶依据宋军的进兵路线，相应地在北面和东面安排军队抵御远道而来的大宋军队。孟昶慎重地对那个从小就是他玩伴的王昭远说："宋军可是卿所召，卿可要努力为朕杀敌立功呀！"

那王昭远也是精神百倍、信心十足，说："请陛下尽管放宽心吧！"

于成都的城外，皇帝孟昶让宰相李昊也给军事统帅王昭远设了一个饯别宴会。

王昭远也真是"意气风发"，酒也喝得高兴。他一只手拿着他的铁如意，把另一只袖子一捋，高高扬起了手臂，兴奋地对宰相道：

"本帅我此行不仅要克敌制胜，将宋军打得稀里哗啦，还要率领着我们的威武之师直捣开封，活捉赵匡胤。这是很容易的事！"

可万没有想到是，宋军打仗的方法和王昭远在兵书上读到的完全不一样，看他们毫无路数，也根本不按兵法来打，只管照你的软肋上猛攻、猛打，弄得王昭远这个把兵书读得精熟的军事家像喝了蒙汗药一样，迷三倒四，不知如何应付，一触即溃，连战连败，连败连退，像是给人家带路似的。

再说那宋军北路军的统帅王全斌。他是并州太原（今山西太原）人，曾于后唐、后晋、后周为将。

这王全斌阅历丰富，身经百战，一步一步走过来，哪会把这个王昭远放在眼里，视他如黄毛小儿一般。

王全斌带领着他的北路军，一路浩浩荡荡，真是所向披靡。攻克兴州，打溃敌军七千人，夺取军粮四十多万石。在进川咽喉处的西县（今陕西勉县），音将史延德活捉蜀国招讨使，夺取军粮三十多万斛。

蜀国的统帅王昭远在利州集中优势兵力，然而，又连战连败，真是不堪一击。无奈退守剑门（今四川剑阁）东北。王全斌部又顺利地把利州给占了，夺取军粮八十万斛。

这样，宋朝大军也就不需要自己的送粮官了，蜀国送来的粮食就让他们吃不完。

年底，大宋的京都开封下了一场大雪，雪花漫天飞舞。脚下的雪都有一尺来厚了。赵匡胤身上穿着紫貂、头上戴着裘帽，正于讲武殿处理军国大事。他突然心里一动，对臣工们说："朕穿成这个样子，还觉得冷，想那前线的将帅，在这样的严寒天气里作战，如何受得了呢？"

然后，马上脱下自己身上穿的衣服，让身边的宦官乘着驿站的快马火速给王全斌送去。并晓谕前线诸将，无法都送衣服，望诸将多注意寒冷。

此举感动得诸将们对有无防寒衣物都无所谓了，那王全斌眼泪都汪汪的。士卒们也获知陛下关怀，更是奋勇向前，直扑剑门。

王昭远一路败到剑门，想着这一下可以依靠这个易守难攻的剑门关稍微休息休息了，也可以调整一下思路，重整军队再和宋军大战一场，一定要用自己如诸葛亮般神机妙算的智谋把宋军打败。没有想到宋军来得这么迅速，根本不容他喘气，一时把他吓傻了，竟然坐在那里站不起来了。

王昭远回过神来，感觉这下完了，还是赶紧跑吧，先保住小命再说。他不管不顾地逃到一户农舍里躲避了起来，想想自己苦读那么长时间的兵书，还没想好怎么用，竟然就被这些蛮人打得到了绝路，真是命苦……禁不住伤心地哭了起来，鼻涕眼泪哗哗的，眼睛都哭肿了。突然又想到唐朝罗隐的诗，道："远去英雄不自由。"

然而，正自伤心和感叹时，就听外面的宋兵说："里面的人别藏了，我已经听到你的咕哝声了，快出来吧！"

这样他就又成了宋军的俘虏。

打开了剑门关，宋朝的北路大军便来到了成都平原，以后的路也就好走了，真是一马平川，一路打向成都。

# 26
## 孟昶递降表

再说宋朝的东路军。在北路军大步挺进所向披靡的时候，刘光义已经带领着东路军攻进巫峡，连夺蜀军好几座寨，歼灭了很多水军和陆军，夺获二百多艘战船，然后到达夔州（今重庆奉节），驻扎于白帝庙。

夔州地理位置非常重要，为水路进入蜀地的咽喉要冲。夔州节度使高彦俦见宋军兵临城下，马上召集手下商议，说："宋军远道而来，想的就是速战速决，我们应当严加防犯，别主动出战，就按兵不动，看他们如何！"

监军武守谦是个直性子人，他说："宋军都已经打到我们城下了，我们不赶紧出去收拾他们，还等什么？"

武守谦不但性子直，而且急，心想你这样优柔寡断，什么也干不成！于是，也不听高彦俦的劝阻，自己带领着一千多人马出去和宋军对垒。谁想，宋军势大，他抵挡不住，往后败逃。宋军趁势掩杀，速度也来得快，不待他们关城门，就直接冲进了城内。

高彦俦率兵竭力抵抗，可哪抵抗得住？高彦俦身上受了十多处伤，部下也都纷纷逃命。他一摇三晃地跑回到自己的家里，幕府判官罗济一见他如此归来，也面如土色，力劝他说："将军赶紧出城奔往京城去吧，别人你就不用再管了，你武功高强，也许能够突得出去！"

高彦俦疲惫不堪，说："早先，后周攻打我国北方之时，我守不住秦川，如今又把夔州也给丢掉了，回去我有何颜面见蜀国之人民呢？"

罗济说："既然如此，那干脆投降大宋算啦。"

高彦俦说："我一家老老少少皆在成都，我哪可以单为自己一条性命，而不顾家人呢？今天只有死了！"

于是，他将官印交付罗济道："你自己琢磨着办吧！"

说罢，独自关上了屋门，把自己身上的衣服、帽子整理了一下，面向成都的方向跪下叩了两个响头，即纵火把自己给烧死了。

数日之后，刘光义于灰烬里找到了高彦俦的骨骸，很是怜惜。这是他入蜀以来碰到的第一个真英雄，因此依礼把他给葬了。

东路军夺取了夔州，把自长江进入蜀地的大门给打开了。万州、施州、开州、忠州、遂州等刺史尽皆出城投降。

孟昶获悉自己的军事统帅王昭远连连败退，就坐也不是，站也不是，没有了一刻安宁，忧心如焚。他连忙又多出财帛，招募新兵，令自己的儿子孟玄喆当二路元帅，带领着万余兵马开赴剑门前线。

其实，这孟玄喆还是个十足的小孩子，哪能比得上他孟昶当年？孟昶十六岁当皇帝的时候多威武呀。可这孟玄喆，视打仗如儿戏，还要追求好看，将军队打扮得花枝招展，旗帜用文绣，旗杆饰以锦。刚好开拔的时候，又下起了小雨。孟玄喆还怕雨把旗帜浇湿了不好看，就又连忙下令把旗帜解下来，待雨住后再挂上。不想，刚取下不久，雨就又停了，于是，又下令再挂旗，由于匆忙，把旗帜也都给倒挂了。孟玄喆带着姬妾、伶人数十人随军，浩浩荡荡，吹吹打打，一路开赴前线。

如此之队伍，能打什么仗？令观者莫不窃笑。

当这支日夜嬉游的队伍折腾到绵州之时，突然听到剑门关已经被宋军攻破，宋军马上就打过来了，吓得孟玄喆忙丢了军队，像丢了魂儿一样跑回了成都，要他的父亲来保护他。

他的父亲见他仓皇而回，也惊慌失措，呆坐半天无语。然后问身边的人道："还有什么好的计策？"

老将石奉頵说："宋朝大军远道而来，此种势头必然难以长久，现在最好的办法是将现有的军队集中起来，固守城池。他们攻不下，就会自己回去。"

孟昶长叹说："先帝与朕父子二人丰邑美食养士四十年，如今真正遇到了敌人，却没有人能为朕向敌人放一箭。现在虽想固守，然而，谁肯为朕誓死效命？"

宰相李昊踌躇了一下还是建议道："陛下，实在不行的话，我们就顺服大宋，写降表吧！"

孟昶掩面良久，别无良策，只好听他建议，并命他起草降表。然后，遣人递送。

这李昊写降表是轻车熟路，当年孟知祥灭前蜀的时候，降表便出自他手。于是很快写就。蜀国人对他很是不屑不愤，也就在这天夜里，偷偷往他家的门额上挂了一块匾额，上写：

"世修降表李家。"

一时传为笑话。

王全斌于魏城（今四川绵阳），接受了孟昶皇帝的降表。

大宋从发兵到灭蜀，只用了六十六天的时间。这以后，大宋又得州四十六个，得县二百四十个，得户五十三万四千二十九家。

就这样，蜀国灭亡了。据说当初孟昶的父亲孟知祥入蜀来到成都郊外之时，天已很晚了，来不及入城，只好在郊外休息了一晚。那一晚上，他见有个人推着小车从面前走过，车上的东西都用袋子装着。当时，孟知祥问：“你的车子上最多可以推多少个袋子？”

此人头也不回，说：“顶多两袋。”

如今证明，他建立的后蜀果然只经历了两代，就被赵匡胤给灭亡了。

# 27
## 蜀地大乱

　　后蜀本来很富裕，虽今被赵匡胤给灭了，然而，赵匡胤要想让后蜀的人民心悦诚服，也不是那么容易的，还需要做很多工作。他非常明白，若想真正征服他们的心，使他们拥戴自己，就一定要为他们提供一个比原来的后蜀国更好的生存环境。

　　因此，当他在大宋的金銮殿上接到蜀国的降表之时，随即就发布了许多安抚政策。首先告谕西川的将领和百姓们，让他们都安定地生活，似先前一样进行生产、生活，相安无事。其次向四川人民提供比孟昶时代更优越的政策。所以免除乾德二年的欠租，把当年夏税的一半赐予人民，把孟昶时候无名目的徭役征缴以及额外添加的赋税等尽皆去掉。将盐价降低，成都盐价减十分之六，其他州县减三分之一。对缺粮之户进行救济，释放战俘，将掳获的牲口还其主。愿意跟随孟昶进京的原后蜀文武百官，由王全斌进行登记上报朝廷，朝廷将会安置合适职位。对于那些德才兼备、持守节操、不愿当官的，也细心寻访，量才擢用。同时，保护那些先贤的坟墓，禁止在其间砍柴割草。那些前代的祠庙也都要进行修缮。对于逃跑出去的罪犯以及盗贼，如果他们一个月之内能够自首，就免除他们的罪刑。

然而，这些好的政策却没能够得以执行，蜀地大乱了。

那些执行政策的平蜀将领们以为打败了蜀国就功勋卓著，依照惯例，就该升官发大财了。不出所料，皇帝很快派人来慰劳了，给他们带来了许多慰劳品。就连战败国的孟昶也派来了慰军使者。

孟昶对战胜自己的大宋兵将表现得很是体恤，前来送些礼品，发些赏赐，来表彰他们的忠勇。

然而，使许多平蜀将士没有想到的，不管是皇帝赵匡胤还是眼前战败的孟昶给予东路军的与北路军的慰劳品和赏赐都一样多。他们觉得实在是不公平，尤其是北路军的将士们，他们觉得北路军打到成都数日后，东路军才缓缓来到，为什么得到的东西却和自己的一样多呢？

他们自然不敢说赵匡胤的什么不是，就把怨气都撒到了东路军的身上，说："在此次平蜀过程里我们的功劳要比你们东路军的大多了，我们一路上所走的路极不好走，还打了许多硬仗，杀了许多的兵将，并且还比你们先打到成都数日！"

然而，东路军也有自己的理，就对北路军的弟兄们说："你们说这样的话毫无道理，我们东路军一路打来也非常不容易，一路沿长江逆行，走的路也比你们北路军要长，我们没你们杀的人多，可也不怪东路军，主要是我们东路军太厉害了，他们一见我们就害怕，就赶紧投降了，我们也想杀的人多一些，发更多的财，可是我们的曹彬监军仁厚，不让我们这么做。我们不如你们，一路上连个发财的机会都捞不到。并且要不是我们牵制了蜀国的大批军队，你们北路军也不会来得这么快！到底谁的功劳大，还说不准呢！"

这样比着比着就恼了，心中结下许多的怨气，甚至是仇恨。这样又相互掣肘，相互拆台。后果是越来越严重。

于此之前，王全斌受皇帝赵匡胤之诏，令他一切计划和安排均要和将领们在一起商议行事，统筹安排。然而，如今两下里闹得如此不欢，就连非常小的一件事都故意别扭，难以委决。到最后，弄得王全斌也没有办法了，心中烦躁，一拍桌子说："本将军也不管了，你们想怎样就怎样，想发财，自己想法子去吧！"

说完，他便和崔彦进、王仁赡等弟兄们喝酒去了，而且是日夜宴饮，也不管军务了。这样就放纵了他的手下去乱搞，都争先去抢美女、抢钱财，搞得当地的人苦不堪言。

曹彬看如此下去不是事儿，于是建议王全斌赶紧班师回京，然而，王全斌不理会他这个岔儿，心想，弟兄们一路打来不容易，还没乐呵够呢，还没发好财呢！该拿的还没拿呢！

那些中上层的军官瓜分蜀地上层社会的财物，还趁机从蜀国国库里适时地拿一些。王全斌也是如此之人，他的部下更是张狂，胆子更大，甚至还有人公开向蜀主孟昶张口讨要。

此时对于蜀国皇帝孟昶，大宋的皇帝赵匡胤已经为他在汴梁开封准备好了宅邸，正请他赴京呢。王全斌本令右神武大将军王继涛和供奉官王守讷带兵护送他进京，谁料，王继涛却向孟昶索要宫女和钱财。王守讷劝王继涛说："他可是后蜀的皇帝，你向谁索要，也不能向他索要，要是陛下怪罪下来……"

可是王继涛鬼迷心窍，根本不听他的。王守讷觉得此事关系重大，就报告给了王全斌，于是，王全斌便又收回了让王继涛护送孟昶的命令。

还有一位高级将领王仁赡没有像王继涛那样直接向孟昶索要，他是按图索骥，拿着账册逐个对军队的物资进行查看——真是各有一套路子。他很快锁定了原后蜀的侍中李廷珪。他想李廷珪当那么大的官，能没有钱吗？一定能从李廷珪处弄些油水来。可是自己对李廷珪又不了解，如何给他找个罪名呢？他坐在那里敲着桌子，想了好久，终于给李廷珪想了个罪名，叫"焚荡罪"。

这个罪名弄得李侍中一愣一愣的，说："我什么时候犯焚荡罪了？"

王仁赡说："非让我给你说得清清楚楚？你仔细想想，你和你们的太子孟玄喆往回逃的时候……"

原来，这李廷珪在跟着孟玄喆出征剑门往回逃的时候，把自己所经过地方的房屋和粮食全烧毁掉了。

李侍中哭笑不得，说："那不是过去的事了嘛！那是两军在打仗，现在我们都投降了，还提那个干什么？不是既往不咎吗？"

王仁赡不说话，只是冷笑。

如今被人家管着，有何办法，人家说你有罪你就是有罪。这李侍中心里也很害怕，于是赶紧去找宋军的都监康延泽。康延泽自然清楚王仁赡心里想的是什么，就给李侍中指点迷途说："王将军想要的是声色，他缺什么你就给他什么，他只要一高兴，你就什么罪也没有了。"

李侍中这才恍然大悟。

可这李侍中为官清廉，平常就很是节俭，是个反对奢侈浪费的人，哪有什么钱财呀，美女呀！可是不能为了这个就丢了性命，总得想一想办法。他只好求助于亲朋好友，找了一个风尘女子，又借了价值几百万的金银财物送给了王仁赡。那王仁赡当然也不会再追究他的"焚荡罪"了。

像这些中上层将领们能够直接向人家大官，甚至是皇帝索要东西，而那些一般的士兵们就没有这样的可能了，于是就在城内像得了上峰的直接命令似的，到处乱抢老百姓的东西，甚至是女子。搞得当地的老百姓难以为继、无法过活。

# 28
## 大力平乱

　　宋军在蜀地胡作非为，引起了当地百姓，尤其是原蜀国军队的反抗。先是在梓州（今四川三台）爆发了三千多人的暴动。此次起义被镇压后不久，在距离成都不远的绵州又发生了更大规模的暴动，参与者达十余万人。蜀地出现这样大的乱子，皇帝赵匡胤不可能不知道。闻报之后，赵匡胤马上以此事给予了高度的关注：看来一定要好好整顿整顿军纪了，都是自己带兵无方造成的。他甚感羞愧。他想，这时候，自己的军队在蜀地乱成了那样，一定要先抓几个典型才能镇住。他听说自己军中的一个军官将当地的一名妇女的乳房割掉，然后又将其残酷杀害的事情，大为震怒，这样触目惊心的事竟然发生在自己的军队里，这还得了？这是人干的事吗？简直是畜生！他气得浑身颤抖，坐卧不宁，当即下令把那个军官逮捕押送回来！还严令执行军务的人员，如有意放走这个人渣，以同案罪论处！失职者斩！

此军官被逮回京后，有些大臣还为之求情，赵匡胤很是不屑，且眼泪汪汪地说："我们统一天下，不就是为老百姓能过上好日子吗？如今看他干的那些事。一个女人能有什么罪，竟然对她那么的残忍，真是猪狗不如！应当马上依法将他处死，来偿这位妇女之冤！"

于是那位军官被当街处死，示众。

一名军官在押送后蜀降兵的路上，向后蜀降兵索要财物，被人告发。这件事正撞到点子上，赵匡胤一点也没犹豫，当即下令将他斩杀于宽仁门外。

平蜀大元帅王全斌见皇帝痛下杀手，心中很是害怕，唯恐自己在蜀地的行为被皇帝知道。那样，即使自己有功，皇帝也难以饶怒。于是，他就仔细琢磨他身边的人谁有可能会告密。琢磨来琢磨去，他想到了康延泽这个人，觉得这个人总是跟他们几个合不来，太独，心机太深，也不知道他到底都在想些什么，说不定什么时候就会向皇帝陛下报告。他心中甚是担忧。他心想，必须找一个妥善的办法除掉此人，不然对自己太不利了。

普州刺史被宋军的叛将打跑了，失踪了。普州刺史的位子还空着，于是，王全斌就力举康延泽出任此差事，想以后伺机将他害死。他对赵匡胤力举荐说："蜀主投降之后，康延泽作为首先来到成都的大宋官员，对城内军民进行安抚，封存了后蜀的府库，三天后便干净利索地回来，事情办得很是令人满意，现在他出任此职甚为妥当。"

平蜀大元帅的大力举荐，在皇帝赵匡胤那里当然是很有分量的，皇帝不相信他，还会相信谁？于是诏准，派康延泽出任普州刺史。

那时候的蜀地，盗贼流寇、宋军的叛军甚众，无论哪个地方皆有成千上万的乱兵在流窜，康延泽接到皇帝的任命之后，便到元帅王全斌那里请求派兵护送自己到普州上任，他一个人是无法前去的。那王全斌原来就是不想让他活，也不说不给他兵，只给了他四十人。想那普州是到处都有乱兵出没的危险之地，康延泽此去必死无疑。

那康延泽没有办法，只得带上这几十个人前往普州。

谁想，这康延泽还真不是吃素的，虽然原来只是个都监，却是智谋非凡。

康延泽带着人来到距成都不远的简州（今四川简阳）的时候，他便开始自己招兵买马。由于那时候的混乱状况，流亡逃窜的百姓和士兵很多，很容易召集人马，在很短的时间内，康延泽便招到了一千多人。

康延泽原来的职务就是军中训练兵马的都监，他抓紧时间对这些新招来的兵马进行强化训练，待自己比较满意之后，便带着他们出发了。

刚进入叛军地界，就有人来挑战。一支一千五百人的乱兵队伍拦住去路。康延泽指挥他的一千人马进退有序，将这些乌合之众打得狼狈逃窜，活捉七百人。杀死一百来个头目之后，剩下的全部释放。这些被释放的士兵出去后到处宣扬康延泽的恩威，很快就有三千多人投奔康延泽账下。于是，康延泽的兵力便又增强了。

康延泽又对他们进行训练，使他们的战斗力得到了加强和提高。康延泽用这些兵将把刘泽的三万人马打得落花流水，令叛军的势头得以消减。

康延泽到普州之后，刘泽见乱兵的鼎盛时期已过，就带着自己的三万多人马投降了康延泽。

这时候，康延泽手下己有好几万人马。

康延泽极其成功地收复普州，得到了赵匡胤的大力表彰，随即他被升任为东川七州的招安巡检。

那王全斌本想将康延泽害死，没想到却为康延泽创造了一个展现才华的机会，他很无话可说，只好奋力平乱，以偿其罪。

王全斌亲自率兵直捣灌江寨，这时候的叛军已经没有力量了，他们知道自己敌不过宋朝大军，一个人斗志全无，很快被击溃。

叛军将领吕翰在黎州被手下杀死，尸体扔到了河里，另二十七名叛将被遣送回京都。

在赵匡胤派遣的丁德裕率军的援助下，至乾德四年，蜀地历经了两年的战乱，最终被平复。

# 29
## 孟昶的结局

　　孟昶携带着自己的家眷，顺江而下，奔往汴京。当他离开成都的时候，送行的百姓队伍很是壮观，那真是万民塞道，哭声震天。沿路哭晕过去的就有好几百人，一直把他们的孟昶皇帝送至犍为县，才一步三回首地分别。孟昶也掩面而泣。此后那个地方就被人改名为"哭王滩"，有人也称之为"蜀王滩"。

　　天知道孟昶皇帝比时是什么样的心情，从帝王一下子沦为阶下囚、被迫前往他乡的人。看看自己和父亲精心经营的发达富裕的蜀国，如今变得七零八碎，到处乱七八糟，战乱不断，人民水深火热，他心都碎了，沉入了潮底，想闭眼不看，可是，这一切怎么能从眼前消失掉？睁开眼来还要对那些宋军强颜欢笑。打了自己，还要对他们行赏赐，说他们是多么的神勇！一向骄傲的他，真想一死了之，感觉自己的生命也该就此结束了。然而，自己独自去了，家人怎么办？还有他快要七十岁的老母亲，他是多么的不孝啊！让自己的母亲遭受到如此的苦难,如此的颠沛流离!

谁也看不见,他心里的血都已经快要流干了,生命将要走到尽头。此去还要面见自己的敌人,希望这个强大的敌人给自己一家留一条活路,使自己的母亲能够平安地度过晚年的时光。

他在降表中说:"内外骨肉亲人有二百多人,还有将要七十岁的老母,还望大宋皇帝能对他们多多眷顾,让他们过上顺心的日子,免遭分离之责罚,这样祖宗之祭祀才可能稍有延续……"

对于赵匡胤,孟昶的心情是极其复杂的,他很敬佩这个敌人,他的文治武功,都让他敬佩。孟昶恨的就是自己不具备如此之武功,要不然自己怎会落到如此地步?这一缺点导致了他整个人生的失败。

正月十九那天,宋军元帅王全斌来至升仙桥。升仙桥就在成都的北门外,系成都北上的必经之地。孟昶备好了国礼,于军门前求见。王全斌遵照陛下便宜行事之旨意,免去此礼。为了保险,孟昶再次让自己的弟弟孟仁赟奉表章前去开封,恳请大宋的皇帝赵匡胤哀怜,多加照顾。

于表章里,孟昶再一次进行了自我检讨,他说:"臣的父亲受命于唐室,镇守蜀川,由于那时的事态有所变化,被人拥戴,不得已而称帝。先父去世之时,臣还年幼,由于年小不懂事,而错误地继承了父亲之位。臣背离了以小事大之礼节,忘记了自称藩属对大宋进行尊奉之诚意,即如此苟且偷安,持续了许多年,而使朝廷大军不辞劳苦,跋山涉水,以迅雷之势予以收复。臣本懦弱无能,怎能抵挡朝廷的刀锋?因此,束手以降。等待陛下的发落。"

然后,他又仔细讲述了自己投降的整个过程:"正月七日,令伊审征前去递交降表,由于路上有很多盗匪出没,无法前去,没办法又遣兵护送。纵然如此,心里还害怕不能将降表按时上呈。又令一人奉降表前去,才送至军前。此时,臣内心之诚意,陛下已经清楚,臣在本月十九日，又率领自己的儿子和弟弟于军前郑重举办了归降大礼。臣的老母亲和小孩子们都在家中等候。"

降表的结尾，孟昶又表示了自己的担心，他说："臣自思所犯之罪重大，还是非常担心，因此再次让弟弟去往朝廷进献降表，以待罪之身听候发落。"

孟昶希望赵匡胤先给自己一个确切的保障。

赵匡胤在二月二十九日收到孟昶的弟弟上呈的降表后，也很真诚地作出保证，让孟昶尽管放宽心，说自己会很好地对待他们的。并且对孟昶很是尊敬，于回书内并没有直接称呼孟昶的名字，对他的老母亲也非常尊重地称为"国母"。

这不是虚妄之辞，其实，赵匡胤内心真是很敬重孟昶这个人，他除了治军不行之外，其他方面的才能还是很卓越的，他能够把蜀地治理得那样，已经是很不简单，自己什么时候能把整个大宋治理成那样呢，真希望早日达到那一步。看来，有些东西还要向孟昶学习。何况这个孟昶对自己已没有什么大的威胁，自己会对他们很好的。

孟昶在三月的时候，带领全家及其所从人员自峡江行水路来到江陵。赵匡胤早已经让人等候在那里了。接到后即向孟昶提供帷幔用具和饮食等，全部都是依照皇帝的规格，不让孟昶有一点被怠慢的感觉。又令人送去马匹及鞍辔，各色车乘。

孟昶一行四月份的时候到达襄汉，赵匡胤又令人怀揣着自己的诏书去迎接，顺便赐予孟昶茶叶和药物等用品。

孟昶五月十五日抵达开封南城外，赵匡胤命御弟赵光义亲自在开封南城外举行了一个盛大的欢迎仪式，以慰孟昶。

孟昶于十六日带着自己的弟弟和儿子，以及丞相李昊一行三十三人，身着素服站在明德门等待皇帝赵匡胤发落。赵匡胤下旨将他们的罪过尽皆免除，登上崇元殿，以极其周全的礼仪接待孟昶等。此前，赵匡胤赏赐孟昶等人衣帽冠带、布帛绢绮、金银器皿、鞍马车乘等，各有不同。那一天，又于大明殿大摆筵席招待孟昶一行，给孟昶一行接风洗尘。

这是孟昶第一次见到大宋的皇帝赵匡胤，感觉赵匡胤这个人没有自己原想的那么可怕，而且确实是神武盖世、英明有节、人情味特别的浓。自己悬着的一颗心，总算放了下来。

这样一个好皇帝，会保全自己的家人的，孟昶想。

赵匡胤见到孟昶心里很高兴，特免他和他的弟弟与儿子们上朝参拜议事三日。

过后，赵匡胤又于大明殿摆宴，特别宴请孟昶和他的家人。此次宴会，没有其他朝臣，只是赵匡胤和孟昶两家人，有皇后和贵妃等。赵匡胤向孟昶说："此次完全与公事无关，是我们两家的私交，望我们两家永远相亲！"

赵匡胤相交孟昶真是一片真心啊，孟昶曾经是皇帝，干得不错，是自己把他搞下来的，然后，又让他们一家人来到了这里。因此，对他们一家人极其的热情。皇后也拉着孟昶的皇后手亲密无比。

虽然见孟昶一家有一点拘束和心伤的神色，赵匡胤一家也毫不介怀。赵匡胤频频请孟昶和自己对饮，又敬孟昶的母亲，就像是对自己的长辈一样。这让身为亡国之君的孟昶心中很是宽慰和感动。

孟昶的母亲自从来到这个大宋京城之后，赵匡胤已经数次命人把她用轿子抬进宫中，对她关心地说："国母呀，您可一定要保养好自己的身体呀，可千万不要因离开家而有不好的心情呀，以后朕必然挑个好日子送您还回到老家去！"

孟昶的母亲说："送我到哪里呢？"

赵匡胤说："还回到你们蜀地呀！"

　　孟昶的母亲说："我的老家在太原，如果能回到太原养老，才是我的心愿呀！"

　　赵匡胤听了心里一动，随即笑说："待平定北汉之后，朕马上送您回太原。"

　　每一次孟昶的母亲云，赵匡胤都赐给她许多东西。

　　宴后几日，赵匡胤又封孟昶为开府仪同三司、检校太尉兼中书令、秦国公。

　　封孟昶的同时对孟昶的弟弟、儿子和他的大臣们也都封了官位。

　　这下，后蜀皇帝孟昶应当是安定无忧了。

　　赵匡胤见孟昶的贵妃花蕊夫人绝色倾城，又多才多艺，就让自己的嫔妃们多多和她交接，以表亲近。

　　那花蕊夫人也的确漂亮，孟昶过去曾用一首词来赞美她，说她："冰肌玉骨清无汗，水殿风来暗香满。"

　　花蕊夫人还很会作诗填词，搁在当今，也可以算作是著名作家了。一次，赵匡胤请她作诗，花蕊夫人心感亡蜀之伤痛，吟《亡国诗》道："君王城上竖降旗，妾在深宫哪得知。十四万人齐解甲，更无一个是男儿。"

　　赵匡胤听罢，对她很是怜惜。心想，如此一个女人陪伴孟昶，孟昶也应当是幸福的了。

　　那一日，赵匡胤和皇妃又把花蕊夫人召去，吟诗作对。孟昶觉得家人已无需他来劳心担忧了，如今的皇帝对他们都那么好，宽容大度，堪为千古帝王，自己不如也！他为蜀国而生，为蜀国而亡，如今蜀国已不在，他一生苦心经营的事业现在全已破碎完蛋了。他也没必要再活在这个世上了，白天的强颜欢笑，已经是使他痛苦得难以表达，这样的苦只有他一个人知道。他沉思着，突觉身上很累，跟前此时也无服侍之人，他把他们都打发了。他一个人卧榻而眠，这一睡去，就再也没有起来过……

孟昶就这样死了。

花蕊夫人从宫里回来来找他，才发现他已死去。顿时家中上上下下哭声震天。马上又去宫中报丧。赵匡胤闻报，心中也很伤痛，没想到蜀主孟昶来京还不到一个月，就……

这也都是命！谁让你是蜀国的皇帝呢！

赵匡胤下诏罢朝三日，以示哀悼，赠孟昶为尚书令，追封为楚王，谥号"恭孝"。赵匡胤见孟昶在递交的降书内屡屡提到自己的母亲，知道他总是担心着自己的母亲晚年得不到安宁，也明白了他对母亲的至孝，于是心里更为敬重。至于孟昶的丧葬所有花费，朝廷完全承担。

然而，对于孟昶的死，他的母亲却没有掉一滴眼泪。她举起酒杯把酒撒于地面，对儿子祭奠道："你不能为社稷而亡，苟且活至现在，我之所以忍着不死，就是因为你还在这个世上。现在你既然已经死了，我还活在这个世上干什么？"

寥寥数语，听得令人心里发抖。

孟昶的母亲对儿子孟昶祭奠完毕，就此绝食，不再吃喝。就是赵匡胤亲自来劝，她也不言。数日后，也随孟昶而去了。

那花蕊夫人，在孟昶死后，赵匡胤怜其才，对她有种特殊的感情，遂把她充入后宫。

# 30
## 赵匡胤的奖惩

后蜀真是富裕啊，宋军把后蜀国灭掉之后，于当地修造了二百艘大船，装载金银财宝、布帛器皿、银腰带送至江南军前，当做军费的开支。剩下的朝廷奢侈品自陆路发往京城开封。这之后，宋朝又陆续花费了十来年的工夫，方把蜀国府库所积之财货运完。十年间，宋朝每年通过漕运，自蜀地运输财物数以万计。这些还不包括平蜀地时宋朝将士私自拿取国库钱财、中饱私囊的在内，此数目也不小。

后蜀之乱平复了，赵匡胤就要下令把除了需要驻守蜀地的将士之外的将士全部召回。

这时候，众将心里真是害怕呀，他们都怕回去后，陛下惩处自己。有几个在这里没做一点亏心事呢？因为蜀国真是太富了，东西和美女真是太多了，让人们看了眼红。他们都知道陛下是一个治军非常严明的人，他本人也以身作则，从来不违犯军纪。对于财物，也从来都是不贪图的。这些让众将们无不佩服，可是又自思有几个人能做到他那个样子呢？

在平乱当中，王全斌心里总是战战兢兢，害怕以后回京……他甚至还有过马上向皇帝请病假回去的想法。在赵匡胤令参知政事吕馀庆前往蜀地任职，又让王全斌管理军务，别的方面不让他插手之时，王全斌心里就明白皇帝开始限制他了。他对自己的部下说："我听说古代的将帅一般都难以保全功名，还不如我马上称病回去呢，免得以后陛下怪罪于我。"

部下们不想让他走，同时，也是为他好，就说："如今蜀地这么乱，盗贼这么多，没有陛下的诏令最好不要轻易提回去的事。"

于是，那王全斌就更加卖命地平乱，以遮其羞。

而王仁赡这个人有些小聪明。早先，有人向赵匡胤推荐他的时候就说他很有才，今天看来，他果真是很有才。由于心虚，一回京他就赶紧找皇帝陛下汇报他在后蜀之时的"见闻"，以遮其过。

王仁赡把王全斌他们这些人在蜀地的不法行为详详细细地告诉了赵匡胤。赵匡胤却对他不冷也不热。其实，赵匡胤对他们在蜀地的作为早已是了如指掌。赵匡胤说："你自己呢？"

王仁赡一时被堵了一下："我——"

王仁赡又要转弯进行开脱，没想到，赵匡胤说："逼着王廷珪送美女，将丰德库打开，取走金银财宝，也是王全斌和崔彦进他们做的吗？"

王仁赡这一下被完全堵死了："这——"

他惶然难对，赶紧跪伏于地请罪。自己真是无需再多说了，越描越丑，罪过也越大。

对于他们在蜀国犯下的罪行，赵匡胤念他们平蜀有功，没有把他们交给司法官吏进行审理，而是交给了朝廷下面的中书门下。赵匡胤叫来蜀臣，当面对证，使他们也无可辩白，只有伏法，听候朝廷发落。

给王全斌、王仁赡、崔彦进等北路军将领定的罪是：依势强抢女子和玉帛，擅自开启后蜀国库，对财货进行隐瞒，擅自克扣蜀兵之行装钱，擅自对蜀国降兵进行杀戮……

王全斌等人俱认不讳，签字画押。

王全斌这些人收受和隐瞒的钱财一共有六十四万四千八百多贯，这些还不包括他们掠夺的后蜀皇宫珍宝及外地府库其他收藏未登记至册子上的。

皇帝赵匡胤又诏令御史台在金殿上召集文武百官讨论他们的罪行。公论的结果是应处斩刑。

然而，赵匡胤毕竟是赵匡胤，反正话已经说得十分清楚了，罪当斩刑，如果不杀你们，也就是给你们面子了，给你们人情了，你们可不能再犯，可要知恩思报。于是大手一挥道："念你们新建大功，就不杀你们了，特赦你们！但是，死罪可免，活罪难逃，一律降职使用。"

经朝廷议定，在随州设置崇义军，在金州（今陕西安康）设置昭化军，降王全斌去当崇义留后，降崔彦进去当昭化留后，罢免王仁赡枢密副使之职位，另任为右大将军。勒令他们即刻把自后蜀将领臣子那里敲诈勒索来的金银与鞍马等物全部退还原主。

这样，王全斌他们没有被杀掉就很庆幸了，哪还有不服的道理？这些大将们都匍匐在地叩头谢恩。

在北路军将领当中，康延泽也受到了朝廷的惩处。在蜀地的时候，他虽没有王全斌他们贪得多，但也爱财，也不是个干净的人，其实，当初王全斌怀疑他会向皇帝告密，完全没有必要。经皇帝赵匡胤查证，康延泽被贬为唐州教练使。

那些在蜀地发动叛乱的中下级将领，除了死在战争中的，被缉捕的孙进和吴环等二十七人，在王全斌从蜀地回京以前就已经被械送回京。皇帝赵匡胤亲自审理此案，他们皆认罪伏法，被斩杀于诸城门外。还有一个人非常骄横，知道必死无疑，连皇帝也不放在眼里，竟然咆哮朝廷，大骂赵匡胤无道昏君，说"你赵匡胤能当皇帝，我为什么不能?"说完不光他死了，就连他的家人也被连累了，被诛族。——皇帝真是大怒啊。

说完被罚、被杀的将士，再说说被奖励的将士。王仁赡在告发王全斌他们的时候，唯独对一人大加赞扬，由衷地感佩，这个人就是曹彬。他说曹彬最是清正和廉洁。

要说这曹彬也真是无可挑剔的人。

曹彬在一周岁的时候，父母曾让他"抓周"。父母在他的周围摆了许多玩具，让他自己去抓，看他抓哪一件。他看了一会儿后，就用左手拿了刀枪之类的玩具，又用右手去拿俎豆一类的玩具，一会儿又拿起了一枚印章。别的他都不感兴趣，看都不再看一眼。人们都认为这孩子和别的孩子不一样。

待曹彬长大之后，为人甚是淳厚。曹彬的姨母张氏是郭威的贵妃，郭威封曹彬当了河中都监，然而他并没有由于自己是皇帝的亲戚而觉得自己有什么了不起，反而更为谨言慎行了。当公府举行宴会的时候，他一整天都很端直谨严，不曾旁视。那时候，有个名叫王仁镐的将军，平时端谨简朴，崇信佛教，为人也厚道，认识他的人都把他看成是长者，可是他却对自己的部下自省道："我觉得自己日夜辛劳，从没有过松懈，可见到了曹监军以后，才明白自己是多么的散率。"

后周显德五年，皇帝柴荣命曹彬出使吴越，曹彬完成任务后马上回京，私人相送的礼物，一概不收。吴越人坐着小舟赶来以礼物相赠，五次三番，盛情难却，他还是不得不接受了，登记明白后全部上交给朝廷。柴荣把这些礼物又回赐给了他，他方恭敬地接受了。然后把这些礼物全部又分给了自己的亲戚和朋友们，自己没有留下一件。

曹彬极为朴素和朴实，他在晋州（今山西临汾）当兵马都监的时候，有一天，跟主帅和宾客于野外围坐在一起说话，邻路守将派人来送信，送信之人没有见过曹彬，便悄悄地问道："曹将军在哪里？"

被问之人就指给他，可这人看了看曹彬，竟摇头无论如何都不相信，说："你别哄我了，以为我傻呀，有哪位皇亲近臣会穿这样朴素的衣服呢？并且还丛着那样简陋的椅子呢？"

……

后来，当赵匡胤对后周的禁军进行掌管之时，曹彬始终保持中立，从来不偏不倚，非公事一般不会去拜访，大臣们举办什么宴会，他一般也不参加。赵匡胤为此很看重他。赵匡胤登基之后的次年，将他自地方上召回京城，对他说："朕很早就想接近卿，为何卿总是跟我疏远呢？"

曹彬拜伏于地说："巨原为周室近亲，还担任着朝廷的官职，做事十分恭敬小心，还害怕会有什么闪失，如何敢妄想结交呢？"

赵匡胤看他如此厚重谨慎，便更为敬重他，遂封他为掌管满朝文武百官朝见礼仪的内客省使。

在平蜀的归州路军队里，曹彬出任的是都监，一路上对将士们严格约束，使蜀地百姓减少了被屠杀和被抢掠的灾难。他们打到哪里，当地的百姓都心悦诚服，经过的州县，都心甘情愿地投降。平蜀将领们很少有不奸淫掳掠、中饱私囊的，而曹彬却始终廉洁自律，回京的时候，袋子里也只是些书籍和必备的衣服而已。

对于这样的廉洁将士，皇帝赵匡胤自然会大加赏赐，他最看重的就是这样的人。赵匡胤封曹彬为宣徽南院使，领义成节度使，然而，曹彬不想接受此项任命。他去面见赵匡胤说："此次平蜀的将领们都获罪，唯独臣一个人得到了封赏，让臣内心怎安？臣实实不敢奉诏。"

赵匡胤听了曹彬如此说，内心更是喜欢，遂劝他说："爱卿有大功，又不居功自傲，若真有一点过失的话，像那王仁赡一样的人也不会为你遮掩。功有赏，罪有罚，爱卿没有必要过于推辞。"

如此，曹彬才不得不接受。

跟曹彬一起受到皇帝嘉奖的还有龙捷左厢都指挥使张廷翰、虎捷左厢节度使李进卿和西川转运使沈义伦一些人。

真是有罚，也有赏。

那李进卿是一个非常忠直的人，有历史评论家说他忠直得甚至有些愚。曾有一次，赵匡胤视察水军水上训练，突然感慨说："每一个人都说为国家能不顾自身安危，奋勇向前，此言说着容易，做起来就未必是那么回事。"

李进卿当即上前说："臣下对国家绝对忠诚，需要我死的时候，马上就死！"

说完，猛一转身，跳入了水中。

赵匡胤慌忙命数十名水手去救，待好不容易把他救上来的时候，他已经只剩半口气，快淹死了。

像如此之将领，在平蜀的过程中又和张廷翰有着严明的军纪，赵匡胤当然是毫不吝啬地进行奖赏的。

张廷翰和李进卿皆被封作禁军的都虞候，且兼节度使，成为禁军里的高级将领。

沈义伦以西川转运使的身份随军来到成都，之后一个人居住在一间寺庙里食素，后蜀的官僚们向他馈送各种礼物，他都婉言拒收。就是班师回京的时候，囊中也只是几卷书而已。

赵匡胤和曹彬一次闲话的时候，问起官吏的人品和才能，曹彬道："臣仅在军队里进行监管，至于官吏好坏的考察，非臣所能明白的。"

他不爱背后言人之好坏。

然而，皇帝赵匡胤非要听听他的看法。

曹彬无奈说："唯有沈义伦堪当重任。"

所以，赵匡胤也对沈义伦进行了封赏。

东路军的最高将领刘光义改任镇安节度使，属于平调，没升也没降，这也需要感谢曹彬才是。

赵匡胤对战死的高彦辉的家人，进行了抚慰，赐以粟和帛。

在对叛军的战役当中，高彦辉在导江（今岷江）跟叛军大战一场。叛军占据有利地势，于狭窄的道路两边的竹林内设下埋伏。高彦辉所带领的军队中了他们的埋伏圈。那时候，形势极其不利，高彦辉对皇使田钦祚说："此时叛军势头很猛，天色将黑，万一我们的军队被截断，首尾难以呼应，那就非常危险了。最好是赶紧收兵，次日再战。"

田钦祚是一个阴险狡诈自私自利的小人，不顾大局，一心想的是保全自己。见大势不好，就想逃跑，又害怕叛军会咬住他不放，此时听高彦辉这样说，便故意说："你拿着皇帝给你发的厚实俸禄，却看见叛军便害怕而后退，你心里到底想的是什么？"

田钦祚知道像高彦辉这样的人，必然受不了这样的刺激，那高彦辉果然就又率兵向前。而田钦祚呢，则趁此机会逃跑了。结果，高彦辉跟自己的部下十余骑力战，全部阵亡。

王继涛的死也跟这个田钦祚有关系。

在叛军攻打彭州的时候，王继涛力战，身上受重伤八处，没有办法，一个人逃回了成都。田钦祚以使者的身份返回京城开封的时候，为了抬高自己，便污蔑其他的将士们。他与王继涛素来不合，就在赵匡胤面前说了王继涛的坏话。赵匡胤即召王继涛回京，要亲自审问他。

此时，王继涛身上的伤还很严重，但是陛下要召他回京，他也不敢不回。结果在回京的路上，因缺乏医治和调理，而不幸身亡。

后来，赵匡胤知道了这些事，很是怜惜与自责，便对王继涛的家人优加抚恤。同时，也深恶田钦祚，遂对他降职使用，从此疏远了他。

# 31
## 北汉遭变

在蜀地发生的叛乱让赵匡胤意识到，军队素质低下对国家的长治久安是个巨大的隐患，所以他开始提倡各级官员多读书。

当赵匡胤正鼓励他的文臣武将们读书的时候，天下大势却发生了变化，赵匡胤是个头脑非常清醒的人，他并不死守既定的战略不放，而是见机行事，灵活而动。原先定的战略是先南后北，平了后蜀，再灭南汉，然而，此时他发现拿下北汉是大好的时机，因此他便灵活机动地决定先攻取北汉再说。

原来，于赵匡胤对南部用兵之先，为了稳定北边局势的安定，避免南北受敌，便跟那时候北汉的皇帝刘钧口头达成了一个协议。他对边界上的细作说："你去对刘钧说，你们跟周朝有几代的仇怨，在太原割据，有理由不屈服于周。然而这些事好像跟大宋没有一点关系，大宋和周朝又不是一个朝代。宋朝和后汉原本就没有发生过什么不愉快的事，没有什么隔阂，为什么要让当地的百姓遭受那样的困扰呢？你们若有图谋中国之志，那可以向太行进军，我们决一雌雄！"

细作便将此意对北汉的皇帝刘钧说了，刘钧也让他传话回去，并且也学着赵匡胤的口气说："河东的地盘和兵力还没有中国的十分之一多，仅守这么个小小的地盘，还唯恐丢了祖宗留下来的基业，哪有心思图谋中国？你若想与我决一雌雄，那可以由柏谷打进来，我一定会背城一战！"

赵匡胤听了刘钧毫无底气的心虚言语，便笑着对细作说："替我告诉刘钧，我放他一条生路。"

有了这样的对话，在刘钧做北汉皇帝期间，虽然两国小规模的军事摩擦不断，但从未有过大的战争。

没想到赵匡胤灭了后蜀，正想着要攻取南汉的时候，刘钧却死掉了。

刘钧当皇帝期间勤政爱民、礼贤下士，也算是一个不错的皇帝。他将死的时候，把宰相郭无为召进了宫中他的病榻前，托后事于郭无为。刘钧死后，他的儿子刘继恩坐了他的皇位。

实际上，刘继恩也不是刘钧的亲生儿子，只是他的养子，是他姐姐的亲生儿子，也就是他的外甥，刘钧的姐姐早年丧夫，刘钧自己无子，就把外甥当儿子来养了。

刘继恩这个人的身体长得和正常人不太一样。他的上身特长，下身特短，肚子很大，胡子也多，骑在马上显得极其的威武雄壮，在地上走路的时候却像是侏儒。然而，他对养父舅舅非常的孝顺，昏定晨省，真是无可挑剔。于是刘钧便打算让他当自己的皇位继承人，先是封他当了太原尹。然而，刘继恩没有什么能耐，在当太原尹的时候，从没有做出过什么政绩。刘钧便很是发愁，如此将江山交给他怎么能行呢？

在刘钧患重病期间，便命刘继恩监国。在刘继恩监国期间，他听从宰相郭无为的建议做了两项很有用的事情。第一项就是驱逐公族，把有可能阻碍自己当皇帝的人，全赶出了京城。刘钧还有一个养子叫刘继忠，刘继恩便命他去守卫忻州。然而，这刘继忠不愿意去忻州，他说自己由于去契丹办差，落下了一个怕寒的毛病，忻州又在晋阳的北边，气候非常寒冷，希望留在都城将养。刘继恩便训斥他观望，训斥他拖延，让他赶紧去忻州守卫。刘继忠心里当然是很不快活的，回去就说了几句不满意的话。然而，人处弱势，喝口凉水都塞牙，没有想到，就这几句话便被人无事生非地报告给了刘继恩。刘继恩正找不到理由收拾他呢，登时大怒，便赐他一条白绫，让他自尽了。

刘继恩做的第二项很有用的事情是在养父驾崩后，向契丹禀报自己继任北汉的皇帝，使契丹这个自己必须依赖的大国、自己的父皇之国承认了他的地位。先皇刘钧死了，刘钧在世时和契丹原有的不愉快也就不存在了，因此两国又恢复了友好邦国的关系。

这当然都是在宰相郭无为的指点下完成的。然而，管事情太多了往往遭人忌，即使他事情成功了也不行。待这两项大事完成后，刘继恩觉得自己的地位稳固了，就觉得宰相郭无为碍手碍脚，很烦于总是指挥自己，看他那大权在握的架势，好像他郭无为就是皇帝一样！而自己好像是他的傀儡，自己是不会当他的傀儡的！何况先皇在世的时候，他也没有在先皇面前说过自己的好话。

这样，刘继恩便想着寻机收拾一下郭无为，让他知道自己的身份。他一边为郭无为加官晋爵，对外表示自己是多么优待他，一边又开始对郭无为疏远。他想把郭无为赶出去，可是这件事过于重大，郭无为此时毕竟是大权在握，所以刘继恩很是犹豫不决，迟迟不敢去做这件事。然而，就在他迟疑不决的时候，人家郭无为却想好对付他的绝招了。

郭无为是政治老手了，他能觉察不出新皇对他的冷遇？会揣摩不出新皇的心思？知道新皇要对自己不利，便要对新皇痛下杀手，他可是什么都敢做的人，绝对不会像刘继恩那样做事犹豫不决。

那一天，刘继恩大宴群臣和宗室，当宴会结束，他返回勤政阁休息的时候，郭无为派来的杀手突然出现了。这十几名杀手中带头的是供奉官侯霸荣。他们手拿利刃闯进门，反手把门关紧了，直冲皇帝刘继恩扑过来。刘继恩很是害怕，此时宫里也没有他的亲信，没有真心对他的人，因为他的亲信侍卫都还在他原来的任所府衙没有带过来，曾有人劝他将那些人带过来，然而他没有听，此时想用却晚了。他此时只有自己赶紧逃命，可是他腿又短，哪跑得过那些杀手？特别是那供奉官侯霸荣，他的跑步速度能赶得上奔跑的马。他迅疾赶上，朝着刘继恩一刀扎了进去，鲜血崩流。刘继恩扭脸惊恐而怨恨地看了看侯霸荣，很快倒了下去，死了。

这些刺客还未待逃走，郭无为就带人赶来了。他封锁了所有的出口，命人架梯过去，将侯霸荣等人全部诛戮。

对于侯霸荣刺杀皇帝这一案，当时的人们并没有怀疑到宰相郭无为头上。他们从那个供奉官侯霸荣的自身想起。

原来，这侯霸荣是邢州人，力气大，善射箭，还跑得快，刚开始的时候在并州和汾州当强盗，后来跟了刘钧，由强盗变成了军队的散指挥使，戍守乐平。在宋朝的王全斌攻打乐平之时，侯霸荣又率部投降了大宋，当了大宋殿前禁军里的内殿直，可是没过多长时间也不知是什么原因，就又跑回了北汉，并且还又当上了供奉官。

于是，大家都把这个侯霸荣当成了宋朝派来的奸细，说他是想提着新皇帝的头向大宋献功的。

不管怎么样，新皇刘继恩是死了，总要另立新皇。

郭无为要立刘继恩的弟弟刘继元，那时候，有人说要立刘氏家族的正宗成员为帝，郭无为坚决不同意，还公开说，一定要立刘继元，刘继元容易控制。

胳膊拧不过大腿，于是，刘继元便当了皇帝。然而，当了皇帝后的刘继元真的就那么容易控制吗？

不管刘继元容不容易控制，这一段时间，北汉接连发生那么多事，对于大宋的赵匡胤来说，正是要拿下他们的上佳时机，赵匡胤就看准了这个时机。

## 32
# 亲征北汉

开宝二年（公元 969 年），赵匡胤决定御驾亲征北汉，先命曹彬和党进等人率兵奔太原，然后，自己将后方的事情安排好，便起驾出征。

北汉的皇帝刘继元自然很快得到了消息，当即命大将刘继业屯兵于团柏谷。

刘继业先命一小队兵士进行侦查，然而这支侦查队一碰上大宋的军马，就投降了人家。

刘继业也清楚人家势大，自己根本就抵挡不住，便带兵撤到了太原城内。这让刘继元很是不高兴，随即罢免了刘继业的兵权。

大宋的军队根本没有受到一点阻力，就顺利开到了太原城池下面，把城给包围了。

契丹的使者韩知璠来册立刘继元为北汉的皇帝，刘继元半夜里偷偷将城门打开迎接其入内。次日，大摆宴席，款待上国来的使者。

这样的宴会，自然是朝中大臣们都参加的。一心想着要投降大宋的郭无为在宴席上失声痛哭，还要拔出刀来自杀，刘继元赶忙下来劝止了他。他哭着说："一座孤城怎么能够抵抗得了百万大军呢？一下就把我们给碾成齑粉了！"

他这一哭、一闹，也真是弄得人心惶惶，人们也都在心中嘀咕："是呀，我们一座孤城，能敌得过人家的百万大军吗？弄不好死无葬身之地！"

另一边，赵匡胤此次御驾亲征的路也不好走，因为一到潞州就开始连天下雨，一下就是十八天，你说这行军能不困难吗？急得赵匡胤光转圈就是毫无办法，军事上的事，战机稍纵即逝。他没办法，让人都去沿途的寺庙里烧香叩头，祈求神灵保佑别再下雨了，保佑他的统一大业顺利完成。

就在等雨停的间隙，巡逻的将士忽然抓到了北汉派来的一个探子。赵匡胤亲自进行审问："你来此的目的是什么？"

没有想到，这探子心眼特多，并且还很会说，他说："我来是看看你们大军走到哪里了，因为太原城内的百姓都整日整夜地盼着天兵驾临拯救他们呢，他们在刘家的统治下，受的苦真是太多了，只恨天兵来得太晚。"

赵匡胤一听，心里极其高兴，这些百姓们是把自己当成救世主了。而赵匡胤呢，正想要当这样的救世主。这一说，正说在他的心坎上，他哪会不高兴呢？非但没有难为这个探子，还赏了他衣服，放他回去了，说："让城中的百姓们放心，朕的大军很快就到，朕就是来救他们出苦海的！"

城中的百姓不知是否真的盼他，但是城中的刘继元绝对不会盼他来的。

几天之后，赵匡胤的大军抵达太原城下。北汉本来就缺少战略上的缓冲地带，他们外围的一个战略要地团柏谷，还主动丢掉了。太原这座孤城就是他们的堡垒，他们主要依靠的是契丹的援军。

赵匡胤也考虑到上次失败主要原因是契丹的出兵，此次他便想好了应对契丹援军的办法。

赵匡胤率领大军来到滑州（今河南滑县）的时候，彰德节度使韩重赟来见。赵匡胤吩咐他说："契丹获悉我御驾亲征，必然会派来大批的援军，他们也必然会认为镇州、定州无防备，必然会打此进入，卿可率军以最快的速度赶过去，打他个措手不及、防不胜防。"

韩重赟领旨而去。

果然，如赵匡胤所言，契丹支援北汉的兵马分两路进行，一路军马从正定州路过。韩重赟已经在嘉山严阵以待相当一段时间了，正逮个正着。契丹没有想到会突然碰见宋军的大队人马，一时非常的害怕，不知道如何是好，毫无心理准备怎么打仗？于是，便调头逃窜。

那韩重赟哪容他逃窜，即刻下令全面出击，打得契丹军哭爹叫娘，纷纷受戮。

赵匡胤还在阳曲布置了兵马。

契丹的另一路兵马从石岭关进入。赵匡胤得到这一消息后，当即通过驿站把驻守在石岭关的何继筠找来，对他吩咐一番，拨给他数千精兵前去迎击。临别，赵匡胤对他说："明天晌午的时候，朕等着卿的好消息。"

那时候正是盛夏酷暑天气，赵匡胤便命太官调制麻浆粉给何继筠吃，以消除疲劳。何继筠吃完谢恩离去。

第二天，何继筠在曲阳北边，迎击契丹的这路援兵，把他们打得大败，杀死一千多人，活捉一百多人，得七百多匹战马、许多铠甲。

赵匡胤在太原城外登北台以待，看着远远一人骑马而来，就知道是何继筠的捷报到了。

果不其然，来人正是何继筠的儿子。

由此，可以对契丹的援军无忧矣！

赵匡胤一边阻拦契丹的援军，一边部署进攻太原城。他命令李继勋在城南、赵赞在城西、曹彬在城北、党进在城东修筑寨垒逼困城池。

刚开始的时候，有人建议赵匡胤增添攻城的兵力，左神武统军陈承昭道："万岁身边有好几千万的兵马，为什么不好好利用一下呢？"

赵匡胤一愣，好几千万的兵马在哪儿？不知道他说的是什么意思。陈承昭用马鞭一指汾水。赵匡胤即时明白过来了，禁不住哈哈大笑起来，说道："这真是千万的兵马呀！"

第二天，赵匡胤就下命令于晋祠处把汾水给掘开，水淹太原城。

赵匡胤除了善于排兵布阵之外，还很善于运用攻心术。他知道北汉所恃的是契丹的援兵，他就把契丹兵将的一千多头颅和战甲摆在城下向城上的北汉兵将展示，从而瓦解他们的斗志。

北汉的宰相郭无为看太原城池被宋军紧紧围困，他比皇帝刘继元还急。他急的不是怎样守城，而是如何才能顺利降宋，不至于死无葬身之地。这时候的他便主动向皇帝刘继元请缨，要自己带兵出击大宋。说以攻为守也是一种很好的战策，待天晚之时不妨袭击一下宋军。

刘继元答应了他的请求，精选甲兵千人，并派大将刘继业、郭守斌等人辅佐他，自己亲自送他们出城门。

那天夜里他们刚出城的时候，还满天的星星，非常晴朗，没想到，没走多远，天气就大变，突然刮起了大风，又下起了大雨，顿时什么都看不见了，连方向都辨不清了。刘继业正骑在马上行军，那马不知道绊着了什么东西，一下摔倒了。刘继业武艺高强，倒没什么，可是他的马再站起来的时候，走路就不是那么利索了，一瘸一拐的。刘继业再换一匹别人的战马，可是这样总不大方便，这是打仗，玩命的事，不是平常，只好领着自己的人先回太原城去了。另一个禁军将领也摸不着方向，队伍根本无法指挥，走着走着，后面的人就走失了，没办法，也只得回去。这样的天气，这样的夜晚根本无法打仗，还偷袭人家呢，自己先找不到北了，到时候只有挨打的份。

那郭无为出来自然是要寻机投靠宋军的，因此，神色上看上去就不一样，心中有鬼，总显得慌慌张张，东张张、西望望的样子。搞得身边的人也没有心思跟他前进，不知他要把自己带向何方，可又不敢问。

回去后，郭无为又极力劝说刘继元："陛下，不如就投降大宋吧，您看天也不佑我们，今晚出击大宋军营，天气又突然起了如此之变化……"

刘继元听了他的话很是不高兴，沉着脸没有说话，心想："你怎么尽想着投降！"

其中的一个小太监就把和郭无为出城后的情况一一报告给了皇帝刘继元，刘继元本来就有些怀疑他，听到报告后，毫不迟疑地就把郭无为推出去给杀掉了。

杀掉了郭无为之后，城中的不安定局势才稍微稳定下来。

赵匡胤用汾河之水把太原城给围住了，大水穿过外城，窜入城内。城墙的决口也慢慢扩大。城内的北汉将士当然都非常的着急和害怕，士兵们顺着城墙设置障碍进行堵塞，宋军那边一阵乱箭射过来，一排一排的北汉士兵就死在了水中，根本无法堵塞那些决口。

难道就看着大水冲过来把自己给活活淹死吗？就在这命悬一线的关键时刻，突然从城内冲过来一大堆柴草，于是北汉的士兵赶紧趁此机会堵塞决口。宋军那边的乱箭又射过来，然而，都射到了柴草上，由于柴草太厚，箭矢根本穿不透，北汉的士兵才得以把决口堵上。洪水不往城中涌了。

太原城长时间地拿不下来，赵匡胤也很着急。在这大暑天气里，整日下大雨，将士们整日宿营在城外的湿草地上，好多人都患病了，拉肚子。契丹又派了支援的部队，城内的刘继元等又来了精神。

情况对宋军的攻城越来越不利，太常博士李光赞谏言说："万岁，此时不如罢兵，另谋他途吧，事情总会慢慢解决的，所谓的欲速则不达。"

赵普也道："臣的意见也是这样，暂时班师回京吧，以后再想办法平复他们。"

赵匡胤虽还有点不甘心，但也无可奈何了，只好先班师回京。

赵匡胤这一回京，留下的军用物资就全便宜了北汉。北汉所获宋军扔掉的军储共计粟三十万，茶叶和绢皆有几万。这也使北汉在枯竭的时候，稍微得以补给。

这两次大战，使北汉的军队数量锐减，光被杀掉的北汉将士就有一万三千多人，缴获一千多匹战马。赵匡胤在临退兵的时候，又把太原附近的一万多户百姓全都迁到了河南和山东等地，分给他们粮食，赐给他们布匹，还遣禁军一直把他们安全护送到要安顿的地方。

如此，北汉国力更是衰微了。

在赵匡胤带兵撤走以后，刘继元马上命令排水。水下去之后，还要修复倒塌冲坏的城墙。

那时候，契丹的使者韩知琏还在太原，见此惨状，不胜唏嘘，说："赵匡胤只晓得用汾水来淹太原，却不知道先浸灌之后再放水淹，那样，太原恐怕就真正完了，不会留一个活口。"

然而，他是不清楚赵匡胤。赵匡胤从来心地良善，他对付的本来就不是城中所有人。他对付的只是北汉的朝廷和军队，不是城中的百姓，他根本不会那样做。

# 33
## 淫乱荒唐的南汉

赵匡胤北征没能平定北汉，回去后，他又决定先平定南汉再说，再次改变战略，还用原来先南后北的战略。

南汉原是唐末五代之初于岭南一带的群雄争霸当中慢慢做大的一股势力。他们以封州（今广西梧州）作老巢，聚集军事力量跟物质储备进驻番禺（今广东广州）。至后梁时期，这个势力强大的地方节度使，建立了一个独立的小王国，以番禺为都城，号称是"大汉"，也就是南汉。

南汉疆域最大的时候包括现在的广东、广西、海南、云南和越南的部分地盘，可见也盛极一时。

这个小朝廷的建立者名叫刘䶮。这个刘䶮非常的迷信，他有三个非常著名的爱好，那就是改名、改号和算卦。

他的名字刘䶮，这"䶮"字本来是没有的，是他自己生造出来的。他也不知道为这个"䶮"琢磨了多么长的时间，为自己的名字

141

花费了多少的功夫。这也是源于一次迷信活动。南汉大有十四年（公元 941 年），外国一个僧人向刘龑进言道："陛下，我观谶书上说，灭刘氏者龑也，因此贫僧感觉您的名字不是太好。"

刘龑一向是和这些僧呀道呀最说得来，于是，他便又采用易经当中乾卦的"飞龙在天"，为自己生生造出了一个"龑"字。上面是龙，下面是天。和自己最初的名字"岩"音同。这方为满意。

刘龑对《易经》的占卜算卦非常迷信，无论干什么都要先算一算，占卜一下。改名要算，改年号要算，当然，打仗这样的大事，就更是要好好算算，先占卜一下了。

刘龑最大的问题是嗜杀成性，滥用酷刑。

刘龑疑心非常重。他当皇帝的时候，非常的残酷，研制了不少残酷的刑具，像灌鼻、割舌、肢解、刳剔、炮炙、烹蒸，等等，还有许多的新鲜玩意儿。他还研制了一种非常让人胆寒的名为"水狱"的酷刑，把犯人放入到有很多毒蛇的水里面，他自己要亲眼看看囚犯在水中是怎么被毒蛇咬死的。这家伙的好奇心总是很大，什么都想看看。他甚至还发明了一种根本不是人干的魔刑，那就是先把人放进滚水当中煮得半死不活之后，再捞出来放在烈日下暴晒，还要在他们周身撒上盐巴，使其肌肉腐烂，慢慢死去，刘龑看了这些，很快活，感觉又开了眼界。

不过，这他还觉着不过瘾，他最爱看的是血肉横飞的场面，高兴听犯人悲惨的号叫声，一到这种时候，他就亲临现场，看到犯人痛苦地挣扎，他就兴奋得难以形容，忍不住手舞足蹈，口中犹念念有词，鼓动腮帮子，涎水都流了好长。他这个样子使人们看了很是骇然，认为他是恶魔化身。

在这个恶魔临死的时候，他对近臣叹气说："可惜朕的子孙们没有一个有出息的，后世的路就像老鼠钻进了牛角里一样，会越走越窄，势力也会越来越小！"

他说这句话不知道算了卦没有，反正是挺准的。

刘龑驾崩之后，他的大儿子刘玢当皇帝，果然如刘龑所言，国运一天不如一天。而且他的这个大儿子做事比他还要荒唐。

刘玢首先是生活荒淫。

刘玢在他父亲刘龑还没有下葬的时候，说是太寂寞了，当下便召集了不少伶人来宫里花天酒地，通宵达旦地作乐。他和他爹一样，爱追求刺激，他爹是爱看杀人的场面，他是爱好裸体刺激，喜欢观看裸体表演。

他的后宫内，不论男女老少，全下令不准穿衣服，一根线不带，来来往往的煞是好看。他觉得这才是过到了天堂的生活。生活在这样的"天堂"，他还是不满足，还要寻求些更刺激的，于是便晚上经常身着黑色的衣服出宫找娼妓玩乐，也不回宫睡觉。

其次，刘玢对宗室总是过于小心，反而十分地亲近身边的那些宦官太监。

他心里也清楚，他能当上皇帝，主要是因为他是长子的缘故，他的那些兄弟们并不比自己差，对于他继承皇位，当初他的父亲就犹豫了好长时间，总是委决不下。所以，他当了皇帝后，便总是害怕他的那些兄弟会抢他的位置，时刻小心着他们的动向。宫内每次举办宴会的时候，就命宦官仔细认真地把好门，不管是宗室，还是朝内大臣，全要脱衣服接受检查。之后，方能进宫门赴宴。

他越是这样防范得严，越是有人想杀他。

他刚当上皇帝只有一年的时光，就被他的弟弟刘晟给杀了。

刘晟杀了他的哥哥刘玢，自己登上了宝座。他晓得自己的皇帝是怎么当上的，因此一登上皇位，就先放了三把火。

第一把火就是杀，为了稳定自己的地位，首先就是杀，杀宗室、杀老臣，还有自己的心腹该杀的也要杀！大有五年，刘龑所封的十九个儿子，他一人就杀了十五个，还有他们的后代也跑不了，全给杀了。刘龑的辅命大臣与助他杀兄灭弟登上皇位的心腹也先后被他所杀，整个南汉朝廷，被他杀得岌岌可危，大厦将倾，快要崩塌了。

当然在他大肆杀戮的时候，他的主要帮凶就是那些宦官太监们。这也使宦官太监的势力迅速增大。

在刘龑的时候，就开始宠信和任用宦官太监，然而，那时候这些宦官还不到三百人，而刘晟这时候，往上翻了两倍，骤增至一千多人，并且官位也提升了不少。

不仅是宦官参政，就连宫女也穿上了男人的官服上朝参政了。像宫女卢琼仙和黄琼芝等十几个人都是女侍中，都上朝议政。宦官和宫女参政可以说是南汉政治的一大特色。刘晟荒淫无度，三十九岁就死去了，他的儿子刘铱即位。

刘铱由于"家学渊源"，他成了他祖辈的集大成者，更是迷信和寻欢作乐。即便是赵匡胤不打过来，他也会自己走向灭亡。

刘铱刚当上皇帝一年多，赵匡胤在中原也当上了皇帝。宦官陈延寿在建隆元年私底下对刘铱说："万岁之所以能够当上皇帝，最主要的原因是当年先皇把他的兄弟们都杀光了的原因，万岁如今真是过于仁慈了。诸事还需万岁仔细想想……"

刘铱细心想想，觉得此话很有道理，为了能够使自己的江山稳固，自己儿孙享受尊荣，也不能过于手软和仁慈。

这样，就在当年的三月份，他便找了个借口把自己的二弟刘璇给杀了。

在他刚当上皇帝的时候，他就大兴土木，耗费大量的人力、物力，建造了一座极其华丽的宫殿，给这座宫殿取名叫"万政殿"。万政殿的外表全用银子来装饰，中间镶嵌着云母，光是万政殿的一根柱子的装饰，便要花费三千铤白金。无名费用一天便要千万。

刘铱当上皇帝的时候只有十六岁，根本就不懂治国之道，整天是不理政事，光晓得玩乐享受。当然美女他是少不了的，也是他的最爱。渐渐的炎黄美女满足不了他的欲望了，他就又搞来了一个波斯美女。这位美女既黑还胖，却看着光艳动人，很是聪明活泼，善解人意。刘铱每次和她交欢，她都会做出各种怪动作，侍奉得刘铱舒舒服服，妥妥贴贴，次喜得刘铱随即赐给她一个雅号，叫做"媚猪"，不过，这位波斯美女好像也没有黑猪那样的黑。刘铱由于和这"媚猪"在一起很惬意，给这波斯美女起了雅号后，禁不住又为自己也起了一个雅号，叫"萧闲大夫"。皇帝不当了要当大夫，看来这家伙也真是没什么出息。不过他也真够萧闲的，作为皇帝，国家的大事小情什么都不管不问，只知道荒淫享乐，整日领着这位波斯美女在数十个离宫内玩耍戏乐，总是十天半月才回一次皇宫。

这还不是他最爱好的，他最爱好的也是性表演。并且比上面所说的两个爱好性表演的人更加喜爱，更加入迷。他经常找一些身体健壮的年轻男人来到后宫，在自己面前跟那些宫女进行性交表演。他和波斯美女在一旁看得很是入迷，还互相交流着经验。

他给这样的表演起了一个很好听的名字叫"大双体"。可不是大双体嘛，两个赤裸的男女在他面前表演性交。他对这种游戏很投入，好像是当成了一种事业来做的，好像是在研究，正常的研究。他不光爱看别人性交，他兴致来的时候，也和那个波斯美女"媚猪"当众进行这种性交的游戏，还命令宫里的人不能走开，都要观看。

你说这还是人吗？可他偏偏是一国的皇帝！

由于宠信和重用宦官，这时候的宦官人数已经增加至七千多人，后来又增加至两万多人，完全可以说是一个热门职业了。你想要在这个国家得到重用，就必须要先把自己给阉了，自己阉自己总是不太方便，于是阉人也成了一个热门职业，职业队伍在不断壮大。

这个时候的宦官官位也多，什么三师、三公等诸号，真是既花哨又多，达到二百多种，成为了南汉这个国家实际上的统治者，被称作是门内人。

刘铱对于宫女的宠任跟他的爹一样，并且在他即位之后也接受了父亲的女人卢琼仙，封卢琼仙为才人。卢琼仙跟宦官的首领龚澄枢和陈延寿一起代替皇帝执政。这时候的宫女官职有师傅、令仆等号，宫里的宫女一般都有官衔。

他们祖辈都非常的迷信，他也同样继承了这一传统，并且还从中玩出了许多花样。他信奉的是释迦牟尼，在都城的周围修建了二十八座寺庙来对应天上的二十八宿。他也同样崇信道教，于兴王府他开挖了一个大湖，名叫药州，召集方士炼丹。他信奉女巫，让那些整日装神弄鬼的女巫经常出入他的皇宫，就像是走在无人的大街上一样顺畅。

当中有个叫樊胡子的女巫。她实际上也没有什么胡子，她自己说是玉皇大帝附身，经陈延寿的引荐，进入了皇宫。

她进入皇宫后很受刘铱的优待，她在皇宫里装神弄鬼，在那帷帐之中，身穿大紫袍，头戴远游冠，跳起了大神。帷帐周围摆设着许多宝贝、珍玩，外边就是那个看得傻了眼的皇帝刘铱。

这女巫跳了一会大神后，玉皇大帝就开始附体了。她说出的话也就是玉皇大帝在说话了。"玉皇大帝"说："刘铱你是个真龙天子，是朕命你下临人间管理天下的，龚澄枢和卢琼仙也是朕遣来辅佐你的，你可要善待他们，即使有什么罪，也不能加以处罚。"

刘铱听了"玉皇大帝"的一番言语，方明白过来自己原来是上天派来的，难怪会成为人上之人。

把皇帝刘铱越是说得伟大，他越是迷信。他觉得这女巫既然是玉皇大帝的使者，就肯定是无所不能，于是索性把国家的政务也全交给了这个女巫去管，让内太师龚澄枢和女侍中卢琼仙辅佐她。

受了蛊惑的皇帝刘𬬭对这女巫真是言听计从。

刘𬬭整日里享受，大肆挥霍，然而，国库里的东西就是再多，也是有限的，他就对老百姓们大肆盘剥，横征暴敛。他还总结出了一个自认为很高明的理论，那就是："老百姓的财富和棉花里的水差不多，只要用力去捏、去挤，总是会有的。"

他还自己处心积虑地发明了一个大容量的器皿，老百姓交纳一石的租子，倒到他的器皿里量出来还差着近一半份量。老百姓交一石八斗，量出来只有一石。不仅要交米，还要交钱，每石配上一百六十钱。之外，其他的杂税也是名目繁多，就连进城，也还要交进城费，进城的每人要交一钱。

他在海门镇招募了两千名能下海采集珍珠的士兵，给这些士兵起了个名字叫"媚川都"。下海采集珍珠须沉入水底，一般人是很难做到的，因此必须要在脚上绑上石头，于腰里拴上绳子，方能沉入海底。可是海水很深的，有时深到五百尺，不少的人因下海采珠而丧生。

刘𬬭和他的爷爷一样，都有一种魔性，喜欢血腥，喜欢滥用酷刑。为了找刺激、乐子，他总是命犯人和大象、老虎、豹子等凶猛的野兽进行较量。把犯人放入这些凶猛野兽的笼子里，看他们搏击，其惨烈之状可见。他还非常爱看人在极度痛苦中挣扎的景象，动不动就在酒里下毒赏赐给大臣们，然后观看他们痛苦的表情。

国家政权传给了这样一个糊涂蛋加暴君的手里，不灭亡也难。

## 34
# 用兵南汉

　　赵匡胤并没有先打南汉，而是南汉先打赵匡胤。

　　刘铱和他爹刘晟一样，刘晟是乘南唐打马楚政权的时候，浑水摸鱼占了马楚政权的一些地盘。刘铱便也想在赵匡胤拿下荆南和湖南没稳定住的时候，夺得湖南一些地盘，于是多次对湖南桂阳和江华之地用兵。但皆被驻守在潭州的大将潘美打了回去。

　　赵匡胤心想："南汉你个腐朽的小国家，我还没待腾出手来统一你呢，你倒先来打我了，我得先给你一些颜色瞧瞧。"

　　于是次年便命潘美等人进行反击，首先对南汉的郴州进行攻打，杀死了他们的刺史陆光图和招讨使暨彦赟，剩下的残兵败将只有逃到韶州。大宋的军队随即占领了郴州。

　　刘铱闻报，赶紧命人屯兵洸口一带，来抵挡大宋的军队继续南进。此时的赵匡胤还不想对他真正用兵，所以也就没再往前进攻。

　　然而，刘铱看不懂整个局势，他还认为是赵匡胤见他屯兵，不敢再进兵了，害怕了，于是又一次对大宋进行攻打。这次南汉攻打的是大宋的道州。

道州刺史王继勋上表赵匡胤，要求打南汉。

赵匡胤感觉两线作战对己不利。于是，和大臣们商议，定出了一个自认为是最好的办法，请南唐的国主李煜劝说南汉的皇帝刘铱归还原先占领大宋的湖南之地。李煜是个文学家，写封信那真是小菜一碟，而且是文辞优美，在当时可以说无人可敌。然而，刘铱这昏君平时都不读书，也根本不理他这一套，见了来使，看了李煜的信后，竟然大怒，心想："朕和你南唐素来关系不错，没有想到，你却这么看不起朕，朕是玉皇大帝派来的天子，难道还怕他赵匡胤不成？我为什么要归还他？我们可以战场上一试！"

如此，南汉皇帝刘铱非但不从，还大骂了赵匡胤和李煜一顿，并把李煜派来的使者也扣押了起来。

对于这件事，李煜是非常尽心的，因为他也怕赵匡胤。在第一次给南汉的刘铱写信不管用后，他又做了一次努力，写了第二封信。这次他挑选他们南唐的文章好手替他给刘铱写了一封情意深长的长信。讲事实、摆道理，把他们南唐和南汉的友谊和眼下的天下大势以及往后的发展趋势掰开了揉碎了为刘铱说得极其清楚明了。

然而，刘铱看到这样的信更是大怒，他觉得李煜更是瞧不起他了，大怒道："你李煜是凡人，也想带累我刘铱也做凡人呀，我是玉皇大帝派下来的皇帝！还有玉皇大帝派下来辅佐我的宦官和宫女们，我怕谁？"

于是，刘铱又把来使拘押起来，并且迅速写了一封信通过驿站送到南唐李煜的手里。信的内容很不客气，很不友好，把刘铱心里所思所想，差不多全写进去了。李煜接到信看了之后，叹了一口气，心里自然很不愉快，也再无什么办法，只好派人拿着这封信去见赵匡胤。

此时，赵匡胤正好从北汉战场上御驾亲征回来，下一步计划是南征，就决定打他南汉。

上次宋朝的军队在南汉的战场上曾抓住了十来个宦官，押解到京都开封后，赵匡胤问一个叫余延业的宦官说："你在你们南汉做什么官？"

余延业跪下说："罪人在南汉充当皇帝的扈驾弓官。"

所谓的扈驾弓官也就是皇帝出行的时候执弓拿箭保护皇帝的侍卫，于是，赵匡胤便想看看他的本领如何，随即命人取来一张弓让他试射。没想到，这个余延业中看不中用，拿起弓来，使上了吃奶的劲儿，也拉不开那弓。引得赵匡胤和在场的所有人都笑翻了天。

赵匡胤笑着又问他："你们南汉的国政怎么样呢？你可为朕讲讲。"

余延业便把自己在南汉经见的拣大事向赵匡胤述说一遍。什么历代君王的奢侈啦，什么历代君王的残暴啦，等等……听得赵匡胤心里一紧一紧的，想这样的统治让老百姓们怎么生活呢？禁不住说道："必须要赶紧发兵，救这一方百姓！"

看来攻南汉当速行。南唐的使者把刘铱回南唐的信札呈给了赵匡胤，赵匡胤便决定立即用兵南汉。

再说那南汉，宦官宫女当中当然也不都是庸人，其中有一个担任内常侍的人叫邵廷琄，他就比较有眼光，还很具有忧患意识，对中原的局势和南汉的事情有比较清醒的认识。早在赵匡胤建立宋朝还没有多长时间的时候，他便向南汉的皇帝屡屡上书。在书上他对南汉之所以建国且能够维持五十多年都是因为中原政局不稳定之原因作了深入的分析，他还指出了南汉政权存在的主要弊病是骄傲懈怠。他分析出，中原的局势是乱久必治。他说："天下乱了很长时间了，乱久必治，现在听说，真正能够治理天下的皇帝在中原已经出现了。这样一来，将会出现海内一统的局势。我们南汉面临的问题是要么战备，要么和中原通使，把内府之珍宝全部进献，跟中原的宋朝搞好关系……陛下不跟中原的宋朝往来，也从没派遣过什么使者，也没有和宋朝通过一封信，内府里金银财宝即使再多，您也向来不用这些东西跟别的国家相互礼让，万一中原的军队打过来，我们用什么来御敌呢？"

然而，刘鋹这个人整个一混球，只知道吃喝玩乐抱美人，哪懂得这些？因此即使邵廷琄说得再好、再正确，他也不会听邵廷琄的。他正玩得开心，他会顾得了这些？说多了，他还会不满意。邵廷琄就因为进言了多次，说话又过于直接、不客气，刘鋹非常不高兴了，对邵廷琄这个人很是讨厌，甚至马上就想找个借口把邵廷琄给杀了。

然而，在大宋的军队占领郴州以后，刘鋹就又想到了邵廷琄这个人，觉得这个人还行，便命他驻守洸口。邵廷琄驻守洸口时在此练兵，整修战备，使得南汉才暂时稍安。

可是，乾德三年（公元965年），有与邵廷琄不和的人向刘鋹写了一封告发邵廷琄的匿名信，说邵廷琄想要造反。刘鋹虽然起用了邵廷琄，但是心里还是烦他，在暂时平安的时候，也绝对不会想到邵廷琄的好处。因此连问也不问，便马上让使者前去赐死，根本就不容邵廷琄有什么辩解之词。那时候，洸口的将士们全都围拢着使者说邵将军从没有造反，也从没有造反的迹象，并跪请调查和验证。然而，这些都无济于事，使者还是坚决地把邵廷琄给杀了。

邵廷琄死后，他手下的将士们心中很是不平，不经什么人的允许就在洸口造了一个庙宇来哀悼和怀念这位被冤死的好将军。

士兵们都在为此事叹息，恶人、庸人当政，皇帝不明，我们还当什么兵呀？好的、有能力的将军都被他杀光了，就是没有被杀的，也被罢免了官职。

南汉的西北招讨使潘崇彻也读过不少兵书，作战也相当有经验，应当说是一员不错的将军，自刘龑的时候便为南汉效力，并屡立战功。但是，刘铢一听到些中伤他的话，就开始怀疑他了，认为他有不臣之心，立即派遣一名宦官前去看看虚实，并秘密对这名宦官说："只要发现一点迹象，可就地处死！"

这名宦官领旨而去，来到桂州（今桂林）。潘崇彻率部迎接这位钦差。这名宦官看潘崇彻将军十分威武，手下将士又铠甲鲜明，很有精神劲儿，心里先就害怕了，哪还敢动潘崇彻一根毫毛？

但是从潘崇彻那里回到皇帝身边之后，他不能说自己不敢斩杀潘崇彻呀，那就显得自己太无能、太不会办事了，于是就向皇帝说："陛下，奴婢去潘崇彻那里也没有看到他有什么图谋不轨的迹象，他整天带着百余名打扮得花枝招展的伶官，吹吹笙、弹弹琴、听听歌、跳跳舞、饮饮酒、玩玩美女什么的，就是不管军务。"

刘铢听后自然不高兴，心想我派你去镇守，供你吃、供你喝，你以为你是皇帝呀，整天吃喝玩乐、玩美女，这还得了？于是当即将潘崇彻的军权给罢免了。

刘铢总是怀疑那些有能力的将军有造反之心，其实就他那荒淫和残暴的行为，也真引起过一些有识之士的反叛。

就像士军知兵马使，对刘铢大肆诛杀忠臣良将非常不满，在乾德四年（公元966年）的时候投靠了大宋。投靠之后，反过来打南汉。他向赵匡胤进献《平岭表策》，积极给赵匡胤讨伐岭南出谋划策，且当了宋军的向导，领着大军攻打南汉。

开宝三年（公元970年）的九月份，赵匡胤封潭州的防御使潘美做贺州道行营兵马都部署，也就是讨伐南汉的元帅。朗州的团练使尹崇珂做副元帅，道州的刺史王继勋做监军。同时，命令使者前去各州传令他们马上兵聚南汉贺州城下，开始正式对南汉大规模用兵。

# 35
## 利剑穿豆腐

大宋的军队由南汉已投降的那个士军知兵马使带领着迅速逼近贺州城。

贺州告急，刺史慌忙请求皇帝刘铱发兵增援。刘铱闻报之后也不敢怠慢，赶紧派遣钦差前去鼓舞士气。

贺州前线的将士们长期戍守边关，都很穷困和疲乏。一听说皇帝派来了钦差，很是兴奋，说："要和大宋的军队开战了，皇帝这次要对我们这些人进行赏赐了！"

"得到赏赐后，先喝一壶，我好长时间都没有喝过一点酒了。"

"我老娘在家都没吃旳了，我需要赶紧带回家一些银钱养老娘。"

……

然而，皇帝派来的钦差却什么也没带，只带来了一张诏书鼓舞士气，安抚宣谕。这让所有的将士们都很泄气："要为他们卖命了，也不发一点赏钱，他在朝中作乐，却让我们……"

将士们都郁郁寡欢，没一个有精神的。

赵匡胤派的军队来了之后，就将城池给围了，南汉的刘铱急忙召开紧急军事会议，商议办法。满朝大臣们同声说："陛下，臣等竭力举荐潘崇彻，他是治军有方的良将，当年就跟随高祖皇帝屡立战功，唯有他能率兵杀敌。"

于是，刘铱就去遣潘崇彻。然而，潘崇彻自从被罢免军权之后，已心灰意冷，不愿再带兵了，心想，到节骨眼上了，让自己去御敌，不是让自己去送死吗？便借口说自己有眼疾，辞了这项任命。

潘崇彻这一推辞，惹得皇帝很不高兴，他想："朕一个皇帝，难道还要求你吗？离开你我们照样过得下去！"于是，便又另选人。这次他选的是伍彦柔，他认为伍彦柔也不弱于潘崇彻，伍彦柔也读过兵书，也很会打仗。刘铱说他就信任伍彦柔。

伍彦柔见皇帝信任自己，从未带兵打过仗的他也一时觉得自己很了不起，很牛气。

宋朝的将领们一闻说伍彦柔带兵来援助，便后退二十里，于南乡岸边为他埋下了三层伏兵，专等着他来钻。

这伍彦柔牛牛气气地带兵夜泊南乡，天亮登岸，往周围望望，觉得整个战局都在他的心里了，要打胜仗是很容易的事。便命人设下椅子自己安坐在上面，一副胸有成竹、不可一世的样子。

可是就在这个时候，宋朝的军队猛然发起攻击，这是他没有想到的。他根本没有想到，大宋会在这里埋伏着人马，并且是这么的多，还是专门给他布置的。在这个生死关头，那么镇定有本事的他也慌了，差点没从椅子上吓得栽下来。他的军队也全都傻了眼，吓呆了，不知如何是好。还没有完全反应过来，就被大宋的军队打败了。杀到最后，伍彦柔带去的援军只剩十之二三。那伍彦柔还没有从当元帅的美梦中醒过来，就被乱军剁成了肉酱。

紧接着，大宋军中负责运输的随军转运使王明率领一百多名部下和几千名民夫拿着工具整体出动，迅速就把通向城门的道路给铺好了。这让城内的人害怕至极，生死关头，赶紧出来投降。

宋军占领贺州以后，更是士气大振，放出话来，要顺流而下，直进番禺（今广州）。这可吓坏了南汉的皇帝刘铄，他是一向只知享乐，不知忧虑的人，至此他真是知道害怕了。然而，他是个什么也不懂的人，他又有什么办法呢？大臣们给他出主意要他厚待潘崇彻，给潘崇彻加官，然后请潘崇彻带三万人马于贺江之上对宋军进行堵截，他也只好照办。

实际上，宋军说要直取番禺，只是为了迷糊刘铄而已，宋军要进攻的是贺州西北边的昭州（今广西平乐），还有桂州。这在兵法上就叫"声东击西"。

这个打法把刘铄这个昏君弄得晕头转向。昭州和桂州的刺史们都吓得丢下城池，逃命去了。潘崇彻也知道打不过宋军，也不愿白白去送死，只是在贺江之上屯兵，自保而已。

宋军把昭州和桂州攻取以后，突然又来了一个回马枪，兵回贺州，向东扑来，又把连州给夺了。

这个战术，让刘铄根本不知道到底应当在哪里提防，在哪里用兵，只有挨打的份。

但是这个享乐惯了的蠢货，还想着人家只是想占他点便宜就会走的。他心里怀着希望地对他身边的人说："昭州、桂州、贺州跟连州原本就不是我们的，本属于湖南，如今宋军把这些地盘拿走了，也就不会再想着继续南下了。"

真是个可笑的皇帝。

大宋的军队径取韶州，韶州是南汉北边的重镇，又为京都番禺北边极其重要的门户。刘铄马上命都统李承渥率兵十多万迎战。

这次，刘铢要让宋军看看他们南汉到底有多厉害。他们就在韶州城附近的莲花峰山下摆开了阵势。

南汉摆的是威武雄壮的大象阵，把又高又大的象列在战阵的前面，每头大象的背上坐着几个手拿锋利兵器的士兵。

也够厉害的，不但能够壮军威、鼓士气，而且最重要的是这大象还能驮着背上的士兵冲入宋军阵营，为后边的将士开路。一般人看了都胆寒。你想光是那大象踏你身上，就是当时不死，可在战场上，也难以生还。

然而，打仗拼的不光是军事装备，更重要的是智慧、战略战术。你瞧，宋军看似势弱了些，可是毫不畏惧。士兵们也精神抖擞。

宋军的元帅潘美让手下的弓箭手全部准备好，列在阵前。待南汉的大象往前冲，达到射程的时候，潘美一声令下："放箭！"

一时乱箭齐发，射向南汉那些大象。这些弓箭都是特制的，箭杆就像椽子那么粗。大象就是再厉害，再凶猛，也架不住这个，于是急忙调头往回逃窜。这样一来，就苦了后面那些南汉的将士们，在地上的直接被踏死，在马上的也被冲撞了下来，然后也逃不出被踩死的命运，在大象背上的也被颠了下来。宋军再赶过来掩杀，南汉军队败得非常惨烈，宋军攻占了韶州。

宋军趁着这个士气，也不停歇，一直挥戈东进、南下。到开宝四年（公元971年）正月，雄州和英州（今广东南雄、英德）全被攻占，打得南汉的北部防线整个崩溃。

宋军已经占领了原属南汉西北和北部的各个州县，对番禺形成了半包围的态势。刘铢这时候不敢只抱"媚猪"了，赶紧命人在番禺都城的东边挖掘战壕，布置六万兵马做最后的挣扎。

南汉此次率兵的是宫女梁鸾真的义子郭崇岳与大将植廷晓。郭崇岳是一个既无勇也无谋只会察言观色溜须拍马的宦官。这时候，刘铱手底下有用的人几乎全被他杀光了，宫女梁鸾真就向皇帝推举郭崇岳当了招讨使，也就是元帅了。植廷晓倒是有勇有谋、不错的将军，原先由于对刘铱的暴虐和昏庸非常不满而自己解去了兵权，此时大战在即，皇帝刘铱又把他招了出来，和郭崇岳共同带领着六万兵马于距都城番禺只有一百里一个名叫马迳的地方，也就在现在南海县西北、三水县东的那个地方以竹木修筑栅栏，部署防线，抵御宋军。

潘美率领宋朝的大军驻扎在马迳附近的一座山上，地势非常的有利，已经派出游骑挑战多次了。郭崇岳一个宦官，根本就没有带兵打过仗，看见这阵势就心里害怕，他率领的兵也大多是从韶州和英州打败回来的，实在是被打怕了，一点斗志都没有。所以那郭崇岳始终坚守不愿出战，却不分昼夜地向神灵祷告，要神灵保佑自己不被宋军灭掉。说如果能保佑他平安，就送他多少多少只鸡，多少多少只羊……

皇帝刘铱已经为自己琢磨好了三条路，一条是把这仗打到底，一条是下海逃亡，一条是投降。他已经准备好了十几艘大船，船上装满了金银珠宝，还有妃嫔宫女，随时就能自海上逃亡。让他万没有想到的是，他极其宠信的宦官乐范与一千多个卫兵盗取了这些大船，载着他的金银珠宝和美女先跑掉了。

刘铱这才尝到了些大势已去的悲凉，下一步只有投降了，于是便又忙派遣王珪作为使者前往大宋军前祈求投降。

早在潘美率兵出征之前，赵匡胤就向潘美交代："爱卿此去平那南汉，打到最后，他们若还有能力打，那就和他们打，若没有力量打了，就让他们防守，若不能够防守了，就劝他们投降，不投降便让他们死，若死不了，也可以让他们去逃亡……"

赵匡胤虽然讨厌南汉这个昏君，可也对他很是宽容和人性化的。

潘美也严格按照赵匡胤的交代行事。他把赵匡胤的这番话对刘铢派来的使者讲了，说你们不是还可以打吗？我们宋朝出兵之前就对你们进行劝说，要你们归顺，可是你们不答应，如今来祈求投降，还早着呢。我也不敢答应你，刚才我已把我们陛下的话给你说明白了。

潘美把这位南汉来使押送到京都开封赵匡胤那里，南汉的皇帝刘铢见前去乞降的使者"肉包子打狗，一去不返"，无奈，还得组织人马再战。

植廷晓也不愿坐着等死，带着他的前锋将士据水列阵，和渡河来战的大宋军队厮杀在一起。植廷晓很是英勇，努力拼杀，最后力竭被杀。

郭崇岳还是依旧坚守不出，然而，时间不会停留在一刻不动。

他们的军用竹木栅栏只能够暂时阻挡住宋朝的大军，潘美和手下的将军们组织了数千名丁夫，一人手里拿着一把火炬，由小道悄悄地潜到栅栏的下面。黄昏时候，突然间火炬齐发，火光四起，那时候还刮着猛烈的大风，尘土四扬，顿时南汉的军营成了一片火海。南汉的将士们无不慌乱，在火光中奔忙、逃窜。宋朝的军队齐出，一片呐喊声，冲向南汉的军士。宋朝的军队真是如狼似虎，将南汉的军兵们打得找不到北，一片哭爹叫娘之声。

这场大战，郭崇岳也在火与血中毙命。

南汉内宫掌握实权的龚澄枢和几名宦官商议道："宋朝的军队之所以要攻打我们，只不过是想要我们的金银财物而已，现在我们就把这些东西都给烧掉，等什么都没有了，他们在这里也就不会时间太长了。"

几个宦官都赞成，说："就是就是，我们把这些他们想要的东西都烧掉，看他们还呆在这里干什么？这样必然走人！"

于是命令士兵赶紧点火，将内府国库、皇宫殿宇，一夜之间在一片大火中全化为乌有。

宋朝大军于开宝四年（公元 971 年）二月，进攻番禺。南汉的腐败军队当然是难以抵抗。就连逃亡也找不到路径的南汉皇帝刘铱只好穿着素衣，骑着白马出来投降。

这样，大宋对南汉的战争也就算结束了。大宋为此又多了六十个州二百一十四个县，总共是十七万二百六十三户。

过了两三个月，刘铱和他的宗族与大臣们被送往大宋的京城开封。赵匡胤对这个刘铱本无什么好印象，当然也不会给予他像孟昶一样的礼遇。特别是对他们临战败之时焚烧国库一事十分的恼火，决定彻查此事。待刘铱一行来到东京之后，赵匡胤就先是给他来了个下马威，当即命副宰相吕馀庆进行问罪。刘铱呢，把这些个罪过都推到了龚澄枢和李托等人的身上。赵匡胤又命人对龚澄枢和李托等人进行审问，他们皆俯首不说话。早就来了开封的南汉谏议大夫王珪对李托责问道："以前在番禺的时候，你们将机要政务尽皆把持，这火又是自宫内燃起来的，现在你们还要将这个罪责推给哪个呢？"

说完，就往他们脸上、身上吐唾沫，用手掌打他们的脸，劈里啪啦，像雨点一样，让他们经历一次狂风暴雨般的"洗礼"。

龚澄枢和李托等人，毫无办法，只好承受，也后悔当初做了那件如今让自己遭罪的事。可是如今过错已经造成，后悔也晚了。

大宋有司依据处理俘虏的仪式，以帛系后主刘铱与官属们献于太庙和太社。赵匡胤来到明德门，让刑部尚书卢多逊宣召，对南汉皇帝刘铱进行叱责。其实，刘铱这家伙脑子很灵活，此时他一心想的是自保，他也顾不了自己是刚刚退下来的皇帝身份了，一再推诿道："臣十六岁僭称为帝，龚澄枢等人皆为先父老臣，凡遇大事，臣下都做不了主，在先前的南汉，其实我是臣子，皇帝是龚澄枢。"

　　赵匡胤本也没有杀他的意思，见他如此圆滑自保，心里对他更加的不屑。于是下令将龚澄枢和李托等人推出千秋门外斩首示众。

　　刘𬬭见杀了龚澄枢和李托等人，自己的一条小命终于保住了，这才心里稍安，但也吓得浑身上下都被汗湿透了。从此后，刘𬬭为了自保，总是战战兢兢，小小心心地侍奉赵匡胤，他很会察言观色，设法讨赵匡胤一笑，赵匡胤也把他当成了闲时逗乐的开心果。

　　此时的刘𬬭，谁还会想到他曾经是不可一世、荒淫残暴的南汉皇帝呢？

# 36
## 国主李煜

赵匡胤拿下了南汉，南方诸国仅剩下南唐了。南唐的国主大文学家李煜虽然一向趋奉大宋，然而由于历史的必然，也逃不出被统一的命运。

其实，李煜是个非常聪明的人，他心里也清楚，这一天，早晚会到来的，只是不希望看这一天来而已。可是历史的发展不是他一个李煜能够挡得住的，自己虽然学富五车、才高八斗、文盖天下，可是在文治武功上怎么也无法和大宋的赵匡胤相比。自己无能力统一别人，那就等着别人来统一自己吧。他的心里也为此保持一种淡然。

李煜在即位当国主的时候，南唐国力已经大大衰微，在他父亲的时候，南唐的半壁江山已经被大周的柴荣皇帝给统一过去了。李煜被削了皇帝之位，只能称国主，还要年年向大宋进贡，每遇事还要向大宋送礼，国库几近空虚，他李煜哪还有能力回天呢？

既然无力，那就等着吧！

李煜在刚登上国主宝座的时候，对国事也热心了一阵子，然而面对现实，很快又凉了下来。

于是他便不再有什么奢想，也不再把热情放在政治上。他是文艺的天才，便一心投入到他的文艺创作中去了。还有他浪漫的爱情，他的风花雪月。

他和他的国后非常相爱，这在当时的封建社会是极其难得的，也是他在婚姻上的幸运。

他的国后小名叫周娥皇。周娥皇比李煜大一岁，她出身于南唐世家，父亲的名字叫周宗，官至司徒，也就是宰相。

周娥皇不但是国色天香，而且也读过很多的书，很有才，可以说一身都是才和艺，作词、作曲、演唱、伴奏，无一不精，真和李煜这位文艺天才是绝佳的一对儿。

公元954年，李煜和美丽聪慧的周娥皇举行了盛大的婚礼。这一年，风流倜傥的李煜一十九岁，周娥皇是二十岁。

这周娥皇很会打扮，也是心中有爱之人，为了她的心上人，她千方百计地把自己打扮得更加漂亮，把自己最好的一面呈现给自己的心上人。她精心设计的"高髻纤裳"与"首翘鬓朵"的装扮，引领整个南唐时代新潮流。当时，他们南唐哪个女子不如此打扮就羞于出去见人。对于周娥皇这样的打扮，李煜自然是赏心悦目的，非常喜欢。他们两个人的审美标准都是非常高的。他们都是当时的大学问家、大艺术家，可谓是珠联璧合。

在一个大雪纷飞的夜里，国主李煜和国后周娥皇饮酒说笑，时不时地爆发出一阵爽朗的笑声。酒酣之际，周娥皇邀李煜一起跳舞，李煜笑着说："国后若是能写出一首新歌来，朕便和你一起跳舞。"

周娥皇不假思索，一挥而就便写出了一首新曲子来。这便是有名的《邀醉舞破》。李煜面对如此美丽聪慧的国后，心里怎会不喜欢？在这个世界上，他除了政治不如意外，那真是幸福到家了。

除了那首《邀醉舞破》外，还有一首相当著名的曲子《恨来迟破》也是出自周娥皇的笔下。

唐朝时，天下最流行的乐舞是《霓裳羽衣曲》，然而，经过了安史之乱与唐末战乱后，这首非常有名的曲子已经不复存在了。周娥皇多方努力找到了一个残破的曲谱，她用自己的烧槽琵琶进行演奏，竟把那个残谱给补全了。如此，这首名曲才得以在世间继续流传，优美的旋律飘荡在南唐的上空。

李煜这个天下第一才子，自然也不甘落后。他是写词的大家，与周娥皇的幸福相处中，他的创作更是如泉喷涌……

应当说他们的爱情是凄美的，是将死之人的回光返照，因为他们心里都清楚天下大势，自己的好日子不会长久，于是就抓紧时间享受着他们的生活，他们幸福甜美的爱情。

南唐的监察御史张宪实在看不下去了，自己的国主整日沉醉在甜美的爱情里怎么能行？他可不想这样等着南唐这个国家被大宋统一了去，于是冒死进谏李煜。

李煜很怜惜这个大臣，就对他进行赏赐，赏他三十段帛。然而，他自己和周娥皇依然故我，并没有采纳张宪的建议。

三朝老臣萧俨则是怒气冲冲地闯进宫内，把正在和妃子下棋不理政事的李煜的棋盘都给掀翻了。李煜气得直哆嗦，厉声地责问道："难道你想要做魏征吗？"

萧俨也不害怕，不甘示弱道："老朽比不上魏丞相，陛下您也不是唐太宗！"

显然，棋是下不成了。然而气过以后，李煜还是那样享受自己的生活，吟诗作赋享受他和周娥皇的浪漫爱情。

令李煜痛惜的是，李煜当上国主仅十年，周娥皇还没等到大宋来统一，就染病不起了。在临死的时候，周娥皇支撑着奄奄的身体，亲自取出先帝李璟赐予自己的珍贵的烧槽琵琶，退下手腕上的镯子，跟最心爱的国主李煜告别，那场面真是让铁石心肠的人也为之动容。美丽的周娥皇在香消玉殒之前，沐浴妆泽，在口中嗑了一块玉，然后就在瑶光殿归去了。

李煜痛苦得就别提了，本是成双成对的，忽然爱人先他而去……

李煜把自己和爱人都最喜欢的烧槽琵琶陪葬给了爱人，还写了一篇感动千万世人的诔文，把自己对她的爱用洋洋洒洒的数千言一口气全倾诉了出来，每一句都是那么催人泪下。与此同时，他还写了许多感人的悼念文词。

李煜因丧失心爱的伴侣身形消瘦，就连站立和走路都要人搀扶，不然，自己就必须要拄拐杖。

李煜深爱周娥皇，然而，周娥皇死了，他孤零零一人难以自处。他虽名已为国主，在他们南唐实际上却是一位真正的皇帝，然而，周娥皇在世的时候，除了周娥皇之外，他却几乎没碰过别的女人，一心只爱周娥皇。即使神仙眷侣也终有散，不过周娥皇还有个妹妹，也就是后来的小周后。

周娥皇的这个妹妹比周娥皇小了十四岁，在周娥皇去世的时候，她才十五岁，可是越长越像周娥皇。这李煜由于思念周娥皇，就逐渐把自己的感情转移到了爱人的妹妹身上，把这个妹妹当成了昔日的爱人周娥皇，并且感情越来越炽。

李煜有首词《菩萨蛮》，记述了他当时和小周后的关系："花明月暗笼轻雾，今宵好向郎边去。刬袜步香阶，手提金缕鞋。画堂南畔见，一向偎人颤。奴为出来难，教郎恣意怜。"

然而，那时小周后年龄还太小，连衣服都撑不起来，只好再等几年举行大礼。次年，太后驾崩，李煜服丧三年，直至开宝元年（公元968年），方举行了一场正式的国婚大礼。

当时的南唐都城金陵万人空巷。由于围观的老百姓太多了，以致屋顶上、树上到处都是人，然而举行婚礼的场地毕竟容不下那么多人，甚至有人把屋顶都踩破掉下来摔死了。

次日，李煜在宫内举办大宴。根据旧例，赴宴的大臣们都要贺喜写诗。由于许多大臣们对此次婚礼和李煜的风花雪月、不理政事，有看法，气堵于胸，就写出了不少阴阳怪气的诗。说是恭贺新禧，还不如说是撒气、讽刺。不过，这国主李煜也很大度，虽然心里有苦，但还是一笑了之，更不予追究。

就这样，在周娥皇去世四年后，李煜又娶了他的妹妹小周后，再续姻缘。

李煜很是宠爱小周后。李煜为她在草丛中建造了很多仅容两个人的小亭子，供他们游玩。这些小亭子小巧精致，雕饰精美，李煜和小周后总是在里面酣畅淋漓地尽情喝酒、看花、填词、唱歌，他们喜欢在这样狭小的空间里快乐地相处。

他们的房间布置得当然也很是浪漫、华丽、温馨。每到七月七，也就是李煜生日的时候，他们就要用百匹锦罗将房间装扮得像天河月宫一般，通宵歌舞，喝酒直到大醉方止。

李煜读书破万卷，是个大学问家。他外表是那么的快乐、浪漫，然而他心中是怎么样的，也许只有他的诗词才能知晓。

# 37

## 一味避让谦退

李煜当上南唐国主的时候，天下的时局已对南唐很是不利，赵匡胤的统一大业进行得非常迅速，当然也快统一到南唐的头上了。李煜很清楚这一点，他要做的只能是延缓南唐灭亡的时间。因此，他不断调整自己的身份，不断降低自己的级别，也不断放弃自尊。

在建隆二年六月，李煜刚登上国主之位，八月就赶紧命中书侍郎冯延鲁前去宋朝，向赵匡胤汇报自己即位之事。在给大宋皇帝赵匡胤的奉表中，李煜用非常谦卑的语言一再申明诚心向大宋臣服，甚至发誓说若稍有不臣之心，不仅不遵祖训，还会遭到上天的惩罚。赵匡胤也忙下诏安抚于他。

当年柴荣取得江北之地，给江南书信，就像是唐朝给回鹘可汗的体式，以"书"的文体。自李煜此次上表起，赵匡胤把书改为"诏"。公文体式的这个变化有着深刻的象征意义。书一般具有平级的意思，而诏却是皇帝对下级所发布命令的文书，是上下级之间运用的公文样式。

南唐和大宋之间的公文形式产生变化之后，南唐国内的公文形式也随之开始发生变化。李璟活着的时候，虽然也对中原称臣，然而在他们自己的国内仍然还是帝王，他发布的命令也还是使用原来的诏书形式。李煜刚当政之时，也仍沿用旧例，然而，随着时局的变化，宋朝的统一计划越来越危及到南唐，尤其是在大宋灭了南汉之后，李煜就再也不敢用皇帝专用的诏书体式了，而改用"教"。

在后周柴荣皇帝并江之后，跟江南的书信来往，皆称呼为"国主"。"国主"虽无"皇帝"响亮，却没有直接指名道姓，也算是一种敬称。可是李煜对于这个称呼还是诚惶诚恐，屡屡向赵匡胤上表要求直接称呼自己的姓名。乾德元年，李煜又上表赵匡胤，请求直呼自己的姓名，赵匡胤表现得很是大度、谦和，没有允许。南汉被消灭后，李煜心里更加不安，时刻提心吊胆，遂再次上表赵匡胤。赵匡胤在他的再三请求下，便直接称呼他的名讳，也算是暂时安了他的心。

李煜刚继承国主之立的时候，要颁布诏书，大赦天下，于宫门外立金鸡。据说金鸡为神鸟，依照古时候的制度，皇帝登基那一日，应大赦天下，于宫门外竖一根七丈高的杆子，最上边立着一只四尺高的鸡子一样的东西，这东西的头部以黄金来装饰，嘴中噙着一根七尺长的绛红色旗帜，下边用彩色的盘子托着，用绛红色的绳子捆紧了。之后皇帝宣读大赦令。

赵匡胤在开封听闻这件事后，大为震怒，马上召南唐驻大宋京城的进奏使陆昭符来见，极其严肃地问他道："南唐皇帝如今已经降为国主，为何还用天子仪仗？"

这陆昭符不愧是外交官，头脑特别灵活，听了赵匡胤这番话，虽然心里冒汗，但脸上却不敢慌乱，辩解道："万岁有所不知，这并非金鸡，这乃是怪鸟耳。"

赵匡胤一听是怪鸟，禁不住哈哈大笑，遂不再过问此事。

经过这件事后，李煜对于大宋更是小心侍奉，处事谨慎，不敢有半点疏忽。此后，每次宋朝钦差来时，李煜就马上换上臣子应穿的紫袍接见来者，待那钦差走了之后，方换上自己的皇帝衣服。

南唐宫殿之上原来有许多鸱吻的标志，这实际上也就是宫殿上有象征意义的一种装饰。传说鸱吻是龙子，龙生九子，鸱吻就是当中的一个。传说鸱吻爱在险要的地方东张西望，爱吞火。汉武帝建柏梁殿的时候，有臣子上书说大海内有类鱼，名叫鸱鸟，系水精，会弄浪降雨，会防火，建议放在屋顶上来避火灾。于是，工匠就塑造它的形象放在殿脊、屋脊之上。由于汉武帝在历史上是极有威望的一个帝王，因此，到了后来，鸱吻便成了皇帝威严的一种象征。在最初的时候，每当大宋来使之时，李煜便命人将这样的鸱吻取下来，生怕引起赵匡胤的不高兴。待来使走了以后，再装上去。至后来，南汉被消灭，李煜干脆把宫殿之上的所有鸱吻全部都取了下来，再也不往上装了。李煜心想，不能因为这么一只鸟坏了南唐。

开宝四年，李煜命自己的弟弟李从善前去大宋朝贡。他上表赵匡胤，把自己的南唐国主改为江南国主，唐国印也改作国主印。这样，自名义上便完全消除了南唐形式上的独立性。

宋朝灭掉南汉后，李煜更是明确了自己的将来，知道自己应当如何去做。他又进一步把国内相关的名号作了更改，中书、门下改为左、右内史府，尚书省改为司会府，御史台改为司宪府，翰林改为修文馆，枢密院改为光政院。同时，原先分封的那些王，全降了一级爵位，变作公。

李煜在做这些工作的同时，还不断向大宋进贡，以延缓南唐的灭亡。每次获悉大宋的将士获胜，他都一定会命使者前去对大宋的军队进行犒劳，贡献财物。每到大宋有大的庆典时，李煜就以买晏为名，给人家送礼。并且在这之外，给他们进奉奇珍玩物当作献礼，吉凶大礼，全另有贡品……具史料记载，自建隆二年至开宝六年，宋朝统一南方的六年之内，李煜以各种名义向大宋进贡，黄金不少于五千两，白金不少于二十万斤，银子不少于二十万两，绫罗绸缎不少于二十万匹，钱不少于三十万，还有很多金银器皿。连续不断地进贡，造成了南唐国库空虚，有一次，竟然一时无法筹措完备的贡品，不得不从京都富贵人家那里强买大批绢帛，来解决问题。

臣子卢绛见南唐在宋朝的威慑下生存太难，曾向李煜上书陈说国家的利害，向李煜建议说应当于金陵至镇江之间设寨驻军屯守。但是李煜看后并没有什么表示，他醉心于他浪漫的爱情当中。卢绛又去拜访枢密使陈乔，把自己的想法细致地讲给陈乔听。陈乔听了很是吃惊于他的想法，觉得他的想法是非常正确的，也感叹于卢绛的眼力和心劲儿，于是任命卢绛为沿江巡守。卢绛当了巡守之后就开始招兵买马组建武装力量，实施水上训练，以后和吴越多次作战，屡屡获胜，缴获吴越战舰几百艘，很是有威名。他曾劝李煜道："吴越和我南唐世代有仇，终有一日会领着宋朝的军队攻打我们，最好是先把它灭掉。"

李煜说："吴越为宋朝的附属国，如何能对他们用兵呢？"

卢绛蛮有信心地说："臣有一计谋。臣可以假装带领宣州、歙州之军队叛乱，陛下您扬言讨逆，请求吴越出兵帮忙。待吴越军队来了之后，我们一齐动手把他们给消灭掉。"

李煜明白这是要跟大宋对着干，对大宋进行防范，可是人家真要打过来，如今力量悬殊，自己就是再有能力折腾，死多少人，也还是会被人家给吞掉的。因此并没有采纳卢绛这个建议。

开宝三年，南都留守林仁肇向李煜秘密上表道："如今的淮南诸州守兵各部还未越千人，数年前，宋朝将蜀国给吞并了，现在又对岭南用兵，来去路程数千里，军队很是疲惫困乏。望陛下给臣数万兵，自寿春渡江北上，那里的百姓思念旧都，借他们之力能够将我们原来长江以北的国土重新再收复回来。若宋军来增援，臣便占据淮河跟他们作战，我们一定能把他们打败。开始行动的那一天，恳请陛下向大宋通报臣已叛逃。如此，事情成功了对我们南唐有好处，就真是失败了，可以把我全家都杀死，来表明南唐对大宋的忠心。"

李煜害怕此计难以成功，他也不愿拿林仁肇一家性命作为赌注，这样也太不义了。此时大宋太过于强大了，自己没法和人家碰，犹如以卵击石，于是作罢。

宋朝平定岭南以后，便为收复南唐做准备，于长江上游的荆南制造几千只战船。这件事被南唐的商人发现了，就急忙报给李煜，还建议说："我们应当马上派人潜入荆南，偷偷把他们的战船给烧掉。"

然而，李煜还是没有听从。

# 38
## 巧除绊脚石

其实，赵匡胤并不是对南唐毫无顾忌，他也从没有想着很顺利就能把南唐给拿下，单是南唐的几员名将，他就很是顾虑。

比如，早在柴荣攻打淮南的时候，围困寿州城一年零四个月，方攻下这个军事重镇。之所以这么难攻，最主要的原因就是南唐的守将刘仁赡军纪严明，防守得太过严密了。有一次刘仁赡的儿子建议投降，他大怒，亲手把儿子给杀了。即便是寿州城最后失守，也是在他重病昏迷不醒的时候。这些事，赵匡胤都记忆犹新，怎么会对南唐没顾虑？

如今，刘仁赡虽然死了，也还有其他名将。

比如名将林仁肇，他是南唐的南都留守兼侍中。这个人刚强坚毅，很有力气，并且身材高大魁梧，身上有纹绣猛虎，军中都称他为"林虎子"。像前文所说的，他给李煜出的主意就非常有见地。

在柴荣亲自指挥的周唐战争里，林仁肇曾率偏师接连收复寿州外围已经被后周所占之营寨，又曾率一千人的敢死队沿着淮河向上，想借着风势火烧后周于正阳淮河上修建的浮桥，来断绝宋军的运粮通道，谁想风向突然倒转，导致此事未成。那时，后周的殿前指挥使张永德带领着自己的人马进行追击，用箭连连射向林仁肇。张永德可是射箭高手，一向是百发百中，几乎从没有失过手。然而，令人吃惊的是，张永德的箭总是要射中林仁肇的时候，就被林仁肇很轻松地给挡开了。张永德惊道："没想到南唐竟有如此奇人，武艺这么高强，不可过于逼他！"

林仁肇这样智勇双全的将领，于长江上游地区囤聚军队，而长江上游正是赵匡胤想进军之线路。就林仁肇个人的力量，也能对赵匡胤的进军造成很大的阻力。

所以，他自然也就成了赵匡胤的眼中钉。赵匡胤不想和他硬打，只想用一个四两拨千斤的招数把他轻松除掉。于是，赵匡胤暗地里让人用金银财物去收买林仁肇身边的人，偷走了他的一副画像。然后把这副画像挂在开封宫廷的别室，待南唐使者来时，就把使者领到了这个别室，问南唐的使者道："你可知道这是谁的画像？"

南唐的使者当然一看便知，说："林仁肇。"

赵匡胤对使者道："林仁肇快要来投降了，先以他的画像作为信物。"

随后赵匡胤指着一座空宅子说："这是朕专门为林仁肇准备的家，他来了之后，就住在这里。"

江南的来使听了大惊，回去后赶紧就把这一消息汇报给了国主李煜。李煜回忆之前林仁肇给自己出的主意，方大悟，看来他林仁肇是真的要带兵叛逃。于是心里非常恨他，马上命人去南昌，直接赐予林仁肇一杯毒酒，将林仁肇给毒死了。这件事让李煜担心得不得了，若像林仁肇这样的人投降了宋朝，那自己的南唐就灭亡得更快了。

赵匡胤方方面面都考虑到了，可还是怕契丹在他对南唐作战的时候，趁机进攻自己，那样就会对自己非常不利，使自己南北受敌。

于是，他在这之前就开始交好契丹，跟契丹化干戈为玉帛。开宝七年（公元974年）三月，他命使者前往契丹，契丹的使者也派了涿州的刺史耶律昌珠加官侍中前来协商通好之事。

在契丹和宋朝通好的同时，契丹派遣使者去北汉，对北汉说："现在我们和大宋通好了，以后不要再想着动不动就和宋朝打仗了。"

北汉的国主听到这样的话，恸哭失声，悲从中来，心想："这都是命呀，谁叫我力量弱小呢？他们是和好了，可是以后我怎么办呢？这样一来，我早晚还是会被大宋给吞掉！你看吧，大宋将南唐灭掉后，掉过头来就会灭我。"

宋朝和南唐比，就是水军不行，这是灭南唐的一大障碍，这个问题，赵匡胤早就考虑到了。中原还在后周柴荣的时候，就开始筹备水军了，制造战船，对士卒进行训练，那时候组建的水军对收复淮南起到了重要作用。赵匡胤建立宋朝后，依旧对水军进行加强，他也曾屡屡亲自去视察，观看自己水军作战的实战演习。公元963年，宋朝平了荆南和湖南两地。这前后两次军事行动，更说明了对南方作战水军是多么重要。就在这一年四月，赵匡胤命令自内府拨出一部分经费，于东京朱明门外开挖了一个名为"教船池"的战船和水上军事演练基地。将蔡水引进池内，修造了一百艘楼船，精挑了士兵，组建了一支名为"水虎捷"的强大水军，不分昼夜加紧操练。具体负责人就是赵匡胤从战场上俘虏过来的南唐将领陈承昭。

陈承昭本就是江南人，原来在南唐当节度使，在后周柴荣收复淮南的时候，被骁勇善战的赵匡胤所擒，从此就跟了赵匡胤。此人是一个真正的水利行家，宋朝刚建立的时候，赵匡胤就让他负责对惠民河和五丈河进行治理，使漕运极其畅通无阻。陈承昭为大宋的水上交通和物资供应贡献了很大的力量。

在李煜刚当上南唐国主的时候，他一边向大宋纳贡建立良好的外交关系，一边也积极加修战备。同时，宋朝统一战争的作战对象以南方的割据政权为主，所以，赵匡胤对宋朝的水军建设极为上心，总是命禁军在教船池进行军事演练，并亲去查看。

宋朝精心操练出来的水军确实也起到了很大的作用。早先，南唐的水军很强大，然而，随着宋朝水军的积极筹备和组建，南唐在这方面的优势急剧丧失。

赵匡胤为了统一江南真是煞费苦心。开宝四年（公元 971 年），他就先后四次去观看水战演练，这对督促大宋的水军操练起到了很大的作用，使士兵精神倍增。赵匡胤还给了他们许多赏赐，来鼓励他们用心操练。开宝五年的冬天和来年的春天，赵匡胤又令副宰相吕馀庆和薛居正兼任淮湖岭蜀转运使，再设置川蜀水路转运计度使，这些皆是在为打仗做的运输准备。

正在这时候，翰林卢多逊又搞来了南唐的地形图，这对统一南唐是多么的重要和及时呀。开宝六年，赵匡胤让翰林学士卢多逊去江南给李煜过生日。在江南的金陵，卢多逊和江南的大小官员都相处得十分和谐，和李煜关系处得也相当好，待他回国的时候，船已经到了宣化口，卢多逊突然又命令马上靠岸，让人对李煜说："朝廷想要重新绘制天下地图，史馆如今单缺你们江东几个地方的地图了，愿各求一本，下官顺便拿回去，以便绘制。"

李煜当即传令绘制誊录一份，且命中书舍人徐锴几个人连夜进行校对，然后给卢多逊送至船上。

其实，卢多逊来的时候，赵匡胤也未命令他要如此做，完全是他个人的心机所为。赵匡胤见图之后，大喜，真是太有用了！南唐十九个州的地理形势、军事布防、路途远近、户口多少等详情尽掌握矣！赵匡胤心想，这卢多逊真是太有才了！因而便也想着提拔提拔他。

凡事都是水到渠成，如今大宋已经是天下的大宋，所有人才都往这里聚集，也都知道大宋统一天下的局势，因此都为大宋操心，都想为大宋出把力。赵匡胤屡屡派人对李煜进行启发和诱导，可是李煜还是不甘心就此投降，人之将死，总又不愿接受这个现实，总还要抗争一下，挣扎一下。李煜所凭借的主要就是长江天险，他幻想凭此，可以有效地阻止大宋军队的进攻。

赵匡胤想，要是有座桥，那真是最好不过的了。意想不到的是，这时候，就有人来献桥了。此人名叫樊若水，原来也是江南人。当初他在南唐的时候，很不得志，几经科考，全没有考中。然后，他又想通过向国主李煜上书的方式显示自己的才能，从而被擢升，谁想，上书多次，也没有什么结果。他感觉自己在南唐毫无出路，便想到了投靠宋朝的赵匡胤。在中原动乱的时候，便有不少文人去比较稳定的南唐或者是南汉躲避，谋求发展和寻求出路。在南唐政权不稳人心惶惶的时候，有些总是不得志的文人，就又来到了大宋。那时候，自南唐来大宋的士人还不止樊若水一个。

建隆元年，赵匡胤平李重进后，南唐小官吏杜著和薛良便趁机跑到了宋朝这边。

随着大宋统一的步伐，大宋越来越需要熟悉南唐的人才，这个樊若水来到宋朝后，一段时间内，就在长江采石矶（今安徽马鞍山）西南五公里处的江边，天天佯装钓鱼。在佯装钓鱼当中，他偷偷地将绳子绑在南岸，又驾着小船快速地来到北岸，来测量长江两岸的宽度。他先后量了数十回，得到了准确的数字并找到了架桥的最佳地点。开宝七年，他就带着这个探测结果偷偷跑到了开封，向皇帝贡献了一份价值连城的大礼。

赵匡胤对此极其重视，也感于他的心机，即命学士院对他进行考试，随后赏他进士身份。这也算是遂了他来大宋的心愿。接着赵匡胤将他派往舒州（今安徽潜山）去当团练推官。他在向皇帝赵匡胤谢恩的同时，又请求皇帝赵匡胤道："陛下，臣在此做官，然而，臣的老母和其他家属都在南唐，日后必遭南唐所害，臣还望陛下开恩，将他们一并都接过来吧！"

赵匡胤说："这个卿尽管放心，朕立刻让你和家人团聚就是。"

于是赵匡胤迅速向李煜发出通知，李煜不敢怠慢，马上去办理，迎送樊若水的老母和其他家属。

赵匡胤在办理这些事的同时即命使者前去荆湖，根据樊若水的计划着手修造数千艘大型战舰，以供建桥之用。

开宝元年七月，赵匡胤曾命梁迥去南唐。梁迥很是从容地对李煜说："如今朝廷有柴燎祭天的大礼，国主为什么不前去助祭呢？"

李煜自然不愿离开自己的南唐去那令自己害怕的开封，所以半天没答出一句话来。

这一年的九月，赵匡胤想再做一次努力。他个人虽然武功盖世，手下的兵力又极其雄厚，但他心地是很仁慈的，能避免生灵涂炭就尽量避免，最好是能够和平解决问题。所以他又命李穆前去见李煜。

李穆见了李煜后，传赵匡胤的旨意道："朕将于今年的中冬举行大型的祭祀礼，希望与卿共阅此礼。"

然后，李穆又说："国主还是尽快入朝的好，不然的话，大宋就要准备出兵了。"

李煜准备前去开封，和赵匡胤一起举行大祭。然而李煜手下的大臣们一听国主要亲去开封，都很是害怕，极力反对说："陛下，不能去呀，大宋早就觊觎着南唐的地盘，去恐怕就回不来了。"

广政使陈乔说："臣和陛下共同接受先主的遗命，陛下您现在去开封，肯定会被扣留在那里回不来。那样的话，我们的宗庙社稷将如何？臣即便死了，也无面目见九泉之下的先主呀。"

李煜最倚重的大臣张洎也坚决反对他亲自去开封。

特别是陈乔和张洎等人那时候非常受国主李煜的宠信，平时在南唐是一人之下万人之上，享受惯了，他们心里也清楚，如果他们都到了东京，绝对不会像现在这样享受。到那时候，自己什么都不是了。

面对臣子们的劝说，李煜六神无主，拿不定主意，最后索性对李穆说自己近来总是患病，不能前去。还说："我们之所以总是那么恭敬地侍奉大国，就是想保全自己的宗庙祭祀香火，可谁想还是保不住，干脆死了算了。"

李穆道："是不是入朝，国主自己掂量着办。然而朝廷兵甲精锐，物力雄厚，恐怕是抵挡不住的。国主要好好想想，不要将来后悔。"

这样，赵匡胤恩威并重，想不战而屈人之兵的计划破产了。赵匡胤心中很是恼怒：这个李煜倔强不朝，只有出兵一战了！

# 39
## 兵发南唐

　　这个时候，宋朝的水军、陆军、粮草、地图、向导、援军，都准备好了，单等一声令下，即刻全面出击南唐。

　　然而，赵匡胤还是觉得不甚妥当，他要做就要做到最好。这个时候江南的东部，还有一个以杭州为中心的吴越小国。这个小国的国主一直遵循的是"开门当节度使"的国策，甘心当宋朝的附属国，总是源源不断地向东京纳贡。对于这个吴越，赵匡胤封他们的国主为天下兵马大元帅，自然要求他们不要跟南唐联合，并且在宋朝出兵南唐的时候，吴越也要出兵帮助自己，进攻东面的江南。当吴越的国主钱俶命使者向宋朝进贡之时，赵匡胤让他的使者向他转告说："卿回吴越之后告诉你们的大元帅，抓紧一切时间把军队训练好。江南的国主倔强不朝，朕要进行讨伐。那时，元帅应该出兵援助，一定不要被那些什么'皮之不存，毛将焉附'的话语所离间和迷惑。"

　　然后，赵匡胤又召见吴越的驻东京进奏使，带着他去位于东京

178

熏风门的一所名为"礼贤宅"的巨大宅院进行参观，这个巨宅连亘数条街，建筑非常宏伟壮观，各种器物应有尽有，一概不缺。赵匡胤指着这所宅院对他说："此座宅邸是专为你们的大元帅和江南的国主准备的，他们谁先来，就归谁。很早的时候，朕便已命翰林拟好了诏书。"

赵匡胤说完这些，还把诏书拿出来让这位进奏使看，让他转告他们的国主钱俶。

这事过去没多长时间，吴越国主钱俶就命军司马孙承佑又一次向宋朝纳贡。孙承佑是钱俶妃子的哥哥，在吴越国也就是国舅了，执掌政事，独揽大权，当时人们就叫他是"孙总监"，也就是什么都管。在孙承佑回国的时候，赵匡胤又对钱俶进行赏赐，还把兵发南唐的时间悄悄告诉了这个孙承佑，让他回去转告自己的国主。

开宝七年，赵匡胤先后命多路军队自不同的方向往南唐结集。前后一共部署了六路大军。

赵匡胤给此次战争定的基调就是不能暴虐，广施威信。他吸取了取后蜀国时的教训，坚决禁止暴虐。在那一次战争中，曹彬表现得令赵匡胤很是满意，因而此次便令他为帅。在曹彬带大军准备出发的时候，赵匡胤对他说："此次平定南唐的军事行动，就尽托付于卿了，一定要牢记，不可掳掠抢杀残害百姓，违令者可即斩！需树立威信，主要用信来服人，使他们心甘情愿地来降，不能光知道用武力来征服。"

曹彬是谨慎的人，一切话语都谨记于心。

为了确保曹彬令行禁止，赵匡胤将自己的佩剑赐于曹彬，说："此剑犹如朕亲临，所有副将以下将士，不管是谁，不听军令者即可斩杀！"

那时和曹彬在一起的潘美诸将，看着那佩剑，仿佛那剑就悬在自己的头上，浑身上下直冒凉气，连抬头看一眼赵匡胤也不敢。

赵匡胤之所以这么看重曹彬，就是因为他生性仁厚，不会纵容手下将士们胡作非为，危害百姓。

这一次打南唐，主要是对南唐的都城进行攻击。都城拿下来了，也就等于把整个南唐给拿下来了。除去沿路不得已要攻取的战略要地之外，应尽可能地以最快的速度到达金陵。六路大军里有五路是以此为最终目标的。

赵匡胤的军事部署分为东、西两大部分。

金陵西部是以曹彬为首，监军是潘美，先锋都指挥使为曹翰。此为宋朝征南唐的主力军，承担着主攻任务，他们的军队当中又分作三路人马，拥有四个兵种。第一种是工程兵，由负责京都建筑的八作使郝守浚率领。他们坐着大船，装载着竹子和粗大的绳索，连同已经于朗州（今湖南常德）造好的千艘黄龙船和黑龙船一起，顺长江而下，直达采石矶。他们的主要任务就是架桥。第二种是陆地部队，包括步兵跟骑兵。由监军潘美率领，于距采石矶不远的合州集结，等待跟大元帅曹彬会合，然后一起渡江。第三种是水军。由大元帅曹彬亲自率领，顺江而下，他们此行的任务就是清除池州以东长江南岸的敌军战略要地，确保架桥和渡江顺利。然后和监军潘美的军队会合，一起过江。

金陵的东部是以吴越国主钱俶为主要将领，任昇州东面招抚制置使、大宋客省使。监军是丁德裕，也兼任先锋官。他们是进攻南唐的辅助兵力，主要是负责协助主力军进行攻击。他们这一军又分为两路。第一路是吴越的军队，大概有人马五万，自吴越都城杭州出发北上，主要任务就是对常州进行攻打，跟宋军会合。第二路是宋朝的禁军和水军，自开封出发，顺汴河向下，途径扬州，到达长江水域，跟吴越钱俶的军队会合。然后一起夺取润州（今江苏镇江），结集金陵。

于曹彬等军自开封开拔之前，赵匡胤就已经安排好了他们的侧翼。赵匡胤把韶州刺史王明调往黄州，还当刺史，且对他当面授予计策。

王明到黄州之后，马上下命令对城池进行修缮，对堡垒进行加固，积极对士卒进行训练。下边的人都猜不透他到底想要干什么。

在曹彬的大军开拔之后，赵匡胤又任命王明为池州（今安徽贵池）至岳州江路的巡检、战棹都部署，负责长江这一段水域江面的安全和战舰的调控部署。同时，对武昌等地方进行攻击，牵制南唐于江西部署的人马，以便于宋朝主力部队顺利向东挺进。

开宝七年十月，曹彬带着水军自荆州出发，顺着长江的北岸江域南下。也是因为大宋每年都有命令军队巡逻的惯例，南唐沿长江戍守军队还都认为他们是宋朝派遣的巡视部队呢，根本不以为意，依旧关闭营垒自守。所以，曹彬的部队一路真是畅通无阻，非常顺利地就到了池州附近的江域。

其实，南唐军也是太大意了，真是防范不严。一般来说，平时巡江的部队不会有这么大声势，这么多的兵将。曹彬带领的可是大批的战船。

曹彬的军队就如此轻易地躲过了江南戍守在长江南岸的大批人马的警惕。要知道，在湖口，南唐就驻守有十万兵。曹彬军走到蕲阳（今安徽宿县），突然过江，直奔池州而去。

刚开始的时候，南唐的池州军队也想着是宋朝的巡视部队，便依旧和先前一样，准备了好吃的、好喝的，命令使者前去慰问。突然获悉真实情况后，已经迟了。池州守将弃城而逃，曹彬兵不血刃便顺利拿下了池州。

于他们之先，负责架桥的军队早已经顺利抵达了石牌口，有人向主将郝守浚建议说："长江江阔水深，自古以来还没有能够架浮桥通过的，最好是先在石牌口先试架一下。这样，可做到万无一失。"

郝守浚听了，觉得也对，便命令工匠，按照樊若水设计的方案，依采石矶的江面马上于石牌口试架浮桥。

这样一试，很顺利就成功了，即命大军进行守护。

曹彬带领的水军拿下池州后，先后又将铜陵、芜湖和当涂占领了，然后直奔采石矶。采石矶是长江的三大名矶之一。自古以来每当划江为界的时候，江北攻取江南，一般都是自此渡江的，所以此地从来就是兵家必争之地，宋朝军队就是想从这里渡过江去。曹彬的水军率先灭掉采石矶附近的南唐军队便是为了夺取这个地方。对于这个计划，精干稳重的元帅曹彬进行得非常顺利。

曹彬大军拿下采石矶之后，负责架桥的工匠们马上把石牌口架设的浮桥整体进行迁移，顺江移动至采石矶，再捆上绳索，仅用了短短三天时间，就完完全全地架设好了。其速度之快，令人咋舌，也令李煜和他的那些大臣们难以相信。江北岸的潘美大军马上渡江，军士们踏在这浮桥上，简直就像踏在平地上一样稳当，很快整军就穿越了大江，与元帅曹彬的大军会合了。

在刚开始建造这座浮桥之时，李煜闻报，便和张洎讨论，张洎不以为意地说："自从有了文字记载以来，根本就没有过如此之事，此浮桥定然不成，陛下尽管放宽心。"

李煜很泰然，说："孤也觉得这简直是开玩笑。"

可是，结果却大大出乎他们的意料。宋朝两路大军在江南岸会合，势力大大加强。李煜赶紧命人前去摧毁那浮桥，然而已经迟了，遭致大败。也就在这个时候，在长江中游的王明等人率领的军队，也先后在武昌、鄂州和潭州等地将南唐的军队打得大败。

开宝八年，曹彬和潘美的大军同时开到李煜的都城城下，作势围攻。

再说宋朝的东路大军。开宝八年三月，吴越军队打常州，常州守将投降，然后他又和宋军联合攻打润州。润州在金陵的东边，它直接关系到南唐都城金陵的安危。

起初，李煜为了确保润州的平安，就令自己很是信任的侍卫都虞候刘澄当这里的留后。在刘澄离都前去赴任的时候，李煜不舍地对他说："爱卿本不该离开孤，孤也很难和爱卿分别。然而，润州的防御非爱卿不可，没办法一定要分离，爱卿前去可一定要好好守护润州，千万不要辜负了孤！"

那一刻的刘澄也是动情得说不出一句话，任眼里的泪水哗哗地往下流。那叫真动情啊！他回到家后将家中的所有财物都装到了行李车上，要一起运至润州，还道："这些全是国主前后赐予我的，现在国家有难，应当把这些东西都散去，来为国建功立业。"

李煜听说这些话后，也很是感动，想这刘爱卿真是忠诚之士，用这样的人，他才放心。

不说过去，单说眼下。刘澄的部下见吴越的军队刚刚来到润州城下，还没有扎好营寨、建好堡垒，认为正是趁敌未稳，打他个措手不及的时候，于是向刘澄建议突击。然而，刘澄坚决反对出击，道："假如出击打胜了还行，若万一败了，便可能会被人家抓住，不如待援兵来到，再出兵也不迟。"

就此贻误了战机。

国主李煜又命卢绛带兵去润州救援。卢绛当初曾向国主李煜献策说要先灭掉吴越，免得以后吴越帮助宋朝打南唐，谁知李煜不听，现在果然应验，这卢绛心里也清楚，此战必败，南唐也必然会被大宋所灭，因此对于此战，也不甚积极。他来到润州后，和刘澄互相猜忌，谁也不信任谁。那时，卢绛很不满意自己手下的一名副将，想要把他除掉。然而，还未待卢绛下手，刘澄就私下里对那名副将说："卢将军对你非常不满意，这对你大为不利，看来你的命是很难保全了。"

这名副将听了心里很是害怕，泪水如大江大河一样往外奔流，向刘澄跪下请求道："恳请将军一定怜惜末将，若能保全性命，末将没齿不忘！"

刘澄心里一喜，便扶起他，趁机道："某有一计，不仅可免你一死，还会保你荣华富贵。"

副将感激涕零，问是何计。

刘澄便对他说了要派他出城到大宋军营进行联络的事。

副将一下瞪大了眼睛："你是让我去投降呀！"

刘澄说："对，就是投降！眼下也只有投降一条路可走！"

副将又哭了说："末将的家人都在都城，我在这里投降了，他们怎么办？必然会被国主全部杀掉！"

副将不愿依从此计。

刘澄不以为然说："眼下正是千钧一发之际，哪还能想那么多？连自己的性命都不保住了，还说什么家人？本将军家里一百多口人都在京都，我也无暇顾及！"

两人商定，就在这天夜里，副将就去了宋营，联络投降的事。

刘澄这样和宋军暗地里联络，最怕的就是被卢绛所知、所阻。他表面上总是很平静，心里却害怕得厉害。在卢绛面前他很镇静地说："探子回报说金陵已被围困多时，形势非常危险，如果金陵守不住了，我们还守卫这样的城池干什么呢？"

卢绛虽然不知道刘澄暗地里做的勾当，但他也不傻，知道此城根本守不住，就道："将军你是润州的守将，不能弃城而逃，应当是城在人在，城亡人亡，本将军就不一样了。"

刘澄就是害怕卢绛在这里当绊脚石，听他这样说，正对自己的心意，但是，脸上还不能表现出来，所以就做出一副极其为难的样子，沉思了相当长的一段时间后，方道："将军说得也是。"

卢绛于是整甲上马，带着自己的兵将奋勇拼杀出一条血路，突围了出去。突围之后，一时打不定主意要往哪里去，原是想去都城金陵的，可是听说金陵形势很不好，被大宋的主力军队给包围了，比这润州还危急，于是就带着他的人马跑去了宣州（今安徽宣城）。到那里之后，他通宵达旦喝酒行乐，不问世事，他觉得天下大势已如此，谁也没有办法了。有部下劝他说："将军，现在都城金陵危难，国主他……我们还是赶紧发兵金陵吧！"

然而，卢绛并不理会这些，一句话也不说。还是喝他的酒，行他的乐。

再说润州城内，卢绛走了之后，润州也就是刘澄一人的润州了。他召集众将官道："本将军守卫润州数月，本想定不负国主，然而如今形势已经这样了，也应当为自己的生死存亡认真考虑一下了，你们觉得应当怎么办呢？"

众将士听到他这样说，让自己拿主意，就感觉连这里的留后大将军刘澄都毫无办法了，那就是说自己只有一死了，于是皆嗷嗷大哭起来。

刘澄怕由此会发生兵变，也跟着哭了起来，边哭边说："本将军蒙国主的恩泽原本就比你们要多得多，何况我的家人也都在都城金陵，我难道就不晓得要报答国主之恩、父母之养吗？可是，我们和大宋的军队力量悬殊，和人家无法一拼呀，你们没有听说过当年的楚州之围吗？"

他说的楚州之围是指后周柴荣攻打楚州的时候。当时楚州的士兵很能打，柴荣打了很长时间就是攻不下，大怒，到克城之日，便大肆屠城，城内只有少数人活了下来。

刘澄今日提此事，是故意吓唬这些部下的，希望他们知道厉害。

吓唬的目的，就是要让他们都知道如今只有一条路可走了，那就是投降！

这样，刘澄说服了部下，带领着他们开门请降。

于是，大宋平定了润州。

# 40
## 刀切皇甫继勋

此时的大宋东路军已包围了金陵。依照战前的部署，宋军各路大军齐结金陵城下。

当初，宋朝的军队进入江南之时，陈乔和张洎就对李煜说："陛下，不管他们大宋怎么着，我们只要坚壁自守，这样时间长了，宋军便会精神不振，便会士气低落，没有能力再攻城，自己就回去了。"

这李煜最是听陈乔和张洎的了，因此也没有什么可担忧的，于是依然和他的小周后在他的宫内享受生活，填词作曲，游戏宫苑。他天天召一些僧人和道士在宫内诵经念佛，谈哲讲玄，很是热闹。其实，李煜本应该去做学问，放在现在，肯定是一个很优秀的文学家。可是要搞政治、当帝王，他和赵匡胤不能相比的。

他这样不理政事，臣下有什么事也不报给他，一封封告急信传来，全没有通知他。即便大宋的军队在他的金陵城下围困数月了，他竟然也连一点消息都不晓得。

你说他这国主当的。

李煜手下担任金陵防御的将军是皇甫继勋，此人是名将皇甫晖的儿子。因为皇甫晖为南唐捐躯，李煜痛惜，便加封皇甫继勋为大将军，负责京城的防御工作。

后周显德年间，赵匡胤跟着柴荣攻打淮南，清流关和滁州要地的守将便是皇甫晖。皇甫晖一辈子经历过无数次战役，很有威名，然而，此一战，他碰到的却是更厉害的赵匡胤。在艰苦的战场上，他拼死力战，然而，他的儿子皇甫继勋却想逃跑，气得他一枪就想扎死皇甫继勋。由于气急，没有扎着，被儿子给逃脱了。战到最后，皇甫晖被赵匡胤所俘。赵匡胤对他很是尊重，并且请军医给他治伤，但是，皇甫晖很有气节，坚决不予接受，最终因伤势过重而亡。这样的将军是很受当地人民敬仰的，一直到了后来的南宋绍兴年间，滁州一带的人还是一天鸣五次钟来纪念他。

这个在战场上逃跑未被父亲扎死的皇甫继勋，在父亲壮烈殉职后，因父亲而受到国主李煜的器重，被封为大将军。

父亲虽是英烈，然而，儿子却不同。皇甫继勋是个顽劣子弟，尤其会享受生活。在他父亲死后，他成了都城里第一富豪，深宅大院、歌舞声妓、金银珠宝，什么都有，奢侈程度比国主李煜也不差。

在大宋军队围城的时候，皇甫继勋别的不担心，他最害怕的是万一宋军攻过来自己的房产也就全完了，他必须得想办法保住自己的这些财产。他也知道自己不是大宋军队的对手，因此极力希望国主李煜能够马上投降大宋，好使自己的财产不致缺失。

这个一心只想守住自己财产的金陵守将，在金陵危机的时候，他不鼓舞士气，反而总是于众将面前宣扬："如今大宋的军队是天下最强大的军队，谁能打得过他们？我们南唐吗？——嘻！"

　　每当他听到外面南唐的军队被打败的消息，他就很是兴奋，显得自己非常聪明，比别人高一等似的，说："看看怎么样？本将军说得很准吧？我不早就说过了嘛！大宋的军队现在天下第一，没有对手嘛！我们南唐会打得过？"

　　一人得道，鸡犬升天，如今他的侄子皇甫绍杰也是军中的巡检使。皇甫继勋密令他劝说国主李煜投降，然而，李煜不予理会。刚好那几日，江南刮起了大风，下起了冰雹，皇甫绍杰便以这种自然现象为据对国主李煜进行蛊惑吓唬，劝他干脆投降算了。因为那时候的人迷信，常以天象作为吉凶的预兆。

　　然而，李煜还是没有听从。

　　有一天夜里，金陵守军中有一位副将见大将军皇甫继勋不作为，国主又为他们所蒙蔽，就私自召集了一些人马组成了敢死队，准备出城袭击宋军。

　　皇甫继勋闻报后，大怒："造反了！不听我号令就私自调动人马！想把我们都给连累死呀！"

　　皇甫继勋立即骑马赶了过去，见他们都摩拳擦掌，个个整装待发，就大喝一声："你们这群不知好歹的东西，想要干什么去？"

　　有人说："我们要夜袭宋营！"

　　皇甫继勋用马鞭指着那名副将，下令："把他给我拿下！"

　　皇甫继勋手下亲兵就过去拢住那名副将，将那名副将给拘了起来。然后皇甫继勋就命令用鞭子狠狠地抽他的背，那些敢死队员们，甚至是所有的将士们都大为气愤，暗地里都在狠狠地骂他："老子英雄儿笨蛋！他皇甫继勋到底是哪家的将军？"

　　"看来，大宋的皇帝应当嘉奖他！"

　　"真是混蛋将军！"

　　令人兴奋的是，这位混蛋将军很快就被国主李煜给杀掉了。

那一天，国主在后宫内待腻了，心里烦躁，就出来转转，这一转不打紧，当他登上城墙之时，忽然看见外边旌旗飘飘，到处都是大宋的军马，他吓了一跳，惊出了一身的冷汗，这些自己怎么一点都不知道？

李煜下城后，立即拘拿皇甫继勋跟他侄子皇甫绍杰，以"流言惑众罪"和"不为国效命罪"一起斩首于军中。军中的将士们早已对他们叔侄二人恨入骨髓，便争抢着拿刀来切割他们的尸体，发泄怒气。仅一会儿工夫，他们的尸体就全被切割光了……

# 41
## 两说赵匡胤

大宋的军队围困金陵已经有一段时间了，可是李煜就是不投降，李煜最信任的大臣陈乔和张洎还是对李煜说："陛下不用担忧，我们金陵城固若金汤，不是那么好攻破的，他们宋军很快就会自动退去。"

李煜本人也认为会如此。然而，令他们意外的是，城外的宋军并没有退去，反而源源不断地增加。这让李煜很是发愁，这该怎么办呢？

于是，他又召来大臣们进行商议。大臣们全都说："陛下，这次战争就是由南唐和大宋之间的误会引起的。"

于是他们又想到派遣个使者到东京去找大宋的皇帝赵匡胤说道说道。

这样有关南唐安危的重要事情，应当派谁去呢？

众大臣都一致推举徐铉，说他是南唐的名臣，博学有辩才，他不去让谁去？另外，张洎又推荐了一个在南唐很有名气的道士叫周惟简，他说："周惟简道长是个有远略的道长，谈笑弭兵锋，可令他与徐大人同去，必不辱使命！"

于是，李煜便派此二人出使大宋。

大宋的元帅曹彬很听赵匡胤的话，也不着急攻城，他需要的就是和平统一南唐，今听了南唐的要求，还命令自己的人护送南唐的使者前去京师拜见陛下。

徐铉这一路上日夜思索，他想了又想，像背书一样，将怎样跟赵匡胤应对的话都想清楚了，把矛盾关系也都理顺了。

他们二人到了大宋的朝堂之上，徐铉作为南唐派来的大臣，仰脸大声对皇帝和所有的朝臣们说："李煜无罪，陛下讨伐李煜实在是不应该！"

赵匡胤十分镇定，威严地坐在那里，传他上殿，命他将话讲完。他到得殿上，继续慷慨陈词："一直以来，李煜十分恭敬地侍奉陛下，以小事大，好像儿子侍奉老子一般，从来小心谨慎，不敢有任何差池，为何还要受到讨伐呢？"

徐铉果然很能说，口若悬河，滔滔不绝，一口气讲了几百句。赵匡胤耐心地听他一句一句地讲完，然后，沉稳地问他："卿说老子和儿子分作两家，行吗？"

徐铉事前想了很多，却没想到赵匡胤会这样说。这一句话真是太要命了，一下子就扣住了他的死穴，使他再也说不出一句话来。他说的那么多的漂亮话，却抵不上这么简单朴实的一句话。

站在徐铉身旁的周惟简见出现了十分不利于自己的冷场局面，他突然就想到了在他们来之前，李煜亲自提笔题写奏目，写了十几页纸，令他寻个好时机呈给赵匡胤，请求赵匡胤多多哀怜，说自己愿意病退，将所有政务尽皆辞去。这时，周惟简便趁机将李煜写的奏本向上呈给了赵匡胤。

赵匡胤接了之后，浏览了一下，道："你们国主所言，我一点都不明白。"

游说大宋的皇帝就此失败，不过，李煜还有一点倚仗，那就是他还在湖口屯有十多万兵力。这时候，正是急于用兵，李煜赶紧派人召他们来救援。

然而，李煜这点兵，大宋已给他计算在内了。消灭这支部队的任务就交给了大宋将领王明。

此时正是干冷的冬天，长江的水浅，而南唐的这十万援兵却乘坐着大船顺流向下，想要将采石矶的浮桥给烧毁，以此来解决都城金陵西面的围困。可是在皖口（今安徽安庆）西边，跟宋朝的大军遭遇，南唐的军兵在船上点上火，使火船顺流向下，目的是要以此来对抗宋军，然而，老天不公。这时候，风向却逆转，突然向南唐的军队那边刮去。结果，火没烧着人家，却把自己给烧得乱七八糟，十几万兵力眨眼溃败。如此，李煜的都城金陵真的成为一座孤城了。

没办法的李煜只好再次派人到东京开封去，还是派的徐铉和周惟简二人。赵匡胤于便殿接待了他们。当然，在来之前和途中，他们两个又想好了一套对付赵匡胤的办法和说辞。

刚开始的时候，徐铉态度很是诚恳，向大宋的皇帝赵匡胤辩解国主李煜没有来朝之理由，他说："臣国主李煜侍奉大宋很是恭顺，可是因为身染疾患，没有能够入朝觐见陛下，并不是有意要拒绝陛下诏命。所以，恳求延缓进兵，来保全江南一邦之性命。"

赵匡胤也是心软的人，见人家态度那么恳切，自己也不好总是板着脸子说话，于是也总是温婉地和他争辩。然而，这徐铉见赵匡胤态度变好了，他反而觉得自己占理了，越说越来劲，声色也越来越严厉，一时竟忘了这是在跟谁说话，在办什么事。赵匡胤勃然大怒，以手按剑对徐铉说："你也用不着再说了，南唐有什么罪？只是天下应当统一为一家，卧榻之侧，岂容他人酣睡！"

这下，徐铉真是无话可说了，急忙就闭了嘴，吓得再也不敢言语，慌忙退下了。

赵匡胤又转脸问周惟简，那周惟简比徐铉还要害怕，唯恐因此掉了脑袋，忙惊恐地撒开手道："卑臣原本在山野中隐居，从来没有要出来当官的想法，待天下统一之后，臣就想着进入终南山过隐居生活。"

赵匡胤见他那个样子，很是不屑，然而又可怜他，说道："你想去终南山隐居，那你就去吧！"

然后，把他们两个人都送回了南唐。

# 42
## 卢多逊一箭双雕

李煜两次游说赵匡胤都以失败告终，这期间他的十万人马也被大宋的王明击溃。他很是无奈，于是便想着出去投降。可是陈乔和张洎等大臣还是不同意。

大宋的元帅曹彬也谨守赵匡胤的意旨，去时，赵匡胤就对他说："不可急着进攻，要让他们自己出来归顺。"

赵匡胤真是太仁厚了，所以，宋朝的军队对金陵围困九个月，始终没有对他们进行最后的进攻。

到了这年的十一月，元帅曹彬让人对李煜说："本月的二十七日，便是金陵被攻陷之时，您还是最好早作出安排！"

此时的李煜也真是为难，这比他写诗填词可是难多了。他对来使说："孤想先令孤的儿子李仲寓代孤入朝觐见陛下，如何？"

曹彬答应了他。然而，却总是不见李仲寓有一点动静。宋朝的军队发起总攻的日期日渐逼近，这也是在考验宋军的耐心。曹彬又多次派人去通知李煜："国主的儿子现在也不用到开封朝见天子了，只要到大宋的军前，我们便不会再进攻。"

曹彬这是做出了让步，也够仁厚的了。

然而，城内的李煜并不领情，他还以为是自己的城池牢不可破，宋军知道不好攻，才做出如此姿态的。他推托说："我儿行装尚未置办齐全，宫中践行的宴会还没有举行，至二十七日便动身。"

曹彬他们听了这话，很是生气，却气乐了："这个李煜，如今国都要完了，还举行什么宴会？这不是闹着玩儿吗？当我们是三岁小孩？"

众将都很是不耐烦，说："干脆打进去算了！""不跟他磨嘴皮子！"

曹彬很稳重，又让人去对李煜说："国主用不着再等至二十七日了，即便是二十六日，大宋军队也等不及了。"

然而，李煜还是不理不睬的样子。

此时的金陵城完全是一座孤城，由于被宋军包围，城内的居民连出城置办柴禾的权利也被取消了。城内人的生活极其困难，物价飞涨，一斗米就卖万钱，一般老百姓谁买得起？病死、饿死的人多了去了，可是即便是这样，李煜也还是不投降。

他依旧想着："我南唐都城，不是纸糊的，没有那么容易就被攻下！"

是啊，金陵的城池确实坚固，经李璟和李煜两代人的多次精心加固和修缮，高三丈，外边还有重叠的护城壕，是非常适宜防守的。到了后来的绍兴年间，又过了二百年了，城墙还几乎是完好无损。

然而此时光靠城墙的坚固，能够抵挡得住大宋的军兵吗？

陈乔和张洎说："没事，到时候，他们攻不破自退矣！""没错，您看他们当初攻北汉的时候不也是这样吗？"

这样一说，李煜也就又放心了许多，总是心存侥幸。

南唐也曾秘密派人去联系过北面的契丹，请求援兵，然而密信刚到南唐边境就被宋朝的军兵给截获了，那是张洎亲自用蜡丸密封的帛书。

这实际上是李煜君臣在乱抓救命稻草，冷静一想，就会明白。纵然他们派的人到了契丹，联系到了契丹，契丹也不可能出兵。大宋刚刚跟他们通好，就因为一个快要覆灭的而且是离自己那么远的南方小政权就出兵打大宋？虽然很早的时候南唐曾跟契丹有过往来，两方也曾相约一起和中原对抗，然而，这只是面子上的话罢了，并不会有什么真实行动的。

即使南唐和契丹关系平常，也曾经中断过往来，李煜在危急时，仍旧对他们抱有幻想，也把他们当作是一根救命的稻草。

其实，仁爱的皇帝赵匡胤虽然有统一天下的雄心，但由于他过于仁爱，见李煜这么长时间还没有出来归顺，也心生了暂时退兵的想法。自开宝八年春天围城到这一年的秋天，已经大半年了，令人焦心。江南地区潮湿，此时又值秋日之暑，宋军中许多人都患了疫病。攻城最忌讳这样的境况。以前在北面打太原的时候也是这样。于是，赵匡胤就和朝中的大臣们商量："南唐这个国主至今不肯归顺，我们的军队在那里长期守候，太过疲累，不如先让曹彬率兵退至广陵休养休养，慢慢想办法吧。"

众大臣们心里都不愿意退兵，然而皇帝既然这样说，也都不敢持不同意见。只有副宰相卢多逊极力争取："陛下，不能退兵！我们已经围困金陵这么长时间了，怎么能退兵呢？他李煜实在不归顺，干脆就打进去吧！"

赵匡胤说："朕不想看到更多的人为战争丧命。杀戮流血，朕于心不忍。咱们统一天下不就是想让人民过上长久安定的生活吗？"

卢多逊说："陛下真是前古未有的仁君啊，一心想的是天下人民。可是那李煜不会自己出来投降的，如果我们退兵一段时间后，他还是执迷不悟，不出来归顺，怎么办呢？"

赵匡胤说："慢慢来。"

但因为一件偶然的事情，还是让赵匡胤这个仁慈的皇帝改变了退兵的计划。

权知扬州侯陟的部下举报侯陟收受贿赂。赵匡胤大怒，他最厌恶贪污腐败这种事，对于这些人的惩治一向是决不手软的。开宝七年，朝廷的一个通判延州的官吏侵吞国家一百八十万钱，被人告发，经查证，被判处死刑，斩于市曹。此时的赵匡胤勒令侯陟赶紧赴京接受调查。

这个侯陟当然十分害怕，心想小命要不保。由于他和卢多逊平时关系最好，于是便去求卢多逊想想办法。他觉得卢多逊还算是个有智谋的人，要不皇帝怎么会那么器重他？

卢多逊先是对他责备了一番，说陛下一定会杀了他。那侯陟更是害怕了，几乎要跪下求卢多逊了。

卢多逊说："看在我们素来交好的份上，我就替你出个主意，可事情成不成就在于你了，希望你以后好自为之。"

卢多逊站在当时整个大局的立场上给他出了个主意。说："你可以先不说你贪污受贿的事，就一心上奏陛下：为了天下的统一，不可退兵！这样，以陛下的仁慈，也许会宽恕于你。"

于是，那侯陟便依计而行。

刚好，那时候侯陟也是在患病期间，可能是害怕赵匡胤杀他，着急的吧。这也附和了赵匡胤爱怜弱小的心。因为他行动不便，皇帝便命皇城卒架着他入宫觐见。那侯陟一看见赵匡胤，便不顾一切地大声奏道："眼看就要平定江南了，陛下为何准备要撤兵呢？千万不可呀，还望陛下赶紧攻取，不可延误！臣若是误了陛下，您可以灭了臣的三族，只是千万不能退兵呀，陛下！"

比之统一大事，侯陟个人的贪污受贿当然小之又小，于是，赵匡胤赶紧将他唤至跟前，屏退左右，向他仔细询问前线的情况。待摸清事实后，赵匡胤知道了不给李煜来硬的，李煜根本就不会甘心归顺，于是，马上改变了原先的决定，一定要把南唐拿下。自然也没有再对侯陟贪污一事进行追究。

卢多逊这一招真可谓是一箭双雕，两全其美。既救了朋友侯陟的命，又达到了不退兵的目的。

# 43
## 攻破金陵

这次是真的要全面进攻了。

然而，就在这个节骨眼儿上，征南大元帅曹彬却病倒了，不能起床，更不能理事，这可如何是好？急得众将跟什么似的，好不容易陛下决定要攻城了，将士们都攒着一股劲儿往外迸发呢！

于是众将一个个前来探望元帅的病情。曹彬面容憔悴，盖着一床很薄的被子，只露头在外面。前来探望的将士都关心地说："元帅怎么样了，赶紧好起来吧，大家都等着打这一仗呢！"

曹彬道："本帅也明白弟兄们的心情，可本帅这病并非药物能够治好的，它需要诸位弟兄们帮忙方能治好啊。"

于是将士们都问："怎么帮忙？只要能把元帅您的病治好，无论怎么着都行！"

其中一员和曹彬年龄差不多、素来关系十分密切的黄将军开玩笑说："元帅您就说吧，只要您的病能好，就是把我的头割了都行。"

于是，众将都笑。

曹彬也微笑了一下，感觉病已好了一半，他说："这必须要众位弟兄发誓，破城之日，不妄杀一人，我的病才会好。"

众将一听，笑了，这还不容易吗？有个黑脸将军说："放心吧元帅，我的部下谁要是敢妄杀一人，我定要先砍下他的脑袋！"

于是，又摆下香案，共同发誓，说："为了大元帅能够病愈，破城之日，谁要是妄杀一人，必天打五雷轰，全家不得好死！"

发完誓言，仪式也就完成了。一完成，曹元帅的病果然也就好了，能从床上站起来了，跟从没患过病一样了，你说奇怪不奇怪！

其实，这病也真是曹彬的心病，并非装出来的，他害怕的就是破城之日，再演破蜀那一幕。赵匡胤早就跟他叮嘱多次了，不能伤害金陵城内之人。曹彬也明白赵匡胤的良苦用心，怎么会不小心照办？

开宝八年十一月二十七的那一天，曹彬一声令下："全面出击！"

将士们个个犹如脱兔、犹如飞箭，异常奋勇地扑向金陵城池。将士们实在是憋得太久了，都憋出病来了，这么一来，怎会不个个争先？金陵城的周围都是大宋军兵虎狼一样的呐喊声，天地为之动容，真是惊天动地，虽然没把金陵坚固的城墙震塌，却把城上南唐军兵的胆给震破了。

这样，宋兵很快就打进了城内。城门大开，大军迅速涌进。

城破得这样快，是南唐的国主李煜以及他的大臣们无论如何也没有想到的。他们还幻想着城池是多么的坚固！

在破城以前，李煜为了鼓舞将士们，下令在宫内广堆干柴，对手下的人说："万一城破国亡，就让孤带领着全家一起赴火而死吧！"

就像是穷愁的书生在发豪言壮语。他这样的话语不知怎么很快就传到了赵匡胤那里，赵匡胤坐得稳如泰山，也说："这不过是酸书生说的话而已，只是嘴里说说空话，不会真死的。若果会死，那孙皓和陈叔宝也不会当俘虏了。"

赵匡胤说的孙皓是三国时候东吴的最后一个皇帝，陈叔宝是南朝的最后一个皇帝，而且他们的都城都是金陵，都喜爱风花雪月的浪漫生活。

赵匡胤也真是世事洞明。果然在金陵城破以后，李煜并没有自杀，他没有自杀的勇气。他虽然表示要自杀，作势要往火里跳，然而一经身旁左右的人哭着劝谏，他就不跳了。跳到火里被烧死是多么痛苦的事呀，多疼呀！所以，他就不跳了。

不过，他却连累许多人为他跳火自焚了，还有很多珍贵的东西也被烧掉了。

元宗和李煜都非常喜爱书画，好求古迹，在宫内藏有图籍万卷，当中还有不少钟繇和王羲之的珍品杰作。在城破以前，李煜曾跟他的保义，也就是嫔妃黄氏商定，如果城破，就将宫内收藏的全部书画文物尽都烧掉，不能将这些东西白白送予宋朝。金陵城破的时候，黄氏把它们尽皆焚之一炬。

在这以前，李煜也曾和静德院的八十多名僧尼说过，若城是破了，宫中的大火就是信号，孤将和你们同时跳进火里被烧死。

这些至情至性的僧尼在黄氏于宫内焚烧书卷的时候，看见了火，就认为李煜自焚了，也连忙把准备好的干柴一起点燃，然后纷纷都跳了进去，没有一个退缩的。

李煜最宠信的两个大臣陈乔和张洎也和他相约赴死，然而，陈乔死了，张洎却怎么也不愿赴死。

城破的时候，陈乔和张洎两个人一同赶去见李煜，陈乔焦急道："陛下，不行了，都是老臣无能，还劳国主背水一战！"

意思也就是说要李煜和他们一道为国赴死。然而，李煜光是坐在那里哭，也不回答，不说话。

陈乔见李煜根本没有要去死的意思，就又对李煜道："老臣实在有负陛下重托，罪该万死！请陛下将老臣公开斩杀，若宋朝要有所诘问，就请把所有的罪过都推到老臣身上吧！"

善良的李煜哪下得去手？也从没有过这样的念头，他说："国家气数已尽，卿即使死了，也不济于事。"

陈乔又道："陛下纵然不杀老臣，老臣也没有什么面目去见国人！"

说完，回到自己的属衙一根绳子搭在房梁上，自尽了。

而张洎就不同了，此人本是一个奸佞小人，根本不会为国去死。他早早地就将自己的妻子和儿女叫来，将行装准备好了，要跟着李煜出降。

当听到陈乔自杀的消息后，张洎对李煜道："臣现在还不能死，因为陛下此行入朝，到了那里，谁又能为陛下进行辩解呢？这是臣放心不下的事。"

李煜哭道："那跟孤入朝去吧！"

大宋的军队攻陷金陵城后，李煜和众臣身穿素衣白衫，头戴纱帽迎候于宫门，进行跪拜。潘美先进来，就先拜见潘美，潘美也不倨傲，给予回礼。然后他又拜见了大元帅曹彬，曹彬命人对李煜道："本帅盔甲在身，不能回拜。"

曹彬和潘美先登上了舟船，也让李煜上船喝茶说话。一块木板放在舟船和岸之间，需从木板上走过方能登舟。曹彬和潘美都是南征北战的大将，因此过个小木板就像是走平地一样，腾腾就过去了。然而，李煜就不行了，他一个长期生活在宫中的文弱书生，哪过过什么独木板？看见这样的独木板，搭在水上，就眼晕，所以，就心虚地不敢过。曹彬见状，就命一个部下："你搀扶国主登舟！"

一盏茶水下去后，曹彬对李煜礼貌地说："国主请回去把行装收拾收拾吧，明天早上，就在这里结集，我们一起去朝见陛下！"

李煜答应了，起身，仍由人搀扶着过了独木板而去。潘美很是不放心，对曹彬说："元帅怎么可以让李煜自己回去呢，看他那忧郁的样子，要是回去自杀了怎么办？"

曹彬微笑着说："监军放心吧，他连个独木板都不敢过，说明他非常怕死，现在又让他活着进京，他会自杀？"

曹彬说的果然不差，次日一早，李煜就到了，这个举世无双的大词人要和曹彬等一同进京。曹彬见他所带行李并不是很多，就关心地对他说："入朝之后，俸禄是有限的，你平时需要那么多的花费，还是多带一些宫中的财宝珍品吧，要是待造册登记之后，就一件东西也不可再动了。"

这样，李煜又回去收拾东西，曹彬吩咐所有物件让他随便带。李煜此时的心情可以说是无比糟糕，哪有什么心情带东西？虽然，他也明白这一天早晚会来，然而，真到这一天了，却使他生不如死，他的好日子已经完全终结了。

回宫之后，李煜把许多财物都赐给了身边的近臣，自己几乎没有拿什么东西。

# 44
## 李煜进中原

开宝九年（公元976年）一月，李煜来到东京开封。

曹彬令翰林副使郭守文奉持露布，也就是告捷文书，押送着李煜和他的子弟官属五十五人，前去宫门向赵匡胤进献。

赵匡胤至明德门接受献俘，李煜等人穿着素服在明德门待罪守候。赵匡胤下诏全部免罪，且皆有赏赐，分别颁给他们。

之前，大臣们商量献俘的仪式是不是要和刘钺来的时候一样，赵匡胤大度地一摆手，说："李煜怎么能和刘钺一样呢？李煜曾经奉行朝廷的历法，况且李煜是个大词人、大文士，不可一样！"

所以，见到李煜之后，赵匡胤并没有宣读那露布。所谓的露布，上面写的都是斥责投降者不识时务的话，也就是当着面训斥一通。赵匡胤毕竟是赵匡胤，这样做是给李煜面子。

然而对李煜的那些部下，就没有那么客气了。赵匡胤召见徐铉，板着脸问他："你为何没有及时对李煜不归顺朝廷进行劝说？"

徐铉羞愧道："臣作为江南的大臣，国家已经灭亡，罪就应当死，请陛下不用再问别的了。"

徐铉一这么说，赵匡胤反而很是敬佩和怜悯，不由说："不错，忠臣！朕就喜欢你这样的人，往后跟着朕，也应如此呀！"

然后，赵匡胤赐给他座位，并对他进行安抚。

赵匡胤又召来张洎，他听说这个张洎人品有问题，就想找个因由把他给斩了。赵匡胤一见他就训说："都是你在后面捣鬼，使李煜总是不肯投降！一直到现在！"

赵匡胤还向张洎出示了一个物证，那是大宋的军队在围困金陵的时候张洎写给湖口驻兵要求救援的密函，被宋军截获了，当然就落到了赵匡胤的手里。

这张洎确有胆略，他揣摩赵匡胤的心理，反正是一死，不如就大胆一试，只见他赶紧上前磕头请罪，而且道："书信的确是臣所为。人们都知道，并非狗的主人，狗见了肯定会狂吠。此信仅是内中之一，陛下您还有很多没见呢！现在就是一死，也是当臣子的应当做的。"

张洎说此番话时，语气沉稳，并没有丝毫慌乱的神色。

赵匡胤本来是想要杀他的，今见他这么有胆略，就又改变了主意，道："你的胆量还行，朕还不想杀你，自今往后，可要像忠于南唐一样忠于大宋。"

张洎侥幸成功。

其实，张洎也并不忠于李煜，在归顺大宋来到东京开封以后的好一段时间内，他总是去拜访李煜，去了不是看望李煜，对他以前的主子表示关心，而是向他以前的主子讨要财物。

可是他的旧主子哪还有什么财物，来的时候本来也没带什么东西，此时手头很紧。张洎来索取的次数多了，李煜便将自己一个白金洗脸盆让他也拿去了。然而，张洎还是觉得李煜给自己的东西太少了，心里愤愤的，走时很不高兴。

那时候，潘慎修在李煜家当记室，也就是做记账工作。张洎和潘慎修素来也是好朋友，可李煜给张洎白金脸盆的事情，张洎总感觉是潘慎修给李煜出的鬼点子，说明李煜家没有什么东西了，也意在骂他是白脸奸臣。于是，从此后，也不再和潘慎修来往了，对他很是不满。

不说他们君臣彐后的关系怎样，单说李煜从江南觐见赵匡胤的几日后，赵匡胤便给他封了一个右千牛卫上将军、违命侯。这违命侯的称谓自然是从他早先不肯入朝归顺而来的。不过无论如何吧，毕竟是个侯，大宋的皇帝赵匡胤对他还是很不错的。

然而，这个侯毕竟没有原来的国主自在，因而封侯并没有改变李煜的朽糟心情，他依然是整日郁郁不乐，流泪悲戚。他多么怀念他以前在江南时的欢乐时光啊！

那时候，他在宫内和娥皇弹琴弄词。

那时候，他在宫内和小周后花前嬉戏。

……

在来开封后的一段时间内，李煜也写出了他一生中非常伟大、非常凄美的故国怀乡词：

"春华秋月何时了，往事知多少。小楼昨夜又东风，故国不堪回首月明中。

雕栏玉砌应犹在，只是朱颜改。问君能有几多愁，恰似一江春水向东流。"

……

赵匡胤收复了江南，此时的南方还有两个小割据政权，那就是吴越和清源军。这两股小势力，向来对大宋表现得相当顺从。在赵匡胤收复江南的时候，吴越政权也派了兵将进行援助，俨然就是"一家人"了。那时候，李煜也曾给吴越的钱俶写过一封信，想要劝说钱俶不要出兵帮助大宋，说："今日无我，明日岂有君？明日吴越为大宋所并，大宋的天子会如何地对你进行感谢呢？到时候，你也不过是一个普通老百姓而已。"

钱俶为了表示和大宋的亲密无二志的关系，更为了提醒大宋不能到时候顺手牵羊把自己也给灭了，就忙把这封信转交给了赵匡胤。清源军的陈洪进自赵匡胤建立大宋以来就是他们的附属小国，大宋军队攻破江南以后，陈洪进也很是担心，便让自己的儿子前去大宋的京城开封任职，跟他们搞好关系。赵匡胤也接纳了他们，心怀天下的赵匡胤要的就是不动用任何武力，和平统一，希望的就是终有一天各方势力会自己把手中的领土都献出来，他也有信心做到这一点。

# 45
## 赵匡胤溺爱赵光义

赵匡胤对外的事业非常成功，可谓是叱咤风云，然而，由于天性过于仁慈、善良，后来却被自己从小疼爱的弟弟赵光义篡取了江山，可谓是"螳螂捕蝉，黄雀在后"，也可说是君子常败于小人之手吧。

赵匡胤是一向疼爱这个比自己小着十二岁的弟弟的。早年的时候，赵光义病了，赵匡胤还亲自去他的床头服侍他。在烧艾草热炙之时，赵匡胤总是害怕会烫坏了弟弟，便先在自己身上烧几下试试，就像是对待自己的儿子一般。赵匡胤总是对身边的大臣们夸赞自己的这个弟弟说："朕这个兄弟，生下来之时便与一般人不同，你们可以留心瞧瞧，他龙骧虎步，威风凛凛，将来必成大器，为朕所不及啊！"

也许是赵匡胤太过于溺爱这个弟弟了，才使他这个弟弟内心滋生了要篡其位，并超过他的想法。

赵光义脸上一向很随和，与疼爱他的哥哥很亲密，其实内心里阴得很，他的哥哥比他强得太多，在他面前像一座山，使他不得不仰视着他的哥哥，不得不和他的哥哥亲密，不得不讨好他的哥哥，敬老的、爱小的，因此，他也在慢慢发展着自己的势力，培植着自己的力量。

赵光义在大宋建立以前没有什么名位，他权势的扩大是随着大宋的建立开始的，也就是完全依靠他的哥哥赵匡胤。

建隆元年的五月，赵匡胤御驾亲征李筠，命赵光义当大内督点检，以致那时候的开封街巷之间都小有谣言，说："点检为天子，更为一天子地也。"

建隆二年，赵匡胤又封弟弟赵光义为京城开封的府尹，一直当到开宝九年，整整当了十六个年头。在这个时间段内，赵光义凭借着自己是皇帝亲弟弟的身份，又靠着自己京城府尹的职位，认真细心地经营和培植自己的势力，于京都开封编制成了相当强大的势力圈，光他的晋王府内幕府人员就有六十六人。同时，他还有意结交了许多文武官员，纵然是他哥哥的老部下，他也要想方设法把他们拉拢过来，像楚昭辅与卢多逊等有影响和实力的大臣他都去拉拢。

在当时的大宋，除了他的哥哥赵匡胤之外，就数他的势力是最大的了，有谁敢惹？

大将党进因为粗豪和忠直，也深受赵匡胤宠信。然而，即使像他这样的忠直之士，也要讨好赵光义。

党进曾经奉赵匡胤之命，对京城开封进行巡视，凡见京都百姓有蓄养禽兽的，一定会被他拿过来放生，并且他还会不满地训斥一句："买了肉不孝敬你自己的父母，却来饲养这些禽兽！"

有一天，赵光义家里一名仆人肩膀上架着一只雏鹰在京都街上遛鹰，刚好被党进巡视撞见。当时他也不知道是赵光义家的人，便不由分说，要把那雏鹰放生。遛鹰的这个仆人镇定地说："这可是晋王最喜爱的宠物！你把它放了，我马上告诉晋王去！"

党进一听说是晋王的宠物，就赶紧把话收了回来，再也不敢放了。并且小心翼翼地将鹰还给了这个仆人，说："原来是晋王的鹰，你可要仔细喂养啊。"

说完，又怕人家不高兴，会在晋王面前说什么，便又追过去，掏出一把银钱塞给这个仆人说："拿着，给这只鹰买些肉吃！"

对于赵光义势力的急剧膨胀，首先引起警惕的是宰相赵普，于是赵普就提醒皇帝赵匡胤。当然最初的时候，赵匡胤是不以为意的，他这个慈爱的兄长，从来没有想到过自己一向溺爱的这个弟弟会抢夺自己的皇位。然而，赵普的进谏，又传到了赵光义那里。于是两人便开始了一番明争暗斗。赵普当然是斗不过皇帝的弟弟赵光义的，何况那个十分仁爱的皇帝又总是偏袒着弟弟。然后就是赵普出任河阳节度使，赵光义被封为晋王，位居宰相之上，从此赵光义的势力便除了皇帝之外，谁也不能相敌了，也差不多成为了二皇帝。

随着事情的发展，赵匡胤不可能没有丝毫的发觉，即使他怎样的仁爱，也毕竟是历经世事的皇帝。他感觉很无奈，他怎么下得去手杀掉自己的亲弟弟呢？

他是无论如何也下不去手的，他想他必须得想一个万全之策！

# 46

## 迁都洛阳

赵匡胤在开宝九年一月下诏说，要在四月视察西京洛阳。说要顺便去他父亲的陵墓前祭拜，然后于西京洛阳南郊祭天。

然而，大臣们都极力反对赵匡胤这样做。有个起居郎，也就是专门记录皇帝言行的官员，名叫李符，这个人平时非常会见风使舵，揣摩皇帝的心思，以求晋升，可是在皇帝这次西巡的决定上，他却是反对得最坚决的一个。

这个李符向赵匡胤上书罗列了许多西巡的困难，说明西巡不可行。他说，西京洛阳那个地方如今萧条落后，百姓生活困难，宫殿没有修整过，郊祀的庙堂也没有进行修建，官署不完善，军粮不充实，没有军事施设，不安全，巡行洛阳，还需要诸多车马于酷暑的天气里进行扈从，所以不可去。

李符上书说的这些事，不是没有道理，可是，赵匡胤并没有听从他的这个建议。

一切话他都不想听，执意要巡视西京洛阳。也许是他心里太想念那个自己出生的地方了，那里留下了多少自己美好纯真的回忆！他最喜欢的就是童年的纯真，没有成人世界的尔虞我诈。

于是，他依旧按照事前想好的方案，先在巩义对自己的父亲进行了祭拜，然后又去西京洛阳的郊外进行了祭天仪式。

他驻跸在他早年曾住过的房子，用马鞭指着驻地小巷的一个地方，对身边的人道："朕小时候总是跟小伙伴们一同玩耍，曾得到过一个石马。他们总是把朕的那个石马偷走，朕便在这里挖了一坑，将石马给藏在那里了。"

说完，他又命人来挖，看那石马还在不在。

身边的那些人也很好奇，听了吩咐，连忙找来工具进行挖掘，果然从那里挖出一个石马来。

众人都惊喜得跟什么似的。特别是赵匡胤，一遍又一遍地抚摸着。

他多么留恋这个地方啊！真是不想回去了。

他这样，众大臣都悬着一颗心。特别是他那个最受宠爱的弟弟晋王，时刻关注着此事的发展。

他们都知道，皇帝想迁都至此！

所有的事情都处理完毕了，赵匡胤还没有流露出任何要返京的意思。跟着他来的那些人也没有人敢进谏。

也就是在这个时候，赵匡胤身边的扈卫铁骑左右厢都指挥使李怀忠瞅了个机会对赵匡胤道："汴梁有汴河水陆运输通道，年年运送长江和淮河的粮草数百万斛，汴梁军队数十万人皆靠着水路获得供给。陛下要迁都在这里，那以后粮食从什么地方供应？况且咱们的国库和重兵皆在开封，开封根基的牢固不是一天两天了，一时也难以动摇。若仓促迁都至此，臣真是没有发现有什么好的！"

然而，赵匡胤并不理会。他留恋这个地方不是最重要的，最重要的是他心里堵，生气，无处发泄！

他的母亲杜太后在世的时候，有一次一家人围坐在宫里谈家常说闲话，说起近代的历史、社会的不安定因素。杜太后就笑着说："你今日能坐得天下，都是因为周世宗柴荣让他的幼子当了皇帝，那个年幼皇帝却没有能力治理天下，人心不稳，才使你有了可乘之机。"

赵匡胤含笑点头称是。

杜太后又说："以哀家看，你死后应当把皇位传给你的弟弟光义，光义死后传廷美，廷美传德昭，德昭传德芳，这样，我们的江山将永不会失落。"

众人都看着赵匡胤，赵匡胤哈哈大笑。他的母亲也哈哈大笑。母亲很明智，她是不会干涉国家大事的，只是说说而已，她绝对相信自己儿子的聪明程度不亚于任何人。

没想到，说者无心，听者有意，赵光义就上了心。其实，只要能够使江山永固，老百姓能过上安定富足的生活，对赵匡胤来说，他们一家人谁坐皇位，都是可以的，如果条件到了那一步，这个皇位传给弟弟赵光义也没有什么。然而，这个弟弟心也太急了，竟暗暗培植自己的势力，想要篡位。

这些大臣们说的，他当皇帝的哪有不知？

开封原是后周的都城，在他赵匡胤建立大宋以后，也便很自然地成了大宋的都城。为了实现政权的顺利交替，他对后周的所有，差不多是全盘接收。在五代当中，有四个朝代都建都在开封，后梁、后晋、后汉及后周。经过这四个朝代的修建，特别是后周的时候，国家慢慢繁荣，开封城内的人口也急剧增多，房屋密集，一旦有火灾发生便会殃及一片。百姓住宅连续扩建，堵塞了交通，造成了交通不顺畅难以通行，所以，周世宗柴荣对京城进行了大规模的改建，修建了一座周长差不多有五十里的外城，将一部分居民安置在了城外头。将影响交通的民宅尽皆拆毁，以拓宽交通要道。将城内全部的坟墓都迁到了城外面，重新掩埋。此后的京城开封，形成了三重格局，外城、里城和皇城，开封城已经形成了一个统一大国的京都规模。而这一切来得又是多么的不容易，每一步赵匡胤都是亲身经历和有切身体会的。当初周世宗柴荣皇帝迁置城内居民，摧毁房屋的时候，居民是多么的不情愿啊，朝廷作了多少难，挨了多少骂！那时候，柴荣皇帝还很乐观地说："现在你们骂吧，到时候，你们就知道这样做是多么好了！"

不仅如此，开封的陆路和水路交通都四通八达，非常便利。在陆路方面，有几条主要的干道。自京城向北，途径滑州、檀州、大名，能到达河北的很多地方，还能直通契丹京都南京（今北京）。向东，也有两条主要的干道。一条是经过曹州、济州、兖州、齐州，能够到达山东半岛等地；一条是通过南京，这个"南京"指的是现在河南的商丘，经徐州到达海州（今江苏连云港）。向南的道路经过陈州，能达到淮河中游的许多地方。向西，道路能通过西京，进而达到秦州（今甘肃天水），还有蜀地。

京都开封有陆路的便利，又是一个以水路交通为主的城市，是全国水路交通的中心。汴河、黄河、惠民河与广济河这四条河皆能够漕运，特别是汴河最为重要。他经过京都开封向南流入淮河。

开封人口众多，特别是在采取"强干弱枝"的策略之后，开封有为数不少的禁军，差不多占了全国军队数量的一半。这么多的人口仅凭开封和周围那些生产力是难以维持日常用度的，而这些东西就要从江淮一带运来。可见汴河是多么的重要。

在后晋的时候，石敬瑭那个混蛋为了让契丹支持自己，把北方的燕云十六州拱手送给了契丹，自此后北方的门户大开，契丹能够直接入侵中原，对中原有着很大威胁的周边政权也自北方转到东北方。作为对东北局势转变的必然反应，中原朝廷也要将都城建于东部地区，来对契丹进行有效的抵御和控制。不然的话，那真是麻烦。

总的来说，自经济重心的东移和军事格局的变迁来看，中原朝廷的定都一定会相应地东移。宋朝把京城建在开封不但是对五代都城的承袭，也是历史的必然选择，然而，什么事情皆有好处也有坏处。对于大宋都城来说，开封是典型的"四战之地"。也就是说，京城开封四周一马平川，交通是很便利，然而，无要塞之险、要塞之固。

赵匡胤对他的那些大臣们说："开封没有名山大川的天然险阻，易攻难守，因此朕才要迁都洛阳，更长远的计划是要把都城迁至长安。"

其实，他也明白，此时的洛阳作为都城，并不比开封好。单从军事来看，西京确实优于东京。西京是山河拱戴的地方，北靠邙山，南依洛河，东据虎牢关，西控函谷关，能够很好地周旋。如此的地理条件，当然是易守难攻。然而，就像扈卫铁骑左右厢都指挥使李怀忠所说的，自从唐朝安史之乱后，西京洛阳连遭兵燹，慢慢衰败了下来，整个中原的经济重心一步一步地往南迁移，朝廷的物资和官吏的俸禄以及国家的粮食，皆要依靠南方来供应，需通过水路自长江中下游地区运来，并且自东京至西京的水路漕运差不多也已经完全废弃。而且西京的陆路交通条件还远不如西京漕运通畅，比东京差很多，这一次来他不得不下令军队进行城市内部的水路疏浚，来方便运输一些必要的物资。这样看来，西京如果真成了大宋的都城，物资供应就一定会成为一个沉重的负担。

对于身边大臣们的进谏，赵匡胤都故意不愿去听，他就是要看看自己一向疼爱的那个兄弟会如何表态。心想："你不是羽翼已经长成了吗？我就是看在你是我亲兄弟的份上，不杀你，这样一迁都，便会彻底摆脱你苦心经营的势力范围，看你那点势力还有何用！想和亲哥哥争皇位，真是太不念兄弟情谊了！"

时刻悬着一颗心的晋王赵光义终于跪下来求哥哥了，说："陛下，迁都西京，肯定是不可行的。"

赵匡胤看着这个弟弟说："迁都西京还不算是最好的，最好的是将京城迁到长安。"

然而，当时的长安经过了唐末五代之乱，比西京还要荒废，肯定是更不可行了，但是这样也会离赵光义的势力范围更远一些。因此晋王更是急了，听哥哥的话音，也好像是觉出了自己的什么，于是几乎是哭着叩头，恳切地进行劝谏，说："实在不可行呀，皇兄！长安还不如西京呢！"

赵匡胤道："朕把京都迁至西京，没有别的意思，就是想依靠西京的高山大河之险来对敌人进行防御，也借此能裁掉那些不必要的军队，以减开支，仿效周朝和汉朝，以安天下。"

赵光义诚恳地说："治国安邦之根本主要在于德政，而不在于天险，望皇兄三思！"

赵匡胤一听弟弟说"德"，他就没有什么话说了。只是心里笑道："看来你还是知道德的，既然知道德，你还会做出那样的事吗？这次仅是给你一点警示而已！"

赵匡胤听到了弟弟赵光义的关于德的话，就比较放心了，待弟弟走了之后，便对自己身边的人道："晋王说的也许真是有理，今天先就听了他的话，暂不迁都了。然而，这样不出百年，天下的民力就会消耗殆尽了。"

于是，次日便下诏：返回东京。

从三月初九由东京出发，至四月十五返回东京，皇帝此次西巡，前后经过了一个多月的时间。皇帝赵匡胤迁都西京的想法也于众大臣，特别是晋王的苦谏之下而废止。

不过，此行皇帝赵匡胤内心是满意的，也自认为达到了目的。

# 不明不白暴卒

然而，赵匡胤西巡的目的达到了吗？事实证明，没有！而是适得其反！赵匡胤还为比搭上了自己的一条性命。

赵匡胤西巡后，本来是打算回来要彻底收复北汉的，以前已经攻打过北汉两次，都以失败告终，此次他是下定决心了，收复北汉也真正提到议事日程上来了，按步骤也该了。

没有想到，他这一生再也去不成北汉了。

公元 976 年 10 月 20 日，大宋王朝发生了一件大事。宋太祖赵匡胤猝死，而且在死之前，只有皇弟赵光义和他在一起。并且事后，还出现了一个冠冕堂皇的传说。

说是，赵匡胤在当皇帝以前，就和一个道士成了好友。此道士名叫张守真，能通神灵，能预言祸福。赵匡胤总是和他在一起喝酒。有一天，道士喝得酩醉，顺嘴唱了一首歌子，歌词的意思是赵匡胤日后要当皇帝。

自从那以后，两人就再也没有见过面。赵匡胤即使想见那道士，也不知道那道士在何方。

直到开宝九年，赵匡胤在举办上巳节活动的时候才跟那道士碰上。此时，赵匡胤果然当上了皇帝。赵匡胤见到那道士当然很是高兴，道士笑着对赵匡胤施礼道："别来喜安？"

赵匡胤赶忙把道士接到了宫内，和原先一样开怀痛饮。喝酒的过程当中，赵匡胤说："朕早就想见你了。"

道士说："哦？陛下必定有事。"

赵匡胤说："朕想见你也没有什么重要的事情，朕只是想知道自己还有多少寿命，请告诉朕一个确切的时间。"

道士说："只要这一年的十月二十日夜晚天气晴好，那陛下还能活上一纪。若是天气变了，那陛下就赶紧办理后事吧。"

赵匡胤便在心里记住了道士所说的话，至十月二十日的那一天晚上，便特别地留意观察天气。

那一天晚上，他登到楼上仰头仔细观看，令他喜悦的是天气晴朗，星光满天。他正自欣喜，谁料，天气突然起了变化，四周都阴沉沉的，飘起了大片的雪花。赵匡胤的心也彻底凉了，知道自己的寿限已到。于是急忙下楼，召弟弟赵光义进宫。

赵光义来后，哥儿俩对桌饮酒，由于关系重大，便屏退了左右服侍的人。这些人只能从远处看到他们哥儿俩在窗内映出的影子。

于蜡烛的闪耀间，朦朦胧胧遥见赵光义间或离席，好像是在向赵匡胤诉说自己难以胜任的样子，在逊让与谢绝什么。

——你看赵光义这个人是多么的谦虚呀，给他皇帝他都不当。还反复谦让呢！

他们哥儿俩饮完酒时，已经是午夜了，宫外的雪也积了很厚了。哥儿俩来到殿外看雪，赵匡胤用柱斧——也就是水晶做的工艺品

——来戳地上的雪，看雪的厚度，一边回头对弟弟道："好做，好做！"

——这是哥哥在宽慰和鼓励弟弟，要把自己的皇帝位置让给弟弟了。皇帝这个担子也确实太重了。

说完这样的话，赵匡胤和兄弟就回殿脱了衣服睡觉了，宫内的人时不时地能听到赵匡胤如雷的鼾声。然而，天快五更的时候，赵匡胤就驾崩了。

赵光义接受遗诏，于赵匡胤的灵柩前即了位。天亮以后，赵光义又登上朝堂，向所有的大臣们宣示赵匡胤的遗诏。

然而，事情真是这样的吗？

# 48
## 狗急跳墙

事情真不是这样。事情的真相是弟弟用毒药把哥哥给毒死了。而且，就在第二天的清晨，弟弟就即位当了皇帝。由于哥哥死得突然，死得蹊跷，世人都怀疑，于是，弟弟就设法编造出许多鬼话来混弄世人。

还有的后人不知道柱斧是什么，说是赵光义用柱斧把赵匡胤给砍死了，其实，那柱斧并不是用来杀人的，仅仅是当时一种供观赏和玩耍的用水晶做的工艺品罢了，一般是杀不死人的。何况要是硬打的话，两个赵光义也不是哥哥赵匡胤的对手，赵光义的那点武艺还是赵匡胤教的呢！

说起那柱斧，有一次，赵匡胤忙完国事，也是累了，就领着两个侍卫在御花园里打鸟雀散心玩，正用弹弓玩得起劲，有一只很大的鸟雀落在前面的枝头，左右摇摆着小脑袋鼓动着圆眼睛看，就在赵匡胤正要拽弹弓去射的节骨眼上，一个大臣慌慌张张地从外面跑进来了，喊道："陛下，陛下，臣有要事要奏！"

赵匡胤觉得已将国事处理得有条不紊，不会有什么大事情发生，便先打手势要他先别出声，免得惊跑了那鸟雀。然而，这个大臣不听，依旧大声说话："陛下，打个鸟雀有什么要紧的，还是要以国家大事为重！"

赵匡胤听他这样说，就放弃了那雀，问他到底有什么事。谁知这个大臣却奏了一个街上几个泼皮打架的小事。赵匡胤再回头看那鸟雀，早飞没影儿了。气得赵匡胤拿起柱斧就向大臣打去。只听"啪"地一声，那柱斧就打在那大臣的嘴巴上，将这个大臣的两颗牙齿给打掉了……

所以说，这柱斧最多只能伤人，不可能杀人的。

再说赵光义，从西京回来后，他心里可不像哥哥赵匡胤那样的平静。那时候赵光义也明白哥哥已经发觉了自己的阴谋，不然为什么执意要迁都西京呢？自己再不出手，恐怕这一辈子就别想出头了，反正是被发现了，不如就来个一不做二不休！俗话说兔子急了还咬人呢！

下定了决心，就一定要做！医官程德玄素来和赵光义有勾结，毒药就是在他那里配制的。

话说这程德玄还有一个朋友叫马韶，这马韶平时就爱研究些星象之类的。那时候，赵光义是京城开封的府尹，是这个地方上最高的长官，他曾明令禁止不许私自研究这类学问，因此虽然是好朋友，为了避嫌，程德玄此后也和马韶来往很少。这马韶心里也清楚，一般情况下也不登程德玄家的门。

可是，开宝九年十月十九日那天，也就是赵匡胤死前的那天黄昏，马韶实在憋不住了，一定要亲自造访程德玄。他知道好朋友程德玄是晋王的人，他自己也想依靠晋王这棵大树，然而总是无门，今观天象，忽然发现晋王那颗星很是发亮，于是他就向好朋友献计来了。他告诉好朋友说："明日是对晋王非常有好处的日子，因此我专门过来对你说。"

这程德玄听了心里一阵激动，想晋王这次可能要发迹。自己是晋王这一派的人，如果晋王发迹了，还能少得了自己的好处？于是，急忙去见晋王赵光义。

赵光义听了，心里更是波澜起伏，也觉得是时候了，此时不干，更待何时？于是立刻让人把马韶软禁了，免得他走漏了什么风声。

这赵光义心里也很是相信这星象学的。

赵光义和亲信家人秘密计议一番，向医官程德玄讨了毒药，说是要和哥哥赵匡胤交交心，就进了宫。赵匡胤也想，近几年因为忙于国事，弟兄二人的确是缺乏交流，有了一些隔阂，于是便在宫内设了宴席，屏退了左右，和弟弟对饮交心。

虽然赵光义也会武功，但他知道，在哥哥面前动武那简直是在班门弄斧——不知天高地厚，哥哥心地善良、仁厚，极其重视亲情，自己也可利用这一点暗暗地除掉这个伟大的哥哥。

在医官程德玄交给晋王毒药的时候，晋王就对程德玄说："你的药可一定要管用呀，不然的话，我们都完了。"

尽管这程德玄在医学上还有些道行，也相信自己的本领，然而在这么大的事面前，还是有点踌躇，但他仍说："晋王放心吧，臣知道此事重大，如不灵验，就砍了我们的全家！"

赵光义拍了拍他的肩膀，以示信任。

赵光义在和赵匡胤喝酒当中，趁赵匡胤不防备，便在他的酒杯内做了手脚……这种毒药不会立刻发作，不过也过不了半个晚上。这是赵光义最理想的药，不然赵匡胤喝了这种药立即毒发身亡，自己还就麻烦了。必须要等自己离开宫中以后……

赵匡胤与赵光义喝完酒，就进去睡了，赵光义也回到了晋王府。

四更天的时候，皇帝赵匡胤驾崩。这种特制的毒药不流血，好像饮者也没有什么痛苦，喝完一觉就睡过去了。

孝章宋皇后命内侍都知王继恩赶紧去叫儿子秦王赵德芳来，这是让秦王赵德芳来继承大统。然而，这内侍早已是赵光义买通的人，成日里就是想着要晋王当皇帝，此时正是个绝好的机会，哪会去通知秦王赵德芳？于是便转向晋王府。

此时晋王府的门前正坐着医官程德玄，他是不放心，害怕自己的药起不到预期的效果，心里不安，于是就坐在晋王府门前等候消息。王继恩来的时候正好碰上程德玄，一见程德玄，好生奇怪，就问："你怎么坐在这里，天不明不亮的。"

程德玄心里很是慌乱，但脸上还要强作镇静，好在不是大白天，这内侍王继恩也看不出什么来。程德玄便撒了一个谎说："二更天的时候，有人叫我的门说是晋王要召见我，我出得门来却看不见一个人影，刚开始的时候还想着是耳朵有毛病听错了，谁料，这个人竟叫了我三次门。我害怕晋王身体真有不适，因此便前来候命。"

王继恩听了，觉得很是蹊跷，便也将宫内之事告诉了程德玄。程德玄一听，心中的大石头总算是落下了——大事定矣！

他们两人一起去叫晋王的门，赵光义知道了结果，心里很是快慰，但还是装出一副一分震惊和痛苦的样子，说："真的吗，昨晚我在宫中的时候，陛下还好好的，怎么一会儿就……"

听说皇嫂叫德芳，他心里一时犹豫着不敢去，说要跟家人商量一下，就进内宅去了，好长时间没有出来。王继恩和程德玄在外面都等得急了，于是就不管不顾地进去催促说："晋王不要犹豫了，时间一长，这皇位恐怕就被别人得了。"

于是，晋王什么也不说了，和他们两个踏着积雪，步行走进宫门。

进入宫门之后，王继恩害怕皇后怪罪，就对晋王赵光义说："晋王可在奴的直庐稍候片刻，待奴先进去向皇后娘娘禀报一声。"

晋王还未说话，程德玄便着急地说："还等什么？最好是直接进去！"

于是，三人一道进入内宫。皇后没有想到来的竟然是晋王赵光义，听到外边有人进来，就认为是王继恩带儿子来了，便在里边问道："是德芳来了吗？"

三人的脚步并未停，王继恩道："晋王来了。"

孝章皇后一向是个柔弱女子，从来不过问国事，到这个时候，显得手足无措，此时见来的人竟然是晋王，心里更加慌乱和吃惊，顺口便道："官家。"

这一声官家叫得赵光义心里定下来了，因为官家是宋室对皇帝的称呼。只见皇后又接着说："哀家母子的性命就全托付给官家了。"

赵光义心里更是彻底踏实了。仿佛他就是皇帝了一般，也不谦让，就说："同享富贵，无需担心！"

就是如此，赵光义便成了大宋的皇帝，《辽史》记载说："十一月丙子，宋主匡胤殂，其弟炅自立，遣使来告。"

"炅"是赵光义当皇帝后为自己起的字。赵光义是善为自己改名改字的人，赵匡义、赵光义、赵炅，寓意一步一步升高……

# 49
## 提升与残杀

赵光义当上皇帝后为了稳定人心，除了给予朝中大臣升官赐爵外，对他那些死党的赏赐更是异常优厚。

就说那个在关键时刻给他通风报信的太监内侍王继恩吧，赵光义对他很是宠信，宠信得使那些当官的人都开始巴结他，走他的门路，结果也都得到了想要得到的。赵光义加封王继恩本人为剑南西川招安使，命他掌管一方军权。他作为一名太监，赵光义真是对他好透了。

赵光义当皇帝后拜给他研制毒药的程德玄为翰林使，没有多长时间，又升至刺史的位置。赵光义非常宠信他，使他周围的人都心热眼红，当然也聚集了不少阿谀奉承之人。不过这个人非常贪财，经人多次举报，赵光义不得不派人查证，然后给予降职处分。他为此心里对赵光义大为不满，暗地里说赵光义是过河拆桥的小人。因为不仅赵光义毒死赵匡胤的毒药是他所赐，赵光义毒死的好多人所用的毒药也都是他暗地里所授。

公元 978 年，南唐伟大的词人皇帝李煜就是死在程德玄所授赵光义之毒药。

公元 988 年，吴越国主钱俶做六十大寿，在赵光义赐宴后，也突然死亡。

……

赵光义对于毒药是非常喜爱的，而这个爱好贡献者就是程德玄。赵光义用他的毒药悄无声息地消灭掉了不少对手。

那个预告赵光义要发达的研究星象的马韶因为及时让程德玄向赵光义通告也跟着发达了。在赵光义当上皇帝后，对这种星象学更是迷信。觉得马韶能预知几个小时后将要发生的事，真是神奇得令人害怕。

赵光义立即将本是平头百姓的马韶提拔为司天监主簿，负责国家天文的一些日常事务，宋朝以前还没有过这样的官职，是马韶开了先河。

就在当上皇帝数日后，赵光义在全国范围内下了一道搜捕令，命令将全国各地从事天文和术数的人皆送至京都开封，胆敢有藏匿，当即弃市；有告发的，可获三十万赏钱。

次年的十一月，赵光义把自全国搜捕到的三百五十一名这一类人进行了安置。他们当中有六十八人进入了司天台，为国家服务，剩下的将近三百人颇为倒霉，不但没有在朝廷的衙门任职，脸上还被刺了字，做了记号，定了个"矫言祸福，诳耀流俗"的罪名发配到海岛去了。

赵光义对这些人处置得非常干脆果断，力度还很大、很强硬，主要是想禁止对自己不利的社会舆论和流言于民间传播，这些人在民间总是社会舆论和流言的制造者。

赵光义当上皇帝后对宗室内部也进行了一系列清算，他哥哥赵匡胤是那样仁厚，而他恰恰和他哥哥相反，阴狠毒辣！为了他个人的利益，谁都不会放过。

当然，他的阴狠毒辣并不在表面显示出来，还要想方设法进行掩盖。

为了显示自己和哥哥一样宽容，也为了赢得人心，赵光义在自己刚当上皇帝的时候，对哥哥赵匡胤的儿子和他的弟弟全给予了相当好的看顾，让赵匡胤的二儿子赵德昭当了永兴军的节度使兼任侍中，四儿子赵德芳当了山西道的节度使兼平章事，让弟弟赵廷美当了开封府的府尹，且给予赵匡胤和赵廷美的儿子与女儿"皇子"、"皇女"的称谓，就像是他自己的孩子似的。然后，又下令，将弟弟赵廷美和侄子赵德昭的上朝次序排在了丞相的前面。当然了，赵德芳的位次没有被排在丞相之前，因为赵德芳本来是要做皇帝的，若不是内侍王继恩通知了赵光义而没有通知赵德芳，赵德芳就是皇帝了。赵光义忌讳这个，这是压在他心中的一块石头。

先不说那赵德芳心里是怎么想的。虽然皇室内部对赵光义夺了皇位都有不满，充满怨恨，但经赵光义一番抚慰、提拔，一个个在心里也承认了他的地位，接受了他皇帝的身份。

然而，他们却都不知道皇帝赵光义在按他的既定计划一步一步实施着。他心里很清楚，就皇室里那些人来说，皆有可能代替他当皇帝，他是从这些人的手中抢来帝位的。他必须要来个釜底抽薪，将他们彻底除掉不可。

只要想除掉，机会总是有的。先是赵德昭死了。赵匡胤一共有四个儿子，老大和老三都是在很早的时候就夭折了，只留下老二德昭和老四德芳兄弟两个。

赵德昭死的那一年是太平兴国四年（公元 979 年）。

顺便说一下，新皇登基后，一般皆要改变纪年的年号，叫做"改元"。改元也就是说进入了新皇的时代，不同于先帝那个时代了。所以古代帝王一般都对改元很是看重。也因为看重，历代便形成了一个礼制的规则，在先帝去世以后，新登基的皇帝为了缅怀新逝的先帝，通常要在先帝死后的次年才能改元。当然，也有在当年就改元的，那些是篡位的皇帝。比如唐代的肃宗皇帝。在安史之乱当中，没有经过他的老子唐玄宗的允许便自己于灵武当上了皇帝，将他的老子远远地称为太上皇，改元为"至德"。这赵光义也是如此，在哥哥赵匡胤驾崩的当年就急不可待地改了元，而且是在那一年的十二月的二十二日，连七八天的时间都等不了了。他为自己改的年号就是"太平兴国"。

再说这太平兴国四年，赵德昭跟着赵光义去打幽州。有一日晚上遭遇契丹军的袭击，忽然不见了赵光义，军中的将士们都不知道他在哪里。有不少将士都想皇帝被契丹给杀死了，很是着急，于是就纷纷议论："国中不可一日无主，何况这还是在两军阵前，没有一个中心怎么能行呢？干脆立武功郡王为帝算了！"

武功郡王也就是赵德昭的爵号。

谁想，赵光义并没有死，他又回来了，知道这件事情后大为不悦，心想："这个小王八羔子，我还没有死呢，他就想当皇帝，就盼着我死——留着他也是祸害！"

由于心中有气，待班师回京后，赵光义便以出师不利为由不对出征的将士们进行赏赐。将士们都怂恿赵德昭去找他的皇帝叔叔请命，然而，此时他的皇帝叔叔正有气没处撒，便恶狠狠地大声冲他发火道："等你顶替了我的位置以后，再对他们进行赏赐吧！"

弄得赵德昭差点晕过去，他明白叔叔是怀疑自己要篡他的皇帝位了，便摇摇晃晃地回到自己的住处。他心里极其的郁闷，他平时最喜欢吃肥肉，于是就命人端上来，可此时吃着也没有什么味道，但他还是不自觉地往下吃……当晚郁闷成疾，就死了。

赵光义知道后，心里又亮堂了不少，小声说："拔个萝卜地皮松！"

但他还是来到德昭的王府，假意抱着他的尸体大哭了一番，说："你这个傻孩子呀！"

赵德芳不傻，但在哥哥赵德昭死去一年多后，也死去了，年仅二十三岁。那一年三月的一天晚上，他也是和父亲一样，在床上睡着睡着就死去了，你说奇怪不奇怪！

其实，这都是赵光义暗中买通了赵德昭和赵德芳身边的人，在他们的饭食中做了手脚，下了药。

接着便轮到了赵光义自己的亲弟弟赵廷美。作为弟弟的赵廷美也是能够顶替他当皇帝的，他当然也是担着一份心的。

赵匡胤两个孩子的接连死亡，不能不让人心生怀疑，加上赵匡胤死得不明不白，不能不让有关的人员担忧，特别是赵廷美……

赵光义为了消除人们对他害死兄长的猜忌，也为了给自己继承哥哥的皇位有个堂皇的说法，在把哥哥害死五年之后，他又推出了他的"金匮之盟"——这在下一节里会专门介绍。

他的"金匮之盟"的说法，本来源于杜太后在世的时候，一家人那次闲谈，说在皇位继承上要兄死弟及。而按那次闲谈的说法，下一个当皇帝的也就应该是他的弟弟赵廷美了。

那赵廷美还活得成吗？

赵廷美心里很郁闷、很紧张，暗地里和妻子商议，妻子也很是担心，要他去找皇嫂孝章皇后说说这事。然而孝章皇后只会哭泣，还担心身边有赵光义的耳目，说："现在哀家还有什么办法？如今他是皇帝。"

赵廷美听了揪心，默无言语。

孝章皇后说："都怪哀家太软弱，当初一害怕就叫他是官家……"

……

没过多久，皇帝赵光义的矛头很快就对准了赵廷美。赵光义的计划很是周密，在自己刚当上皇帝的时候，便让弟弟赵廷美做开封府尹的位置，这也是他以前的官职，使人们都感觉他待自己的兄弟不薄。他很清楚，若做得过急了，事情就会向反面发展，令人心生怀疑。

你看他怎么摆治赵廷美的吧，他施行的是三步走的战略。

第一步，要先找个借口，将赵廷美的开封府尹的官职给罢免了，让他当西京留守。

第二步，暗令赵普授意开封府尹府的李符上表朝廷举报赵廷美，说："赵廷美无悔过之心，而且对万岁心存怨恨之情，为了避免发生什么变乱，还是把他安置到远离京城的地方吧，这样，才能让人安心。"

赵光义当即诏准，并显出一副以身作则、大义灭亲的样子，王子犯法与庶民同罪，把自己的弟弟赵廷美降为涪陵县公，安置到房州（今湖北房县），在神农祭北边不远。

房州是非常偏远的地方，让一个王去一个非常偏远的地方当一个小小的县公，这对赵廷美的打击是多么大呀，这和让他死也差不了多少了。

然而，赵光义还是不放心，又暗中命人下药将赵廷美给毒死了。有人说他是忧郁成疾而死的。其实不是，是赵光义给毒死的，和毒死赵德芳一样的方法。

这样，他好像也就放心了，侄子和弟弟都死了，只剩他一家人了，没有人跟他争皇位了。他就是以后死了，皇位也是传给自己的后代儿孙，让自己的后代儿孙代代相传……

然而正在他得意的时候，突然见他最喜欢的儿子府中人来报，儿子赵元佐在家中出事了，在拿刀乱砍人。

——赵元佐疯了！

刚开始是赵元佐正在窗前沉思默想，突然一个仆人不慎将椅子绊倒了，打断了他的思路。其实这也没什么，极平常的一件小事，然而，他却反常地拿起刀来就砍那仆人，脸色都变了，目光也变得痴呆，嘴唇还哆嗦着，不住地说着："你这个家伙，你这个家伙……"

那仆人不想因为一点小事便挨了刀，惊恐得拔腿就跑，赵元佐就手举利刃在后面追，谁拦就砍谁。

于是众人就都知道他疯了。

赵光义听说后赶紧去儿子的府邸，让人控制住了儿子。令他遗憾和痛惜的是他最钟爱的大儿子赵元佐不知道因为什么，真的发疯了，连他这个皇帝老子也不认得了，还要拿刀来砍他。

其实这个赵元佐从小就很聪明，懂武功，好军事，且长得非常像赵光义，这也是赵光义非常喜欢他的主要原因。

只是赵光义自己造孽，他的家人并不都像他一样阴狠。他的这个善良的儿子原来和叔叔赵廷美关系非常好，叔叔平时非常照顾他，不管是在战场上，还是在生活中，都让他学会了许多东西。有一次在战场上一员敌将趁他不防从斜刺里向他杀来，若不是叔叔奋不顾身地冲过来，他就死在了那员敌将的枪下了。

赵元佐和叔叔赵廷美的感情非常深。

在赵光义要贬赵廷美去房州的时候，赵元佐就替叔叔苦苦地向父亲求情，希望能留叔叔在京城。然而，赵光义是铁了心的，哪会听他小儿之语？

赵廷美在房州死后，作为和他关系最好的侄子赵元佐彻底心灰意冷了。他看到了自己的父亲在人面的掩盖下，心灵是那么的丑恶和阴狠，简直就不像个人，为了一个皇位，残杀自己的伯父和家中其他骨肉至亲，他实在是承受不住，就疯了……

公元 995 年，孝章皇后去世，赵光义在她面前说的"共享富贵，不用担心"的面纱也彻底揭去了。她死后，赵光义没有按照皇后的礼节将她下葬，甚至都不允许大臣服丧。

孝章皇后死后，赵光义把她的棺材放在普济寺，放了三年，方用一个根本不够皇后规格的葬礼草草地埋在了她的丈夫赵匡胤的永昌陵北邻。

这让当时很多人不解，都纷纷说："这孝章皇后这样的贤德，一直性情很柔顺，并且严守礼制，毫无过错，皇帝却为何不用皇后的礼节安葬她呢？"

"这对得起太祖在天之灵吗？"

这就有了不平者。包括一些大臣们也都在议论。翰林学士王禹偁就很有意见，他在下边对人说道："孝章皇后也曾经母仪天下，现薨，就应该依照原有的规定，用皇后的礼制进行安葬。"

王禹偁之言不但没有取得好的效果，反而还让皇帝赵光义感觉大为丢面子。于是赵光义非常厌恶和嫉恨这个王禹偁。过了一段时间终于找了一个借口，以"谤讪"罪将王禹偁贬为了工部郎中、知滁州，说他是造谣污蔑，目无尊上。

赵光义办的这些事，不光当时的人大为不满，就连后人也是颇有微词的，对他的人格评价相当低。

# 所谓的金匮之盟

　　赵光义用毒药毒死了兄长，篡夺了皇位。人们也都知道，赵匡胤死的时候，孝章宋皇后原是想把皇位传给四儿子赵德芳的。就是按历朝历代的规矩也是传给自己的儿子，很少有传给自己的弟弟的。这赵光义当上皇帝后，也害怕人家乱猜疑，人心不稳，就设法寻找他继承哥哥皇位的理由，设法证明自己继承皇位的正当性。

　　赵匡胤活着的时候，总以为自己身体好，不会马上死去，因此也没有选定个皇位继承人，谁成想，武功盖世，并且只有五十岁的他就被弟弟害死了。由于他活着的时候没有明确继承人，致使他死后，弟弟赵光义就能千方百计想出个自己继承皇位的理由来。

　　在赵光义当上皇帝五年之后，他和赵普终于想出了一个"金匮之盟"的好办法来证明他继承皇位的合理性。

　　赵普是宋朝初期政治上非常重要的人物之一，很受赵匡胤的信任，陈桥兵变、宋朝的建立、强干弱枝、杯酒释兵权，哪一个环节都没有少了他。他自乾德二年（公元 964 年）起担任宰相之职，赵匡胤一直都把他当成足智的谋士、得力的干将，他确实也为赵匡胤出了很大的力。可是随着他功劳的建立，权力的增大，他越来越认不清自己的位置了，好像是除了赵匡胤就是他了，甚至许多时候，他觉得自己比赵匡胤还要强，因为，赵匡胤诸事都要和他商量。他为此不把朝中大臣放在眼里，还常做出些违法乱纪的事。

首先是处事专断。在他当宰相期间，朝中的大臣无论是谁的奏章，只要是他看着不顺眼不合他意的，就一定会被他焚毁。

其次是排挤异己。赵匡胤感觉窦仪这个人办事非常有原则，想要拜为宰相。然而，赵普害怕窦仪这个人太过于讲原则，做起事来六亲不认，遇事很难和自己站在一边，便与一些人联合起来共同对窦仪进行排挤。如此一来，赵匡胤对窦仪的兴趣也就慢慢地淡了。

再次是嫉贤妒能，唯恐别人比自己强，害怕别人会超过自己，抢了自己的风头。有一次，赵普听皇帝赵匡胤夸赞一个叫冯瓒的人，说："这个冯瓒真是少有的奇才，应当对他进行大力提拔！"赵普心理上就承受不住了，心想："他是人才，那我是什么？我这宰相还当不当了？一定要找机会把他弄得离皇帝远一点。"

于是，也没过多长时间，他就把这个冯瓒远派到了蜀地当地方官去了。这样，冯瓒即使再有才能，皇帝也看不到了。

"有了成绩，我可以盖住他，不让皇帝知道，就什么也没有了。你再有才能也休想超过我！"

他还非常小心眼儿。在他当上朝中大臣之后，他便显出一副小人得志的样子，将贫贱的时候得罪过他的人全开列在一个名单上，想要让皇帝赵匡胤一个一个地收拾他们，说他们狗眼看人低。当然，赵匡胤是不会如此做了，还开导他说："若总是让人们自芸芸大众当中发现人才、发现皇帝，以便奉承巴结，为日后铺路，也免结怨，那个样子，人们全都像挖掘宝藏一样去挖掘，那什么事情也都不用去做了。"

最可怕的是赵普的结党营私。他除了习惯性地联合一些人一起对赵匡胤看中的人进行排挤之外，还犯了一个大忌，便是跟疏密使李崇矩结成儿女亲家。李崇矩的千金嫁给了赵普的公子，这并非是一桩平常的婚姻关系，而是宰相跟掌握兵权的枢密使二人之间的政治联姻。这样一联姻，就有可能会把皇帝给架空，甚至还可能会对皇帝形成控制。因此，这也算是很重要的政治事件。赵匡胤一知道这件事，就盯上了这件事，心想："他们到底想要干什么？"寻机便罢免了李崇矩枢密使的军职。

赵普经常以权谋私。他还私自收受吴越国送的黄金。朝廷严令禁止私运秦陇一带的木料，然而作为宰相的赵普却还是要去那个地方拉木料给自己建房用，还被人暗地里举报贩卖营利。并且他还私自用自己的空地来换取专门供给皇家的蔬菜"尚食蔬圃"的土地，来对自己家的宅子进行扩建，开设商铺和客栈，跟老百姓抢利。

赵普这些不靠谱的做法被他的政敌卢多逊告到了皇帝那里，卢多逊对皇帝一一陈述，也属正义行为。赵匡胤听了，非常震怒，想你赵普真是无法无天，你还宰相呢，如果查实，你这宰相干脆就别当了！

那时候赵普在朝中的党羽众多，赵普犯了罪，那些党羽们当然都着急，纷纷去找皇帝求情，千方百计地进行营救，特别是王溥也来了，说："念在赵丞相开国老臣，多立功勋……"

赵匡胤很是气恼，说："开国老臣就可以不守法了吗？多立功勋，就可以胆大妄为？你们还胆敢包庇他，为什么知情不报？"

弄得讲情的人也好没脸面，不敢再言语。

赵普的属下官员被治罪，赵普也被贬。开宝六年（公元 973 年），赵匡胤将他的丞相也给免了，让他带着同平章事的级别去了河阳三城当节度使。

这下赵普算是暂时老实了。

在赵匡胤不明不白地死去准备下葬的时候，这赵普当时对赵匡胤的忠心未尽，回想往日君臣之情，不免在家大哭一通。哭后心里还是放不下，感觉非要为先帝做些什么，就向朝廷上表，要求进京参加先帝的入葬山陵仪式。然而，赵光义并没有因为他亲近怀念自己的哥哥，就给他些好脸色，在准了他的请求后，顺势把他的同平章事的级别和地方节度使的官位也给免了，只命他担任一个太子少保的虚职。

在赵普当宰相的最后几年，赵光义和赵普的关系总是很紧张的，赵光义想当皇帝，而赵普却忠于赵匡胤，并时常防着赵光义，还在赵匡胤面前说一些赵光义不好的事情。

此时的赵普真是备受皇帝冷落，远离权力中心，更像是皇后被打入冷宫了一样。代替他当宰相的卢多逊还总是说他的短处，在新宰相的排斥下，赵普的日子更是不好过。那些原来和他亲近的官员也远离了他，甚至见面都不愿搭理他。他办什么事都不顺畅，一点小事，就会有人给他使绊子。

在赵匡胤没去世以前，他还总是怀有希望，总想着说不定哪一天，赵匡胤还会想起他，重新再起用他。没有想到，这么快赵匡胤就死了。他一时就觉着自己是彻底完了，永远也翻不过身来了。他也曾怀疑赵匡胤的死和赵光义有脱不开的关系，可人家现在是皇帝，自己一个落难之人，即便是不落难也斗不过人家呀，如以卵击石。自己总不能这么不识时务。

先走一步说一步吧！赵匡胤刚去世后那一段时间，赵普就是抱着这样的心态的。

过了一些时间，他就慢慢琢磨出道道来了。反正都是他们赵家兄弟的江山，都是大宋朝；自己应当懂得顺应时势，还应瞅准机会。

而此时的赵光义呢，也慢慢开始想起赵普了。原因是当上宰相后的卢多逊和赵光义的弟弟赵廷美走得很近，赵光义看在眼里，心里很是不舒服，你一个大宰相和我的弟弟赵廷美那么亲热干什么？想要谋逆呀？加上自己的皇帝身份本就来路不正，自然就会疑神疑鬼，也总是想着别人和他当初觊觎哥哥的皇位一样也觊觎着自己的皇位。这样一来，他就想要找一个和卢多逊对立的势力来打击卢多逊，想来想去，便还是觉得赵普最为合适，因为别人恐怕不是卢多逊的对手，而赵普的能力，赵光义心里是十分清楚的，这人只是以前不跟自己一心而已。可是现在先帝已经驾崩了，他赵普未必还会和自己作对吧？想他赵普不会是那样不识时务的人，看他当宰相时做的那些事，也不像是那样的人……

于是，在太平兴国六年的时候，赵光义召见了赵普。赵普也清楚，自己的转机来了，谈好了，皇帝这次必然会起用自己。赵普在心里做好了准备，叮嘱自己要认真对待此次召见。

在此次召见中，赵光义和赵普两人都很坦诚，他们两个是为了各自不同的利益走到一起来的，说是强强联合，还不如说是狼狈为奸。

赵光义向赵普分析了当前的政治形势，说了卢多逊和他弟弟赵廷美的关系。赵普听了，坚定地说："陛下只要给臣权力，臣就有办法惩治他们！"

赵普被召见之后，经过一番仔细认真地琢磨，他明了了此时赵光义的处境，也洞悉了他的烦恼，联想赵光义他娘杜太后在世时，他们一家人闲聊时说的话，就灵机一动，有了办法。于是马上写了一份密奏呈上去，说是密奏，其实是故意做的"掩耳盗铃"的把戏，也是故意让人家知道的。他的这份密奏，也就是"金匮之盟"的密奏。

他的"金匮之盟"是这样说的：建隆二年（公元961年），在杜太后重病卧床的时候，赵匡胤总是侍奉在母亲床前，端药喂饭，不离身边。可是，杜太后的病总是不见好转，并且一天比一天加重。这一天，杜太后把宰相赵普召进宫中，赵普来至榻前。杜太后对赵匡胤说："你明白自己能够取得天下的原因吗？"

赵匡胤此时已经哭得一塌糊涂了，哪还能回答母亲提出的什么问题？待到母亲将去之时，母亲昔日的爱在他脑海里反而更加清晰，这是人生当中多么痛苦的一个时刻呀，一般人都难以承受，何况赵匡胤这个大孝子？

杜太后说："问你呢，不要光知道哭？"

赵匡胤用锦帕抹了下眼泪。太后道："生老病死，这是谁也逃不掉的，没有必要那么悲哀，就是哭也无用。哀家现在要给你谈的是大事。"

赵匡胤抬泪眼看着娘。他娘说："你明白为何能从后周柴家手中取得天下吗？"

赵匡胤说："儿臣之所以能够取得天下，全是祖宗和太后积德。"

太后说："说一些有用的，根本不是那么回事，你之所以能够取得江山，主要是因为周世宗儿子幼小，不能管理国事所致。"

赵匡胤说："太后说得很对。"

太后又说："若后周有年龄大的人当皇帝，你能取得他们的江山吗？因此，以哀家看呀，在你百年之后，还是应当把皇位传给你的弟弟。一个这么大的国家，黎民又众多，要是能让一个年龄比较大的人当君主，这也真是国家和百姓之福。"

听了太后临终之言，赵匡胤俯首对太后道："儿臣谨遵太后教诲。"

太后见此，心里也安了，对于这样一个儿子，杜太后一向是感到自豪的，心地善良，为人宽厚，特别令人放心的是还非常有能力。但是她现在就要死了，死了就什么也看不到了，觉得还是把这件事坐实为好。她将赵普召来就是为坐实这件事。话说到这里，她又转脸对跪在一旁的赵普说："卿要把哀家适才说的话全记下来，不能违背，哀家也知道卿是最好的书记官。"

赵普当即在太后病榻之前，写好了誓书，然后于结尾处添上了"臣普记"三个字，且将它秘藏于金匮之内。赵匡胤为了让即将离去的母亲放心，又叫来宫里办事认真又可靠的人掌管此金匮。

如今的赵光义看了赵普的密奏，那真是大喜呀，禁不住连声赞说："人才，真是人才呀！"

然后，又想，怪不得哥哥在世的时候，那么器重赵普，他若是能真心辅助于我，那我就什么都不用怕了。

有了这个"金匮之盟"，赵光义当皇帝的事也就是光明正大、名正言顺的了。于是，他又马上召见这位"人才"，当面向这个"人才"致歉道："是人皆会犯错，朕也不能例外，朕虽尚未到知天命之年，却也明白了过去的四十多年不全是对的。"

一个皇帝在一个臣子面前能够这样说，赵普还能说什么呢？他真是快慰呀，将以前的一切不快全化为乌有。从此以后，要一心忠于赵光义了。

很快，赵普又重登相位，大权在握，卢多逊被贬谪。

这个"金匮之盟"和杜太后在世的时候他们一家人的闲谈内容差不多，故事情节也多有借鉴，从故事编造的水平来说，是很低档的，给世人留下了很多疑问，然而，在当时却糊弄住了很多人，对皇帝赵光义真是太有用了，简直是上天赐给他的祥瑞。

在私下里，有一次，赵光义曾问赵普说："爱卿怎么会知道当初太后和我们一家人的谈话内容？"

赵普说："先帝在世时，曾与臣言。"

赵光义心里很舒服，赵普的大才不仅在于他献了这个"金匮之盟"，还在于他将原有的闲话内容，从兄死弟及，轮着做皇帝，改为了只让赵光义一人继承皇位，你说他是多么高明！

此二人真是意气相投。

有一次二人在一起，赵普说："先帝当初要是听了臣的话，如今臣也就不能看见陛下的伟大之处了。"

赵光义则说："从那以后，朕有好多次都想要将卿杀死。"

两人相视一笑，感慨万千。

时光匆匆而逝……

# 51
## 秘密立下一块碑

不管怎么样，赵匡胤已经死了。然而，他的人格和为人处事的方法却永远让世人怀念和效仿。

他当初当上皇帝没多久，就于太庙里秘密立下了一块碑。这块碑影响了大宋各代皇帝，也显示了他在人格上的伟大。

这是一块誓碑。

这块誓碑第一条就是诏令他的后代皇帝们要善待前朝的宗室柴家后人，违者定遭天谴！

赵匡胤取得了后周柴氏的江山，按说在那个时代是再正常不过的事，并且其他人都做得很绝，都是把被取代者杀得片甲不留。这样的事仁厚的赵匡胤做不出，他当上皇帝后不但不允许伤害人命，对柴荣一家给予保护，还给了柴荣一家优厚的待遇。虽然这样，他还是觉得非常对不起柴家，当初柴荣是对他有知遇之恩的，对他那么好，栽培他、提拔他、信任他，把他当亲兄弟一样待，他因此心里总是有愧，这就像一座山一样总是压在他的心头，挥之不去。夜里睡觉他每每做梦，梦见后周的皇帝柴荣来向他讨回公道，说："赵匡胤，好兄弟，朕可是待你不薄，一直对你非常器重，精心栽培你，可你如今是怎样对待朕的？"

赵匡胤很是惶恐："臣弟很是惭愧，可是世宗年龄太小，不能驾驭大局，天下又乱了很长时间了，百姓苦不堪言，都想过上安定的日子了，天下需要统一，这也是陛下您平生所愿……也是臣弟一心跟随您、敬重您的地方。可是世宗他如今很难做到这样的事，陛下您可以仔细想想。"

柴荣良久不语。赵匡胤心里忐忑不安，也不敢抬头看柴荣的脸。半晌后，柴荣说："朕也知道你一向仁厚，为天下着想，所以才器重于你，你现在做的事也许是没有错的，以你的胆略，完全可以做到，朕和你想法相同，却不幸英年早逝。"

柴荣说："既然这样，你要好自为之，但不要亏待了我们柴家的人！"

赵匡胤说："陛下在世时的英明，臣弟谨记于心，有好多东西都沿袭您在世时候的做法。"

柴荣说："这你可看着办。"

赵匡胤说："好！"

在这样的心境下，他于建国的第三年便命人秘密镌刻了一块石碑。碑有七八尺高，有四尺多宽，上边镌刻着三行字：

> 柴氏子孙有罪，不得加刑，纵犯谋逆，止于狱中赐尽，不得市曹刑戮，亦不得连坐支属。
>
> 不得杀士大夫及上书言事之人。
>
> 子孙有渝此誓者，天必殛之。

此碑立于太庙寝殿的一个秘密夹室内，名为誓碑，用镶嵌金线的黄色丝幔遮蔽着，封闭得十分严密，不让任何人知道。每到四时祭祀与新皇登基之时，便由一个不识字的太监用钥匙把这个夹门打开，新皇进去燃香、跪拜和默诵碑文。无论什么样的大臣全不晓得这块碑上写的是什么，历代皇帝皆严守此秘，这是他们当这个大宋皇帝的底线，他们也不敢泄露，否则，这块碑上的誓言也无法遵守了。北宋的继任皇帝们全这样相承，按时拜读。

柴荣的儿子恭帝柴宗训在大宋建立三年后患病去世，赵匡胤很是揪心和悲痛，素服发丧，还下诏停朝十日，以示哀悼。

这块誓约碑上面的誓言，在整个北宋王朝，每一个皇帝都自觉遵守。不仅是因为对赵匡胤的尊敬，更重要的是他们迷信得很，认为有这块誓约碑，就有了神灵在冥冥之中监视着他们，"子孙有渝此誓者，天必殛之"。

于是，大宋的所有后继皇帝们便很少对臣下进行诛杀，大宋的所有子民纵然都不晓得皇帝家藏有这块誓约碑，然而由于每任皇帝都自觉遵守不杀士大夫这一誓约，使所有的臣民也都总结出了这一规则，体会很是深刻。

宋仁宗的时候，赵家的统治凸显弊端，激化了社会矛盾，淮南一带出现了一些绿林义军，四处打家劫舍，和官府作对。其中有一支义军途经高邮的时候，高邮知军心内思忖难以抵御，为了保一方平安，他便号召当地的富人出酒拿钱，对这些军队进行慰劳，并且主动送给了他们不少财物作礼。这支义军受到如此优待，感觉此地风土人情不错，很是高兴，也就没对他们进行任何骚扰，径直过去了。朝廷知道此事后，一片哗然，一时间议论纷纷，仁宗皇帝也大怒。上上下下没有不说这个高邮知军该死的，即便不是通匪，但这么亲近匪军，也是死罪。不少大臣都向皇帝建议说："陛下，像高邮这样的官吏实在丢朝廷的脸面，应当即刻拿下处死！"

然而，却独有范仲淹极力反对这样的做法。范仲淹当时是副宰相参知政事，他说道："从我大宋建立以来，根本没有过擅杀大臣之事，此为一个令人称道的盛德之事，如何便把这样的好规矩破了呢？"

众人一听此话，就无人言语了。仁宗便不再下令诛杀高邮知军。

宋神宗的时候，朝廷军队在陕西边境作战，屡屡吃败仗。神宗感觉是手下人不尽力所致，就下令斩杀一个负责漕运的官吏，以儆效尤。

次日，宰相蔡确上朝奏本。神宗问他说："朕昨日下令要杀的那个漕运官，已经杀了吗？"

宰相蔡确道："还没有，臣正要向陛下奏明此事。"

神宗有点不满，说："难道杀他还有什么不妥吗？"

蔡确回答说："打自建宋以来，就没有斩杀士人的先例，臣等不愿陛下开此先例。"

这一番话，说得宋神宗很是气馁，不禁想起太祖那个誓约碑来，他真是无可奈何呀，只好恨恨地道："那就在他脸上刺字，发配他到偏远的又穷又恶劣的地方去！"

众文臣听皇帝如此说，都心里不好受，门下侍郎章惇出班奏道："陛下，若如此，还不如将他斩于市曹。"

神宗不解，刺字、发配，总比死强吧？说："爱卿如此说何意？"

章侍郎理直气壮地说："士可杀，不可辱！"

这一下把神宗皇帝给惹火了，杀不能杀，刺字发配也不行，他声色俱厉道："一件让朕快意之事都做不成！"

章侍郎也不害怕，说："陛下，如此快意之事，就是不做也好！"

神宗一时很泄气，也真是没有什么办法，最后也只能是顺着这些文臣们的意思办理。

就北宋之情形来看，赵匡胤所立誓碑，虽不为天下人知，然而不杀士大夫之做法一旦成为惯例，便像一种无所不在的政治原则，束缚着北宋所有后继皇帝们不能恣意而为。

元祐八年（公元1093年），宰相吕大防借哲宗皇帝听御前经筵的机会，全面总结了一下宋朝的祖宗之法。当中的一条就是宽仁之法。吕大防解释道："过去的王朝用苛刻之刑，只要是犯了稍大一点的罪就会被杀头，出现些小的过错便会被流放，被发配到很远很远的地方，唯有咱们这个朝代用刑最仁，即便大臣有了罪，至多也只是罢免斥退，此即为宽仁之法……"

这和赵匡胤所立誓碑上的誓言不杀士大夫是一致的。当时天下大众虽然不知道誓碑，但都能意会到这个隐秘的规矩。

赵匡胤之所以在誓碑上写上不杀士大夫的誓言，主要是因为，他觉得文人读书做学问不容易，这个时代也太需要文人了。武人打天下，文人治天下，五代十国时期之所以那样乱，就是因为那个时候是武人的天下。武人是一个只知道动武，使用暴力，毫无知识可言的人，他如何能够治理天下呢？不把天下弄得乱七八糟才怪。而文人象征着文明，象征着繁荣，象征着和平与安定，赵匡胤的心愿就是让天下的百姓都过上这样的日子。所以，诏令他所有的后继者们都不要杀文人。

待北宋末年，靖康战乱，金国的军队攻入了东京汴梁，一片大乱，都争抢东西，把北宋朝廷的很多珍贵东西全抢跑了，闯入了皇宫，最后人们方看到了这块神秘的誓碑。

金兵们看到这块誓碑，装扮得如此的神秘和庄严，就揭开了它的面纱，但念了碑文后，都不敢动，赶紧请他们的将军来。将军也很是好奇，抢步来看，读了碑文，对这个神秘的誓碑，肃然起敬，对这位大宋朝廷的缔造者由衷地表示敬佩，禁不住一起下跪叩头，然后命令，谁也不许动此碑，违令者斩无赦！然后恭敬地退出去，重新又把此门给封死了。

　　南宋建炎年间，被金国掳去的曹勋自金国返回南宋，临回来之时，宋徽宗对他嘱托说："卿回去之后，一定要让赵构知道，太祖有一通誓碑藏于太庙内，不杀大臣和言事官，违者不祥。"

　　直到此时，就连当了皇帝南迁的赵构也还不知道誓约碑的事。

## 52
# 文人贪污腐败也要杀

赵匡胤给自己定的规矩是不杀文人士大夫，然而，必要的时候还是要杀，这也就是他不同于凡人之处。

当时的官场腐败由来已久。五代十国的时候，朝代的频繁更替，更加剧了官员紧抓时机大肆盘剥的心态，且麻利地付诸于行动。就官员的整体素质来说，五代十国时候不贪污受贿搞腐败而廉洁自守的官吏真是少之又少，绝大部分全是长于盘剥无孔不入的高手。在这样的土壤中诞生的大宋官场，是很难避免腐败的。赵匡胤用和平的方式取代了后周政权，对后周的文武官吏也几乎是全盘的接纳。这样，虽然政权更替了，然而，还依旧是那样的班子，因此，五代时候的贪污腐败弊病自然也就承袭下来了。五代时候的不良风气也便成为了宋初的不良风气，当中最为厉害的便是官吏贪污。由于这个贪污之风历史悠久，老百姓也见怪不怪了，习惯了逆来顺受。

赵匡胤对此一向是痛恨的，他当了皇帝后，就要对这样的人严查严纠，该杀就杀，绝不姑息。

除了前面章节赵匡胤严惩的那些腐败的官吏外，在此再补充一些真实的资料。

开宝三年（公元 970 年），一个右领军卫将军凭借自己对国家仓库进行监管之机，跟具体看管仓库的官吏相勾结，私自贪占国家财物，经查之后，赵匡胤大怒，随即下令处以死刑，弃于街市。

开宝五年，一名监管公粮的官吏不止一次地盗取军粮，累计几十万，这是有关国家安全的大事，赵匡胤更是关注，下令用军棍将其打死。

开宝六年，赵匡胤令供备库使李守信去秦、陇之间采买木材。在此次采买中，李守信盗取公款"巨万"。但是采买完毕在回京的途中就被部下偷偷举报到了赵匡胤那里。

那时候，李守信带人押着货物正走到中牟县，突然听到身边心腹告诉他这话，吓得他不知道如何是好，自思，陛下最恨此类事，就是回京也免不了一死，还要遭受许多刑辱，弄不好还会连累自己的至亲。此时他也很是后悔自己的行为，可为时已晚，当晚就在所居传舍拿刀割喉自杀了。

然而，此事还没算完，因为还有涉案人员，并不是他一个人的事。赵匡胤派遣执法很严的官吏苏晓前去对此事进行查证。查证的过程当中逮捕了许多人，就连李守信的女婿也牵涉了进去，这人通判秦州，名叫马适。

原来，李守信曾跟自己的女婿马适商量好，他把用公款盗买的大木连作木筏，顺河漂流，他的女婿在下游接着。他们两个人是用书信的形式进行联系的，而这信最终落到了苏晓的手里。于是，马适被处斩、弃市，家产也被朝廷抄没，有关人员连带破产。

大宰相赵普也曾亲自命令手下的人前去秦、陇之间盗买过这些木料，连结为木筏漂至京都开封，来为自己家所用。他手下的人也在给他采买的过程当中偷去私卖，这叫"私中有私"。赵普偷买国家禁止买卖的木材不让皇帝赵匡胤知道，赵普的手下人偷木材不让赵普知道。有的官吏公然还打着宰相赵普的旗号到街上去贩卖，真是胆大妄为。

他们终于被告发，皇帝赵匡胤那真是大怒呀，这在前面的章节里已经提到过了，当即就要罢了赵普的宰相，最后没罢，但是把他的那些下属都绳之以法。

开宝四年，一名地方官在上任一个多月的时间内就收受贿赂七十万。皇帝赵匡胤怎肯放得过他，立即拿下，砍头、弃市。

赵匡胤很厌恶这些事，如赵普这样极其重要的官员即便是不立即问罪，也早晚会算账，最终贬他去当个地方节度使。赵匡胤为了杜绝五代以来的腐败之风，对这类犯罪行为用刑是相当重的，毫不手软。有的用棍棒打死，有的被弃市，有的甚至还被处以五马分尸的酷刑，可见他要刹住这种歪风的决心。也只有这样，才能使大宋很快地走向繁荣，达至他赵匡胤的理想，让天下的人们过上幸福安泰的生活。

赵匡胤执政十七年间，处理贪赃案件五十一起，涉及七十四名官吏，当中被处死的就有三十三人。赵匡胤曾经说过这么一句话："如今朕抚养士卒，对于赏赐，向来都是毫不吝啬，但是谁若触犯法律，那等着他的就是刀剑！"

开宝七年，左拾遗刘祺受贿，不仅被流放沙门岛，还被在脸上刺字。

赵匡胤惩治贪官污吏，一般均不存在下不为例。只要是官员在当官期间有过贪赃枉法的事，无论在何时被告发、被发现，均要一一进行追究，决不姑息。

　　监察御史闾丘舜卿在通判兴元府的时候盗用九十万官钱，一时没被发现，并且还官至监察御史。然而于开宝四年，终于露出真相，闾丘舜卿并没有因为被升迁异地做官而逃避追究，结果也被皇帝赵匡胤毫不容情地斩杀，弃市。

　　由于天性仁厚，在赵匡胤当皇帝的十七年中，实行大赦的次数很多，只是对于那些贪污腐败的官员就没有那么宽容了，从来不讲这个。开宝改元，大赦天下，当中明确规定，贪赃枉法之官吏不在赦免之列。可见，赵匡胤打击官员腐败的态度何等坚定。

　　南宋的皇帝赵构在回想宋朝初期历史的时候道："太祖在刚开国的时候，将五代的严酷刑法全部革除了，一切都以仁慈为本，并没有真正处决一个士大夫，然而对于真正的贪官污吏，却非常严厉。"

　　这也可以看出赵匡胤这些做法对于后世的影响。

# 53
## 预防贪污

赵匡胤不仅是对贪污腐败进行惩处，还做了一系列预防措施。

首先就是"奖"。从倡廉方面来看，赵匡胤会对两类人给予奖励，一般奖励措施是提拔重用、物质赏赐和给予荣誉，这三项一般相互配合着使用。

对于廉洁奉公的官吏，是这两类人当中的一种。开国功臣沈义伦就是如此之人。

在宰相赵普暗地里干违法的勾当于秦、陇之间购买木材营建大私宅的时候，这个沈义伦还安于清贫，住在低矮和简陋的小宅子内。赵匡胤获悉此情况后，很是感动，马上令人为他画图设计新宅。然而，沈义伦却对前来督工的太监私下里说："我在那小宅子里住惯了，住大房子不舒服，希望还是小一点为好。"

督工的太监说："大人糊涂了，哪有不喜欢住大宅子的？您看赵宰相，不待陛下督促，他自己就抢先开工了。大人也实在太过于清廉了。"

前面已经说过，在宋王朝的大军平蜀地的时候，宋军的将帅和士兵上上下下皆恃功自傲，贪得无厌，中饱私囊，当时沈义伦担任的是随军转运使，宋军攻进成都以后，沈义伦独自一人住在寺庙内，过着和尚一样的清苦生活。后蜀的大臣来进献礼物，沈义伦也一概回绝。待回京之时，囊中也只是几卷书而已。回京之后，赵匡胤得知此事，提升他当了户部的侍郎、枢密副使，还加封他的儿子为供奉官。

赵匡胤通过提拔、营造私宅、录用子嗣这些奖励，来激励臣下廉洁自守，也是一种很好的办法。

另一类人是敢跟贪赃腐败行为作斗争的人，赵匡胤也不吝赏赐。

通判秦州马适和老丈人合谋盗取国家严禁私人买卖的木材，刚开始的时候，赵匡胤本想放他们一马的，对他们不予追究，然而负责查审这个案件的官员苏晓却一定要坚持把马适依律惩处，说："陛下，怎么能对那马适不予追究呢？"

赵匡胤说："依卿的意思？"

苏晓说："如果对马适不予追究，此口子一开，对于法律，哪个还服呢？惩治腐败将难以达效！"

赵匡胤略沉思，说："爱卿之言极是，就依爱卿之言。"

赵匡胤最终听取了苏晓的意见。结果是，从马适那里追出了所有盗取的官钱。赵匡胤非常高兴，并由此很是看重苏晓，觉得他真是国家的栋梁。随即令他当了左谏议大夫、判大理寺事，且负责京都商税事务。

除了这些事以外，对于检举和揭发贪污腐败者，赵匡胤也给予物质赏赐和官职提拔。这些都是治理官员腐败很有效的措施。

"养"也是赵匡胤曾用过的一种有效的措施。

所谓的养，也就是将官吏的俸禄提高一些，赵匡胤认为，丰厚的俸禄是官员勤政廉洁的必要条件。如果官员都穷得叮当响，怎么会看着国家的钱财、老百姓的钱财而不贪呢？

赵匡胤曾经于开宝三年的一份诏书内说道："官吏多了还想把事情做好，这是不容易做到的；俸禄很少，还想着廉洁勤政，是不容易苛求他们廉洁的。"

于此诏书中，赵匡胤强调了俸禄和廉洁的关系，认识到了将官员的俸禄提升对于养廉的重要意义。赵匡胤那时候的官吏俸禄和盛唐时候官吏的俸禄相比差不多，比晚唐时候要高一些。赵匡胤意识到了高俸禄和官吏廉洁之间的关系，因此他当皇帝期间，曾多次下令，提高官吏的俸禄。在乾德四年和开宝四年的诏书里，对于州县官吏和幕府官吏俸禄的来源做了明确的保障，也就是由地方固定的俸户来承担。在开宝四年的诏书内，赵匡胤再次强调俸禄和廉洁的关系，还说："既然要求他们清正廉洁，最好还是先给予他们。"

只有吃饱了饭，才能更好地为国家服务，若连饭都吃不饱，没有基本的物质生活保障，是很难有忠于职守、廉洁奉公的官员的，无论用何种惩罚办法，若想从根本上杜绝贪污腐败是难以实现的。自然，高俸禄也会出贪官，低俸禄也会有廉洁的官吏，难以一概而论。然而，一般来说，俸禄高低跟贪官的多少成反比。因此，赵匡胤对贪官污吏惩治的同时，尽量提升官吏的俸禄，对于官员的赏赐也从不吝啬，这在一定程度上显然是为官员的廉洁提供了条件。

再就是"防"。所谓的防，就是监督、监察机制和预防措施，若是反腐倡廉只是仅限于个别的物质赏赐还难以形成全面有效的制约，关键在于制度建设，去除贪污腐败的温床，制度是全部的基础。为了反腐倡廉，赵匡胤完善了自朝廷至地方的监察体系。

赵匡胤在位期间，监察制度建设中尤其突出的一点便是在地方上设立通判。最早设立通判是在乾德元年（公元963年）。那时，湖南割据政权被平定，为了稳定当地局势，赵匡胤将大批原政权官吏都留了下来，继续对那个地方进行治理，并命朝廷的官吏前去通判湖南诸州，说是去对地方政府进行协助，其实是对他们进行监督和控制。之后，赵匡胤又向其他诸州分遣通判。乾德四年，诸州全部设立了通判，州设通判已经成了一种固定制度。

地方知州的级别虽然比通判要高，然而，通判有直接向皇帝检举知州不法行为的特权，是真正的监察官员。设立通判，在一定程度上约束了知州的权力，抑制了贪赃枉法的行为。

最后就是"选"。对官吏的选拔和任用，也是一种消除贪污腐败温床的有效办法。

赵匡胤当皇帝期间，虽然已经开始改革科举考试制度，可是那时，科举还不是选拔官吏的主要渠道。

赵匡胤对官吏的选拔主要有举荐和科举两种方式。在这两种为朝廷选拔人才的方式上，赵匡胤皆有严格的要求，尽量做到真正为国家选拔人才。

武官打天下，文官治天下，然而，大宋建立之初，文官稀缺，甚至还不能满足朝廷的运作需求。开宝四年，地方官吏尚缺八百多名。赵匡胤多次下令要求有关属衙举荐人才。在命令举荐人才的同时，赵匡胤还有一个制约条件，那就是举荐人才不当的连坐。被举荐的人若以后干不法之事，举荐他的人也负连带责任，也要被相应的处理。

赵匡胤一方面令有关属衙一定要为朝廷举荐人才，一方面又制约他们不可乱推荐，否则要承担责任。这样一来，保证了官员的素质。曾有一位名叫王承哲的太仆少卿举荐官吏失实，被贬官为殿中丞。

这样的措施有利于减少官员任人唯亲与任人唯私的可能性，在客观上改善了官场风气，给宋初的吏治清明打下了不错的基础。

在科举方面，应当说宋朝是科举大肆扩招的朝代，然而在赵匡胤时代还不是太明显。即便是这样，赵匡胤在位期间一共举办了十五次开科取士，共有一百八十八人被录取进士。赵匡胤对科举考试严格要求，他实行的一些科举考试措施，成了后来的制度。

不准许公荐。公荐也就是依照宋朝刚建立时候的科举之法，主考官在去贡院主持考试以前，朝内公卿大臣可以向主考官推荐人才。若推荐的官员公正无私，那还行，然而，事实情况是，没有半点私心的人是很少见的，主考官很难不受举荐人的影响。针对这样的弊病，赵匡胤于乾德元年颁布禁令，严禁公荐，有触犯者严加惩处，用这样的形式来排除公卿大臣对科举考试的干预。

刚开始的时候，在科举考试当中，那些有势力、有门路的官员总是千方百计以不正当手段为子弟谋取功名，赵匡胤为了避免这样的现象再次发生，颁令这些子弟在参加科举考试合格后还需要再复试一次。这样的制度开始于开宝元年的科举考试，这一年的科举考试有十名进士合格。赵匡胤看见被录取的人员里的第六名是陶谷的儿子，他有些怀疑了，对身边的人说："陶谷的儿子怎么会有这么好的成绩呢？他平时根本就不会教育儿子，这里面肯定有文题。"

身边的人说："陛下应当想个办法试他一试！"

于是赵匡胤就传旨，让陶谷的这个儿子进殿复试。

令赵匡胤没想到的是，陶谷的这个儿子果然是个人才，复试的结果很是令赵匡胤满意，让满朝士卿也都很是欣赏。不过，赵匡胤还是觉得如此的科举让人有空子可钻，便顺势颁发了一道诏令："从今以后，凡科举考试合格的仕宦子弟，均当复试。"

明确了以后仕宦子弟参加考试合格之后，一定还要再进行一次复试，也足见赵匡胤对于选拔人才的慎重和对官宦子弟的严格。

开宝三年，赵匡胤于讲武殿对那一年考试过关的举人进行复试，再次以诗赋等题目进行测试，看有无钻空子蒙混过关的人。复试时发现从南唐投奔来的两个人不合格，然而想到他们是自南唐那边过来的，最后还是赐他们两个"三传"出身。不过，赵匡胤从大局出发，为了完善科举制度，还是颁发了一道诏令："过去的科举考试，总是被那些有势力的官宦人家所把持，从而堵塞了贫民子弟进仕之路，如此的考试很没意义。自今往后，朕要亲自对这些人进行复试，作出最后的决定。"

自此以后，皇帝的复试，也就成为了科举考试里的殿试，成为了定制。

虽然通过科举考试里的种种规则所选拔出来的人员未必都能奉公廉洁，但是这样的考试无疑大大保证了所选人员的素质，也和五代时期的官吏划清了界限，显出了和他们的不同。

# 54
## 以身作则

　　赵匡胤是自五代乱世里走过来的，意识到奢侈腐化是亡国的主要原因，他是为了让老百姓都过上好日子而奋斗起家的，因此也绝不会重蹈覆辙。

　　他经常跟他身边的人谈五代时期的历史，要臣子保持清醒的头脑，他说："五代时候的皇帝们在创业的时候差不多全能够保持艰苦奋斗的好作风，可是一当上皇帝就变了，有的是他本人，有的是他的后代，开始骄奢淫逸，肆意虐杀，最后都落了个身死亡国的悲惨结局。像后梁的朱温就是如此，他自以为坐稳江山之后，就放纵了自己，恣意享乐，荒淫无度，还追求禽兽一样的生活。他的儿子在外为国卖命，他却在宫内搂着自己的儿媳睡觉，这哪有不亡国之理？像后唐的李存勖当上皇帝后，不思进取，开始恣意享乐，远离朝臣，重用一些什么都不懂的太监和伶人，本来是一个相当有作为的人，打仗是一把好手，却变成了一个十分昏庸荒淫的人。他自己因为喜爱音乐和戏剧，就在朝政上宠信这些人，对他们委以重任，他还把一个贪得无厌的女人立作皇后，这女人专门爱聚敛金银财宝，并跟太监和伶人一起商量着谋害功臣和大将，最后弄得每一个人都担惊受怕，诸镇怨愤，兵变临头。由他亲手创建的基业也就此毁于一旦，他自己则在乱军之中被人杀死。"

他还说："后晋的石敬瑭当上皇帝以前，非常的节俭，还以廉政闻名，无论是在日常生活当中还是在对地方政务治理上，都非常的节俭，可是一到他当了皇帝，便开始露出了他的本性。他穷奢极欲，大肆聚敛钱财，他的宫殿全是用黄金、美玉和珠宝等东西装饰的，真是富贵之极，更可气的是他还巴结契丹，称比自己小十一岁的契丹皇帝耶律德光为父，当人家的儿皇帝，把燕云十六州都给了人家，最后也还是亡了国。"

赵匡胤身边的人都很佩服赵匡胤，无不认为他是他们所经历过的最好的皇帝。

在赵匡胤黄袍加身建立大宋王朝之后，南边和北边皆有不少的割据政权，他运用先南后北的战略思想，把他们都慢慢收复了，这些割据政权为什么会亡国，为何会被他统一，他都一一作了总结。他对身边的人说，最主要的就是他们过于奢靡了。

"即便是很会发展国家经济的后蜀皇帝孟昶，在他初当皇帝的前期，也励精图治，在穿着上非常的朴素，兴修水利，注重农桑，施行'与民休息'的政策。然而在他的后期，随着他政绩的显现，就有点忘乎所以了，开始沉湎于酒色，慢慢地不理朝政，在军事上更是懈怠，不发奋图强，小富即安，最终被我们宋朝的大军只用了六十六天的功夫就给全部摧毁和统一了过来。"

后蜀被统一过来后，后蜀的财物也源源不断地运抵大宋。有一天，赵匡胤在这些东西当中突然看到一个镶嵌着珍珠宝石的溺器

（也就是现在俗称的尿盆、尿罐一类的东西），他吃惊了，他自己生活从来简朴，还从采未见过这个，也从没有想象过别人会如此奢侈地生活：一个溺器竟厈这样高档的材料？真是罪过，暴殄天物！他觉得这就是孟昶之所以亡国的最根本的原因。

赵匡胤一向对孟昶是有礼有节的，然而，当时他真是大怒呀，命令道："快把这不祥之物给朕杂碎！朕见不得这样的东西！"

又转脸对孟昶说："你就是用珍宝来对这样的东西进行装饰？那你用什么吃饭呢？"

孟昶很是羞愧。

赵匡胤说："自己奢靡到如此，想不使你亡国都难啊！"

孟昶无地自容，也承认都是自己的错。

南汉的皇帝刘铱要比孟昶奢侈得多，孟昶是比较有作为有能力的人，而这个刘铱纯粹是混蛋一个。刘铱居住的宫殿都是用玳瑁和由很深的海里捞出来的珍珠及翡翠装饰的。归宋之后，他还用珠子把马鞍结作戏龙形状讨好赵匡胤。赵匡胤感叹道："刘铱好工巧，若你能把这些玩乐的心机用在治理国家上，又怎么会亡国呢？"

赵匡胤自己的日常生活完全可以概括为四个字：躬履俭约。

赵匡胤平时穿衣服非常俭朴，向来不讲究什么华丽、高贵。可见他打天下并不是为了自己，他是想让天下的老百姓过上安定富足的生活。他经常是穿着旧衣服，即使换新衣也必是逢重大场合时才换，平常是很少换的，一件衣服总是洗了再洗。这也是他早年形成的习惯，他并没有因为自己当了皇帝就改变。不仅这样，他还总是用自己的亲身经历、切身体会来影响他人，倡导简朴之风。他曾经把自己用过的破粗布衣服和破麻鞋等赏赐给身边的人，还对他们道："这是朕过去曾用过的。"

赵匡胤不但身上的衣服鞋袜简朴，即便是表示他皇帝身份的冠冕也很简朴，绝对没有其他皇帝们那样的华贵装饰。乾德元年，赵匡胤下令自今往后所乘轿子、所戴冠冕全要将珍珠、美玉之类的装饰品去掉。

赵匡胤把自己穿过的旧衣服赏赐给身边的人，把自己冠冕上华贵的珍珠摘除，美玉等装饰品去掉，就是想倡导一种简朴的生活。由于他身体力行，因此也具有号召力。

赵匡胤的起居也非常简单，可以说是没有一点皇家的派头与架势。皇宫内装饰的整体风格全以朴素为主。

宫内的幕帘和寝殿的帘子用的都是苇箔，是用芦苇结成的，再用些青布绕缠一下，根本没有用那些高贵的绫罗绸缎，别的需要挂帘子的地方也皆不用什么华丽的装饰，全部使用的是这一类俭朴的帘子。

有一天，赵匡胤居住的寝殿的殿梁损坏了，管理此事的大臣向赵匡胤建议说要用一根合抱之木来替换。然而，用如此之大木是必须要进行砍截的，赵匡胤觉得大木这样用太可惜了，太浪费。他对宫内木匠总是截长取短、把大的砍成小的不在乎的样子本来就不满意，便于奏折上大笔一挥写道："截你爷头，砍你娘头，别寻进来！"

那些大臣们看到赵匡胤这样的字，体会到赵匡胤的意思，于是赶紧停止了原来的计划。

赵匡胤的皇宫可以是说历朝历代最为简朴的一个皇宫。隋炀帝的时候，他的后宫女人有十万多人。唐朝刚建立的时候，国力贫弱，为了对人心进行安抚，李渊曾经下令将部分宫女放出宫去，任由她们嫁人，一次性便释放三千多名宫女。至唐太宗的时候，后宫的宫女依旧有好几万。而唐玄宗的时候，宫女人数猛增，有学者统计，唐朝国人中每一千人里就有一个人是唐玄宗的妻妾，总数比唐朝官吏的总数还要多。即便是唐代其他时候的宫女，最少也不下万人。

而赵匡胤的皇宫内只有五十多名太监，宫女的数量也是非常少的。开宝五年，赵匡胤曾下诏对后宫内的宫女人数做了一下普查，后宫宫女总的人数是三百八十多名。然而，赵匡胤还是觉得多，说："宫内要这么多的人干什么？白养活人吃饭，给国家增加负担，还耽误人家女儿青春，还是将她们放出去自主嫁人的好。"

于是，又遣散出去二百多名宫女。

赵匡胤平时出门不是骑马就是坐轿，他的轿子很破、很普通，还是从后周时候留下来的。当然，用当时一般人的眼光来看，这与他皇帝的身份是很不相配的，这也让赵匡胤家里的年轻人看着很不舒服。永庆公主先是对她的皇娘说："皇娘，您看父皇的轿子多破呀，早就该换一顶了，为什么不换呢？"

皇后说："你父皇就爱俭朴，不爱浪费，从来都是这样，坐了江山之后更是这样，谁也没办法。"

公主撒娇说："当了皇帝就应当有一个当皇帝的样子，你看他现在坐的轿子多寒酸呀，让下面的人看了笑话，还不如下面的臣子呢，这样咋压服他们呢？你就劝劝父皇吧，下次出去换一顶好一点的轿子。"

皇后没办法，就说："好好好，劝劝他换一顶好一点的轿子！"

那一天，终于逮着了一个好机会，公主和皇后一齐来劝赵匡胤换轿子。公主又对父皇撒娇道："父皇，您也当皇帝这么长时间了，怎么就不能有一顶用黄金装饰的轿子呢？这样也可以显示您皇帝的身份，不至于像您坐在那顶破轿子里显得那么寒酸。"

赵匡胤看着女儿，笑了道："你这个孩子，我拥有天下的财富，即便是用金银把整个宫殿全部装饰起来也能做到，然而，我一想到我是为天下的百姓守财的，我就不敢乱用了。有句古话说得好，皇帝一个人是来对天下进行治理的，而不是让天下的百姓来对皇帝一人进行侍奉的。若皇帝将一味享乐当成自己的根本，那天下的百姓还怎么活呢？从今往后，再不要说这样的傻话了，显得我没有教育好你。"

公主无话可说了，只好低头说："是。"

对于赵匡胤的简朴，他弟弟赵光义看不下去了，赵光义想，一个皇家即便再简朴也不至于搞得那么寒酸，我们为什么要夺取天下，不就是为了成为人上之人吗？这样过日子还不如一般官宦人家呢！

有一天，赵光义在宫中陪哥哥赵匡胤吃饭，他把心里早就想说的话终于说了出来。他说："陛下的衣服和生活用品太过于马虎了，如此显得非常寒酸。"

身为哥哥的赵匡胤对弟弟非常严肃地说："你还记得我们当初在夹马营的生活吗？我们不应当忘本！"

那时候，他的父亲赵弘殷只是一般的将军，俸禄有限，生活当然是清苦的，他们的日子都过得很是简朴，这是他们弟兄都不会忘记的。

赵匡胤说："如今我们大宋刚刚建立不久，人民也刚刚从动荡的五代中走出来，生活还是不富裕的，况且，我们要做的事还有很多，天下还未统一。即便是统一了，到时也还是要保持勤俭节约的作风，这样也才能避免陷进享乐里不能自拔，致使贪污腐败成风，国家衰亡！"

对于赵匡胤这番话，赵光义当时虽不能完全接受，然而，事后仔细想想，觉得很有道理，便牢记心中。

赵匡胤不仅自己俭朴，而且也总是要求自己的家人于皇宫大内保持节俭的作风。

赵匡胤以前本是喜欢大碗喝酒、大块吃肉的豪爽武将，然而，待他成为皇帝以后，对他个人来说，应当说什么都具备了，只要想有就会有，可是他却严于律己，反而加以节制了。他一生中的几件大事，就像建国、解除武将的兵权、统一政策的确立，可以说都是在酒席宴上做成的。在这些事上，酒其实也就是一个工具、一个手段，主要是营造一个和谐的气氛。赵匡胤曾经深思后对他身边的人说："如果成天沉湎在酒里，那如何做人呢？朕曾经在一次宴会上喝多了酒，一整晚都无法入睡，很是后悔。"

足见，赵匡胤的头脑是多么的清楚和冷静。

不说酒，就是其他吃的方面，赵匡胤也是很有节制的。

有一天晚上，也批阅奏章到很晚了，差不多已经三更时分，到这个时候，也正是需要进食的时候，他也真是饿了。他这时候突然非常想吃羊肝，刚张嘴要对身边的侍从说："来盘羊肝！"可一想，又把话吞了回去，不说了。身边的侍从看皇帝这个样子，忙问："陛下，您到底想吃什么？怎么话到嘴边，又咽回去了？"

赵匡胤说："朕原本想说，可又一想，万一说出来，以后宫内肯定就会一天杀一只羊了，这样多浪费呀！"

身为一个皇帝，一般人认为，在那个大宋朝他什么办不到呀，吃一点羊肝算什么呢？但是，赵匡胤觉得为了自己想吃一点东西就做出那么大的浪费，实在是不值当。

说着话时，御膳房里就端来了吃的东西。然而，赵匡胤刚拿起筷子来吃了两口，就发现盘内猪肉上趴着一只肥大的虱子。赵匡胤忙用筷子将这块肉挑了出来，侍从看了都感觉恶心，怒道："御膳房到底是怎么做的？也太马虎了，罪该万死！万岁，也是奴才没检查好，就……这一盏东西还是别吃了！"

这样的事出在其他皇帝面前，一般有关人员都是要被杀头治罪的，然而，在宽厚的赵匡胤这里却没有这样的规矩，不但不降罪，还自己节俭地把那盘食物给吃下肚去了。赵匡胤对身边的人说："这事千万不要传出去！"

　　御膳房之所以如此的马虎，主要是赵匡胤平时吃东西，太不讲究了。赵匡胤只知道将事情干好，对于自己生活上的事是全不在乎的，不讲究的。

　　说起来，他的这个御厨还是他为了报恩而请来的。当初他离家游历之时，投宿在一个老妈妈家里。老妈妈家里非常的穷困，但还是给他煮了几个鸡蛋端过来，这让赵匡胤永远忘不了。所以在他当了皇帝后，就派人去找那老妈妈。然而，那老妈妈已死了，他的儿子会些做饭的手艺，赵匡胤便把他请到了宫内，给自己做饭。你想这样一个乡野村夫会做什么好饭？就这，时间长了，这个村夫还不满意，想要当官，不想再当什么厨师做饭了。然而，赵匡胤就是不提拔他当官，他便请求离去。赵匡胤对他道："就凭你的那一点小才能，连饭都做不好，还当什么官呢？官位是用来招纳贤能的，如果朕用来对旧人进行恩典，朕心中非常愧对士大夫啊，这你还有什么不满意呢？"

## 55

# 皇帝的影响力

赵匡胤良好的作风对世人的影响是很大的，清初三大思想家之一的王船山（王夫之）在评论赵匡胤当时的一系列国策的时候，把赵匡胤的基本指导思想归结成三个字，那就是"求诸己"。意思也就是说从自身做起，对自己要求严格，克制自己。王船山说："君主'求诸己'，便会对官和民众起到一个潜移默化的作用，进而使社会风气的好转得到保证。"

然而，并不是所有具备优良品质的人都会成为人们学习的榜样，只有那些在社会上有一些影响力的人才有可能成为榜样。当然，在那个时候，皇帝也便是一国关注的焦点。

的确，赵匡胤的节俭之风，对当时的人们造成了非常大的影响。大宋的第一任宰相范质就是受影响最突出的一个。在他临终时，家里连对客人进行招待的器物都不齐全，缺这少那，显得很是清贫。赵匡胤去他家探病的时候，见此状况，心里很是感动，对他说："爱卿乃一国宰相，为什么日子过得如此清苦？"

范质道："臣当宰相之时，所交接的皆是贫贱之时的亲戚，根本也用不着这些器物，所以也就一直没有置办，并非是臣无钱购买。"

范质在当宰相期间，从来不接受地方上送来的馈赠之礼，平时与别人也很少有经济上的往来，即便是他自己的那些俸禄和国家对他的赏赐，他也大部分都分给了生活上困难的人。他平时生活极其的清苦，他想赵匡胤身为一国之君都那样的俭朴，令人敬重，自己为什么就不能呢？赵匡胤刚黄袍加身的那会儿，自己对他还很有看法，随着时间的推移，慢慢对赵匡胤这个人加深了了解，他越来越敬重赵匡胤这个人了。他也觉得当今世上正需要赵匡胤这样的人来管理天下，正是民间所说的"真命天子"。范质在穿衣上也从不讲究，也经常是破衣旧帽，饮食上也从来没有什么宰相门庭的山珍海味，可谓是完全的粗衣素食。

五代时期的宰相们都是锦衣玉食，骄横异常，而且还不断向地方上索取贿赂，到这位范质时，这些弊病恶习，算是真正消除了。范质临死的时候，他们家除了所住的房屋之外，一点田产都没有。

赵匡胤看了这些，也对这位宰相由衷地佩服，不禁感叹道："真正的宰相啊！"

皇帝和宰相都崇尚节俭之风，且以身作则，这就不能不成为那个时代的风气，使人们都以节俭为荣、浪费为耻。那时的士大夫也竞相效仿，且以此自勉。地方官吏在上任的时候，再也没有了奢侈浪费和讲究排场，迎来送往的不良风气。那些小官吏在上任的时候，甚至都是穿着草鞋、拄着木棍，徒步走着去上任的，根本就没有坐轿子的，就是骑着毛驴去上任都是很少有的事情。

大宋刚建国的时候能普遍形成这样的节俭之风，显示了这个大宋王朝是多么的有希望，也说明这位开国皇帝的宏图大志。

　　五代十国时候的皇帝、国主差不多都是挥霍成性，官吏也跟着学，个个不顾人民的生死，一味地奢侈，赵匡胤之后的宋代皇帝在总结赵匡胤时代的历史时说："百姓皆安居乐业，极其质朴，不去追逐那些奇珍异玩，不去追求那些奢靡无度的生活，所以民生安定，国有余财。"

　　赵匡胤对勤俭节约的大力提倡，不但让刚刚建立起来的宋朝于相当短的时间内积累起来了充足的财富，让统一天下的计划得以顺利实施，并且，此种作风在统一天下的大业中产生了直接的影响。

　　赵匡胤绝对不是一个为积累财富而积累财富的人，更不是一个人们俗说的守财奴。他心里明白国家用钱的地方还很多，在国家需要用钱的时候，他也绝对不会吝啬。他常对人说："有钱要把它用在刀刃上，不能无谓地乱花。"

　　赵匡胤将"治世莫若爱民，养身莫若寡欲"这句话书写在屏风之上，时刻警示自己，告诫自己，最重要的是爱民。

　　赵匡胤当皇帝期间，自然灾害频繁发生，国家若无一点储备，到自然灾害发生的时候，怎么办？总不能不管不顾吧？由于赵匡胤的节俭，国有余财，也就有了充分的准备，万一这样的灾祸发生的时候，这些余财便发挥了真正的作用。这个时候，赵匡胤总是下诏自汴梁京都调运大批的粮食和钱财来对这些灾民进行赈济，国家财力显得很是充裕。

　　赵匡胤为了长久地稳定大局，就要实现权力的集中，如此，也能避免重蹈五代时候的覆辙，他便想着用节省下来的钱财跟掌握军队的武将进行权力交换，如此不但避免了江山的不稳，也实现了权力的转移，构造了一个人们都欢喜的和谐局面。

　　为了要大臣们一心为宋朝服务，也为了争取边境的守将忠于国家，赵匡胤对他们的赏赐从来都很慷慨。对镇守西北和北方的十四员将领，赵匡胤不但给他们的家属赐予爵位及厚禄，并且在他们每次来京觐见的时候，也对他们进行很好地招待，就是对他们的赏赐也多得吓人。这让边境宋将们都很是感动，对皇帝赵匡胤真是无话可说，愿意为他两肋插刀，即便不是磕头的弟兄也像磕头的弟兄们一般。在赵匡胤当皇帝期间，北方和西北部都没有过什么动乱发生。边境相当安定，由此便为赵匡胤统一天下解除了后顾之忧。

要统一天下肯定是要付出代价的，特别是在金钱上。赵匡胤对那些投降的皇帝和国主都表现得非常宽容，让那些人生活得甚至比自己还好，给予他们的赏赐都是非常优厚的。这对实现统一起到了很好的推动作用。

看来赵匡胤节俭来的钱一分也没白花。

赵匡胤心心念念的还有一件事，那就是要把石敬瑭拱手送给契丹的燕云十六州收复过来。他曾在自己的皇宫内设置了一个封春库，将每年的财政决算所剩的钱财都存在里面，他想要用这些钱来收复燕云十六州。他设计了两个方案，第一个方案就是用钱把燕云十六州给买回来，这样可以不打仗，可以避免许多将士为此丧生；第二个方案就是，如果用钱买不回来，他就想用这些钱来发起战争，硬性地把燕云十六州从契丹手里给夺回来。

就是这样，积累财富去换取和平与安定，换取统一，是赵匡胤推行的一贯方针。也正是这样，宋朝在短短的十来年里就建立起了一套颇为稳定的社会机制。由于他在前面的影响作用，他的弟弟赵光义在继承了他的皇位之后，一些好的作风也随之被继承了下来。像节俭，赵光义依旧保持了赵匡胤在世时简朴的作风。此后的几任皇帝也是如此，都是相当节俭的。

这为大宋以后的繁荣打下了很好的基础。

# 56

## 驭将之术

赵匡胤制定国策，反腐倡廉，很是严厉，可谓是凛然不可侵犯。为了大局，为了国家的统一，他采取了不同的人不同对待的策略，该严的必须要严，该松的还是要松，这也可见他驾驭大局和人的高超技巧和强大能力。

赵匡胤放松的是那些长期守卫边关的将帅们，特别是那些驻守在北方边境和西北边境的大宋将领们。

赵匡胤刚刚建立宋朝的时候，宋朝实际领土也只是中原的一块区域，有许多割据政权都在周围林立着。赵匡胤制定先南后北的统一战略之后，为了确保这个进程的顺利实施，首先就一定要保证住北方的稳定。于是，便需要忠实可靠的大将来驻守这些地方。

那时候，对北方和西北边境进行镇守的一共有十四员大将，他们自东至西抵御契丹、北汉和西羌的侵犯，守护边境地区的稳定和平安。大宋的和平和安定要倚重他们呢，因此赵匡胤给予了他们充足的特权。

赵匡胤加强中央集权的一个重要方面便是把藩镇的财权收回到朝廷进行控制。然而，对于那些长期在边境驻守的将帅们，赵匡胤便采取了跟这个相反的做法，准许这些将帅们截留他们所管辖的地盘的全部财政收入，随他们自己支配，朝廷并不过问，不对他们进行控制。

不仅如此，赵匡胤还让这些将帅们享有贸易特权，并且还对他们贸易上的所有税收给予免除。这些将帅们心里都清楚，皇帝对他们是非常优厚的，因为在当时，赵匡胤下令刑部制定了绝对不准许官吏经商的法律，命令全国各地的所有官员谁也不许经商贸易，违犯者绝不宽容，他们也知道赵匡胤执法如山的脾性。所以，这些边帅们都在内心里感激着赵匡胤，也尽自己的能力守卫边境报效大宋。

何况，边将们确实需要足够的钱财来守边。他们一是要养士，培植自己的幕僚。二是要招募兵勇，培植死士，也就是我们现在所说的敢死队。三是要招兵买马，对军队进行扩充。大宋刚建立的时候，朝廷的主要兵力全在南方的战场上，驻守北方的兵力非常有限，一个地方也只是数千人马，因此必须要守将们自己想办法，自己招兵买马扩大力量。除此以外，还要收买细作人员，用他们来弄清楚敌方的军事部署，随时掌握敌人的军事动向。

早在赵匡胤刚当上皇帝的那会儿，便开始对国家的军队体制进行改革，到了后来更是运用"更戍法"，规定军队将领三年换一次。然而对那些北方和西北边境的将领们，则命令他们长期驻守，长时间也不更换，像驻守在关南的李汉超将军，就在关南驻守了十七年，驻守西山的郭进将军，在西山驻守了整整二十年；当然不止他，还有一些将领们也是如此。

赵匡胤不仅特许边将们自由贸易，并且还允许他们对由贸易得

来的钱财便宜从事，也就是尽他们自己用，让他们看着办，不必都
汇报给朝廷。这是多么大的特权呀！

可见赵匡胤对他们是多么重视。在这些将帅们长时间经营下，
他们全都形成了颇为独立的经济实体，优越程度自不必言。如果发
生战争，将帅们就把手中的钱财用于战争，如果不发生战争，他们
就在那里安定地生活，财富也丰足。

过于优越了就给了他们违法乱纪的机会。对于这些情况，赵匡
胤另有一套处理方法。

李汉超将军驻守的关南包括瓦桥关、益津关和淤口关三关，它
们是当年赵匡胤跟着柴荣皇帝自契丹手里收复回来的领土。赵匡胤
派李汉超将军带着三千兵马前去此三关驻守，主要任务是抵御契丹
的入侵。就这三千人马在此三关抵御契丹，人员真是太少了，任务
很重。因此赵匡胤又命李汉超当了齐州的防御使，齐州赋税非常多，
并说明这些税收支配权全部交给李汉超，让他自己来根据需要随意
支配。然而，李汉超只是一员武将，不懂什么文墨，完全是大老粗
一个，只会打个仗。平时没仗可打的时候，他也会瞎琢磨事，他这
一瞎琢磨，就难免会琢磨出危害当地老百姓的事来。结果，当地老
百姓上京告了他的御状。

告举的这个老百姓名叫王正好，他去京城告李汉超两大罪状。
第一大罪状是借钱赖着不还，第二大罪状是强抢民女做他的妾。这
也正好跟赵匡胤制定的法律制度相抵触，是赵匡胤非常厌恶之事。
若他不是边将的话，赵匡胤必会抓他明正典刑。

就说乾德三年十一月的那件事吧，当时朝廷命人新招募了一批
禁军，赵匡胤对他们的将领王继勋道："这些人都是刚招上来的，好
多还没有妻室，若有愿意嫁给他们的姑娘，他们不需要准备什么聘
礼，只要准备些酒肉吃的就行了。"赵匡胤的意思是说，朝廷要帮他

们操办婚事。没想到这个王继勋是个意会不透赵匡胤意思的人，竟然认为赵匡胤要他们下去抢老婆，于是就纵容这些身强力壮的军人们到街巷间去大肆抢老婆，看见谁家的姑娘长得好，就要拉回去拜堂。他们也真是大胆，也认为是皇帝让他们去干的，那真是没什么惧怕的，公然的抢啊。一时间，将京城里弄得鸡飞狗跳，鬼哭狼号，不得安宁。事情闹得这样大，皇帝赵匡胤不可能不知道，闻报，大怒："怎么回事？这些人怎么这样无法无天？不要命了？来呀，先把他们全部都给朕抓起来再说！"

朝中大将得令，马上带人就把这些人给控制住了。赵匡胤当即下令全部推出去斩首示众，一下子杀了一百多名禁军。然而，赵匡胤还没有就此完事，把那些知情不报的官吏也拉出去重重地打了一顿。这些官吏的屁股全被打得皮开肉绽，血肉模糊。

怨谁呢，只有怨自己太笨。

还有一件发生在赵匡胤的弟弟开封府尹赵光义家里的事。那时，有个青州人带着自己十几岁的女儿来京城经营生意，刚好让赵光义给碰上了，赵光义看这女孩儿唇红齿白，清眉秀目，很是稀罕人，一下子就喜欢上了这个女孩儿，于是就想买下来，然而人家是生意人，并没有困难到要卖儿卖女的地步，说什么也不卖。不愿卖，赵光义也毫无办法，总不能因为人家不愿意就硬抢吧？嗨，你别说，当时跟着他的一个叫习安的手下还真想着要把此女孩抢来献给自己的主子。他想：我们府尹大人看上你，是你的福分，叫你跟着府尹大人是看得起你，我们府尹是谁呀，当今皇帝的亲弟弟！真是给脸不要脸！

于是，这个家伙晚上便纠结一帮人寻到那生意人的住处，硬用轿子把那姑娘给偷抢到了赵光义的衙门，献给了赵光义。赵光义一时喜欢这女子喜欢得晕了，不知道如何是好。谁知，这件事很快就被赵匡胤给知道了。那真是恨呀，当即下令逮捕习安归案，也给弟弟赵光义敲了一次警钟。习安两口子吓坏了，妻子说："都怪你，怎么做出这种事，让陛下知道了，连我也跟着受连累！"

丈夫说："谁知道消息怎么会这么快就传到了陛下那里？陛下真是太神了，他执法又是那么严厉，这可如何是好？"

二人东躲西藏，最后躲在了赵光义的家里，才算躲了过去，抓捕他们的人总算没有往赵光义家里搜人。

被偷抢的女孩儿还是给人家青州的生意人放回去了，然而，习安夫妇还是不敢出来见人，一直就躲藏在赵光义的家里。直到赵匡胤死后，他们的主子赵光义当了皇帝后，他们才敢出来重见天日。

现在，老百姓王正好来告李汉超抢人赖账，赵匡胤又气又无奈，心说：这个李汉超真是又可爱又混蛋透顶，看他干的这些事儿！

赵匡胤把这个告御状的王正好招到了便殿，笑呵呵地对他进行抚慰和劝导。赵匡胤吩咐御膳房备一桌好酒好菜端上来，他要和这位小老百姓喝一杯，也让他尝尝皇帝御膳房里做出的饭菜是什么样的口味。说是要和他说说话，了解了解情况。

一个国家的皇帝，能对一个小老百姓如此，这首先就让王正好很是感动，两眼里都起泪花了，心想：真是天子啊！我活了大半辈子了，终于见到了真正的天子，过去的皇帝哪有这么好的？——这可是当今叱咤风云的皇帝请自己呀，他不知道如何是好，手里捏着筷子，抬头看着赵匡胤，不知道如何去吃。赵匡胤也毫不拘礼，不住地请王正好，说：'吃吃吃，到这里了，周围也没有什么人，不必有什么拘束，心里有什么话，就说什么话，桌上有什么饭菜，就尽管吃什么饭菜。"

王正好惶恐地叩头谢恩。赵匡胤再次请他不必拘礼，说："我们打江山干什么？就是为了让咱们老百姓把日子过好，吃好喝好。"

赵匡胤又向他劝酒。几杯酒下肚，王正好也就没有刚来时那么拘束了。

赵匡胤亲切地问他道："自打李汉超去关南镇守后，契丹入境对咱们老百姓进行过几次抢掠？"

王正好老老实实地回答说："李汉超去关南之后，契丹再也没有敢来入侵过。"

赵匡胤笑了说："以前契丹过境抢掠，那时候咱们驻守边境的将领带兵抵御的能力不强，河北地区的老百姓年年都会受到他们的劫掠，他们杀人放火，无恶不作，与禽兽无异，弄得咱们好多老百姓都家破人亡。"

王正好说："是。"

此时的王正好听赵匡胤如此说，心里还是有点感激李汉超的，是李汉超给了他们一方平安。赵匡胤又说："若还是在那个时候，你会保住你的财产和子女吗？"

王正好平心而论道："是，很难，这是陛下英明，派了一个有抵御能力的将军前去镇守。"

赵匡胤说："是，李汉超从你那里拿走的，比着契丹人从你那里夺走的，哪个多哪个少？"

王正好从没有想到过这个，竟一时回答不出。

赵匡胤又进一步说："你膝下共有多少女儿，他们嫁的丈夫都是干什么的？"

王正好说："草民膝下有四个女儿，被李汉超将军所抢的是最小的一个，前三个一个嫁的是木匠，一个嫁的是打铁的，一个嫁的卖烧饼的。"

赵匡胤笑说："他们哪个能比得了李汉超将军？"

王正好心里想着，当然从身份地位和能力上是没法比的。赵匡胤一拍王正好的肩膀，道："你也很明白，他们哪个也比不上李汉超。李汉超因为喜欢上了你的女儿，才娶了她，他一定不会亏待你的女儿的，不就是缺少个媒人吗？那朕来当他们的媒人怎么样？"

王正好连忙磕头，说："不敢！不敢！"

赵匡胤说："你看你的四个女儿哪个嫁的女婿最好呢？"

王正好想着想着突然禁不住笑了，当今皇帝说的话真是句句在理。赵匡胤又语重心长地说："李汉超是个将才，守卫边疆功不可没，人嘛，谁会没有一些缺点呢，最重要的是看他的优点多还是缺点多，他是个好女婿，可去好好过日子吧！"

这样就把王正好打发得心里喜喜欢欢地回家去了，从此也认了这个女婿，大家和和睦睦地过日子。

一方面，赵匡胤又遣人前去斥责李汉超说："卿需要钱，为什么不对朕讲，却向老百姓去借呢？"

同时，赵匡胤也给他带去了数百两铂金，又说道："你自己用这些钱把拿老百姓的一点不少地还了吧，也使老百姓真正从内心里对你感激，改变对你的看法。"

李汉超对赵匡胤的这些做法，那真是感激涕零，赵匡胤的厚爱他只有以死来报答了。不管怎么说，自己的这种行为也是违法的行为，陛下不对自己进行追究，也没有直接进行责备，还以金相赠……

赵匡胤采取的这种迂回方式，不仅使李汉超认识到了问题的严重性，也给李汉超保留了脸面。

而实际上，在这之前，李汉超还做过其他与朝廷法度不合之事。在赵匡胤准许边境将领自由进行贸易的情况下，李汉超依旧用个人的名义来贸易。赵匡胤得知后，也没有说什么，还把李汉超的关税也给免了。

对于赵匡胤对他的厚爱，李汉超也真是永志不忘，在关南驻守了十七年，关南都一直平安无事。后来，还有人跑到了京城去找皇帝赵匡胤，要求为李汉超将军的功劳进行立碑颂扬。对于这样为朝廷增光添彩的事，赵匡胤当然是非常高兴的，当即下诏为李汉超立碑。还特意命大文士徐铉捉刀撰文。可见赵匡胤驭将之术。

担任西山巡检使的郭进主要是对北汉进行防御。

郭进这个人从来轻财好施，不重视钱财，所以，从来也不干什么贪污营私的事。他就是好杀人，动不动就要杀人，他杀起人来不管不顾，什么人他都有胆量杀。他手下的士卒们稍有一点违背军令的地方，他就会砍他们的脑袋。说他是军纪严明，也有不当之处，他就是好杀人，以此来管束他的部下。形成嗜杀的特性了，不光是他军队里的部下，就连对待他自己家里的丫环婢女仆役也是这样，稍有违逆，他就会砍他们的脑袋。

这样说来，这人就有点可怕了。其实就是这样，那时候藩镇将领随便杀人，是五代时期留下来的恶劣习惯。赵匡胤对此也尽量约束，前面说过，在他当上皇帝的第三年，曾针对此种情况颁令全国不可再这样姑息藩镇，往后死刑全要由刑部复核。此令颁出之后，当时就有个别的官员由于擅自杀人而被朝廷逮捕，处以极刑。赵匡胤对于郭进的嗜杀是清楚的，然而，他不能马上就把这个边将处死，他必须以国家的大局为重。只能是一方面暂时姑息，另一方面慢慢敲打他。赵匡胤总是在每一次调兵隶属郭进的时候，对这些兵告诫说："你们可必须要遵纪守法啊，不然的话，即便朕不加罪，那郭进将军也会把你们给杀了。"

因为郭进的嗜杀，杀的也多了，因此他在杀人之前也从来没有上报过中央刑部进行复核。对于此，赵匡胤也只是睁一只眼闭一只眼，也毫无办法，只能是暂时如此。

其实，郭进也知道皇帝对他的姑息，他也在慢慢改变着自己，尽量不杀人。

有一次，朝廷自开封禁军当中精选了三十名侍卫给郭进送去，朝廷是要这三十名精壮侍卫到前线帮郭进压阵的，谁想，到了跟北汉对阵的时候，这三十名士兵由于不习惯，先是怯了阵。在战场上，军队最怕的就是这个，因为这会动摇军心，影响整个作战计划。别说是皇帝派来的禁军侍卫，就是大臣将军，一旦在战场上怯战，主将也有杀他的权力。于是郭进大怒，一句话也不讲，挥舞他手中的长枪，"噗噗噗"就扎死了十几个。看他们哪个还敢懈怠，哪个还敢怯阵！这一仗下来后，郭进将此事上报给了赵匡胤，因为这些都是朝廷专门派来的精锐侍卫呀，不上报怎么也说不过去。

赵匡胤当时正在京都检阅部队，闻报后，第一反应是大惊，说话的声音都变了，简直是愤怒极了，道："这些人都是从千百人里精选出来的，犯点小错，你郭进就给杀了？你也太好杀了，这样就是像种庄稼一样生长禁军，也赶不上你杀的！"

引得下边的亲军们七纷纷议论，很是不平。

当时，赵匡胤的确是很生气，也一心想的是郭进嗜杀，然而冷静下来想想，郭进在战阵上杀人，还是有一定道理，那是关乎战局胜败的问题。也很后每刚听到消息的时候自己的不冷静，若是影响郭进在边关杀敌，那就事大了，于是，又赶紧遣宦官前去边关对郭进进行抚慰，道："那些侍卫自认为是朕派来的，就桀骜不驯，战场上不听从命令，应当将他们斩杀，郭将军做得很对。"

郭进心里很是快慰，"以前乱杀人，皇帝一味地宽容我，不追究我，我怎么能总是不知好歹呢？我当然不会再乱杀人了。"

于是，集中精力对敌作战。

赵匡胤此举对郭进的部下也产生了很大的震撼，一个个提起了精神，不敢再懈怠。郭进驻守西山，每战没有不胜的。

有一次，郭进有个部下看不惯郭进的某些做法就跑到了京城去告御状。一般的官员，万一被举报，朝廷就会查你个底掉，经证实后，不是被流放，就是被弃市。然而，对于此次举报，赵匡胤心里非常清楚，根本就没有想着去调查，并且直接给这个举报人按了个"诬告"之名，还自圆其说地对满朝文武道："郭进将军从来治军非常严厉，也许是此人犯了错误，担心被惩罚，就来京恶人先告状的。"

满朝文武也都说不出来什么，赵匡胤命令马上把这个来京"诬告"边将的人捆绑了交给郭进，让郭进自己来处置。

来告御状的这个人心里很是惘然、不服气，然而又毫无办法，只好是被皇帝推着走。

郭进接到朝廷送来的这个部下后，心里也是五味杂陈，真是又惊、又气、又怕、又惭愧、又感激。他也不傻，他也明白陛下对他在这里的所作所为都了如指掌，又是对他多么的宽容和照顾，他没有为此而骄傲，反觉得很惭愧，当然也没像平常那样把此人给一刀砍了，陛下虽把此人交给他处置，但还在京城看着他呢？砍了这个举报自己的人，也就违背了陛下的意思。他看着眼前这个人，不知道如何是好。

恰在这个时候，外边来报："报——北汉领兵来战！"

郭进道："多少人马？"

军士说："一千。"

郭进眉头一皱，也便有了主意，转脸对举报自己的这个人说："你敢去开封找陛下告我的御状，表明你非常有胆量，非常有勇气，现在本将军也不治你的罪。我命你也带一千人马去抵北汉，若把他们打退，本将军就向朝廷为你请功加官，若败了，你也就别再回来了，直接去投北汉吧！"

这个举报者心里窝着一股气，此时得了将令，带领人马冲向敌阵，那真是奋勇当先，把北汉敌军杀得大败。

郭进在大营里等候消息，闻报大喜，亲自到外边迎接这个胜利者，也就是举报自己的人，对此人打心眼里表示钦佩。于是马上写奏折，为此人请功加官。

赵匡胤要的就是这样的效果，当然很是高兴了，立即准奏了。

从此，那个举报郭进的人和郭进很是和睦，亲如兄弟。

赵匡胤下令为郭进在开封营造宅邸，厅堂皆用圆筒形的覆瓦，承办此事的官员上奏道：“厅堂皆用圆筒形的覆瓦，规格如同亲王和公主，臣以为所使用建筑材料与礼制不合，是为僭越，还望陛下收回成命。”

赵匡胤听了此话，很是不高兴，心想，边将守边，那么辛苦，难道就不该住这样的房子吗？他怒道：“郭进在西山镇守十数载，让朝廷少了许多北顾之忧，难道非要让他住不如朕儿女的那些房子吗？别再多说其他了，赶紧去办理吧！”

董遵诲是赵匡胤年轻时在外游历期间结识的将领，此时也是很有能力的驻守边疆的名将。

董遵诲的父亲原和赵匡胤的父亲赵弘殷是故交，因此，当初赵匡胤投奔了他们家。那时候年轻气盛，不把赵匡胤放在眼里，总是和赵匡胤不和，把赵匡胤给气走了。当了皇帝后的赵匡胤当然不会计较年轻时候的事情——年轻不懂事，也不是什么恶，不管怎么样还是故交嘛！所以当了皇帝的赵匡胤对董遵诲也还是很好的。得知董遵诲和母亲失散多年，赵匡胤也很是着急，后来获悉董遵诲的母亲流落在契丹所占领的幽州，于是又用重金将他的母亲从幽州接了回来，待他的母亲还像先前一样地称为长辈。

这一切董遵诲怎么会不感激得泪如泉涌呢？

董遵诲派遣部下给皇帝献上一批宝马良驹，赵匡胤又把自己身上穿的一件蟠龙袍赠予董遵诲，然而，董遵诲派遣来的人吓得不敢接，说："董将军是臣子，如何敢要如此之袍？"

赵匡胤道："让他放心拿去穿吧，朕正要命他去边疆驻守，就不要过于讲究这些礼数了。"

之后，赵匡胤又命董遵诲前去通远任军使，屯兵环州（今甘肃环县），抵御党项羌。

和其他边将一样，赵匡胤也赋予了董遵诲许多特权，经济特权、便宜行事特权，还准许他自辟幕僚、选择精兵等等。董遵诲率军队驻守环州十四个年头，党项羌和宋朝平安无事，双方各自守边，谁也不犯谁，可以说董遵诲在这十四年当中是立了大功的。

由此足见，赵匡胤在治国上，在驾驭手下将领们上是心胸宏大、非常灵活、毫不拘泥的，应为大智慧。

# 57
## 结　尾

心怀仁慈，具有冲天大志的赵匡胤结束了五代十国的纷乱局面，当了十七年的皇帝，奠定了天下长久繁荣安定达至文明的基础之后，还没有完全统一天下，就被心怀叵测的弟弟赵光义用毒药给害死了。

南方的漳泉政权和吴越政权，已经没有必要再让大宋用兵，完全能够用和平的方式统一过来，再下来就是一直令赵匡胤心心念念的北汉了。

在他的弟弟赵光义继承皇位之后，漳泉和吴越两个割据政权全都上表归降，然而，皇帝赵光义很快又用害死哥哥的方式将漳泉的陈洪和吴越的钱俶全都毒害死了，这两股势力从而彻底覆灭。

接下来就是北汉，也是赵光义急于统一的地方。

兴平四年，急于建功的赵光义开始用兵北汉。

在用兵北汉之前，副宰相薛居正建议赵光义说："陛下，以臣之见，还是应谨慎从事，先帝两次用兵北汉都没有结果。"

于是，赵光义又向曹彬征求意见，说："先帝用兵北汉两次都未果，到底原因在哪里呢？"

曹彬为他分析说："先帝用兵之时，都是把军营驻扎在甘草地上，而中原的士兵大多不服水土，上吐下泻，在军中引发了疫病，致使军队战斗力大大降低，只能是到后来退兵。"

赵光义听罢，谨记于心，应当是吃一堑长一智，不能再重蹈覆辙了。

于是大举北进。

北汉地瘠民贫，国力非常弱，总是依附着契丹，宋朝对北汉的战争，实际上也就是对契丹的用兵。当契丹获悉宋朝大军出动对北汉进行攻击的时候，也马上起兵救助。

云州观察使、十分骁勇嗜杀的大将军郭进此时早已带领着自己的军队扼守于岭南。契丹先锋耶律沙带领着契丹兵马走到白马岭和郭进刚好是隔着一条大涧，两军隔涧严阵以待，磨刀霍霍。

耶律沙望着涧那边跟自己身边的人商议说："我们军马如果直冲过去，没有完全的胜算，待我们后边的军队跟上来之后，再一鼓作气把他们消灭掉，穿过岭南。"

然而，监军耶律敌烈父子和一些人不同意这样的看法，他们一个个说："何必待后边的军队上来再打？以我军的勇猛定能把这些宋军给拿下，过涧即可把他们吃掉！"

"就是，何必待后边的军队，待他们上来时我们已经把前面这些宋军消灭掉了，岂不更好？"

"这一股宋军没有什么可怕的。"

耶律敌烈是冀王，契丹的宗室，说话是很有分量的。先锋耶律沙见他们都这样说，就只好下令过涧攻击前面的宋军。

如果是在平原上，依靠契丹此时的人数和勇猛的骑兵，肯定是占着优势，然而，这是在深山区，他们的骑兵发挥不了什么优势，况且前面还横着一条大河。

契丹军有马不能骑，只能牵着走，还要慢慢试探着涧水的深浅。如此，哪还有什么冲击力？还没等他们过涧，郭进就一马当先，率军迎头大杀大砍，猛烈截击，根本就不待契丹军马还击，就把他们打得稀里哗啦，死的死，伤的伤，像赶鸭子一样，使他们四处乱窜。

契丹军兵大败，耶律敌烈的儿子和耶律沙的儿子在纷乱当中均被杀死，耶律敌烈正彷徨无计，就被原先告郭进后来因立功被提升将军的那个军校赶过来，一刀斩了。

耶律沙捡回一条性命，慌慌张张往回败逃，然而，宋军依旧在后面紧紧追赶着他，誓要把他活拿。耶律沙真是拼命地逃呀，磕磕绊绊跌跌撞撞没命地往后逃，眼看就要被追上，耶律沙横刀就想抹脖子，干脆死了算啦，免得被宋军活拿了去。

就在这个时候，突然一个声音高叫道："耶律将军，休要轻生，留得性命！"

原来是他们的后军到了，这下耶律沙不用死了，他的眼泪都要下来了。

契丹的南苑大王耶律斜轸一声叫喊，然后急下令用强弩射向宋朝的追兵，才将耶律沙给救了下来。

郭进在石岭把契丹的援军击退之后，契丹的各路援军也纷纷退去。此时的宋朝大军抓紧时间对北汉进行攻击，北汉哪里能抵挡得住？

北汉国主刘继元在情急之下再次遣密使去向契丹恳求发兵救援，他们把信塞到蜡丸插进发髻里潜出城去，途中却碰上了宋朝的大将郭进。郭进一刀把他给砍了，高悬人头，让城中的人看。城中人个个害怕得不得了。

皇帝赵光义也到了，亲自坐镇指挥。宋军斗志高昂。与之相反的是，城内的北汉军兵却是闻风丧胆，斗志皆无。

其实，这仗也没法再打了，北汉败亡已定。赵光义又学着哥哥赵匡胤的样子许给他们高官。是年五月份，北汉最终还是投降了。

北汉投降了，还有燕云十六州没有收复，赵光义想趁着这股士气一举将燕云十六州也给拿下。

赵光义虽然带领着宋朝的大军收复了北汉政权，可是经过几个月用兵，将士们都很是疲惫，军粮也已经不多了。赵光义作出这样的决定，曹彬和潘美虽然心里觉得不妥，然而，也不便反对，只有殿前都虞候崔翰奉承赵光义说："陛下能作出这样的决定真是英明，所谓机不可失，时不再来，此举定能拿下燕云十六州！先帝没有作到的事，陛下并非不能够做到，这北汉不是让陛下给拿下来了吗？"

说得赵光义心里很是舒服，嘴里却说："休要胡说，先帝的武功谁能相比？"

众武将们都很恶心这个都虞候崔翰，不少人甚至想暗中宰了他。

赵光义一心要让世人明白，自己不比哥哥差，还要胜过哥哥，于是当即命令曹彬进攻契丹。此时正是严酷的盛夏季节，天气很是炎热。赵光义率领大军人马北征，军队将士都懒洋洋的，根本无意再打仗。然而，他还是一意孤行，非要打这一仗不可。

起初，和契丹的军队遭遇，宋军也打了一些胜仗。赵光义更是自信了，他想这样下去，可一举收复燕云十六州！然而，契丹遭了几次失败之后，很快作出了军事上的调整，让耶律斜轸与耶律休哥指挥作战。

此时的赵光义根本没把这两个人放在心上。然而，这两个人一出来指挥敌军作战，形势就突然发生了逆转。

赵光义指挥大军进攻幽州，无论怎样地攻打，都攻不下来。这时候，耶律斜轸又命大将耶律沙带兵来救援，赵光义及时组织人马进行拦截，于幽州契丹之兵和耶律沙的援军还没有汇合以前将耶律沙带领的援军击溃。赵光义再次舒了一口气，这下可以集中精力攻打幽州了。然而，正当他高兴之时，耶律休哥带领的精锐部队抄小道猛然出现，这个时候，幽州城内的守军也出来加入了战斗，赵光义的大军陷入三面包围之中。此一战最终被契丹打得大败。赵光义自己也被流矢所伤，骑驴而逃。

此战大败之后，宋军士气更是低落，乃至于无。本来长期作战就很疲惫，此时又打了大败仗，哪还有心思再打？

不仅如此，此一战，也是宋朝和契丹战争的重要转折点。此后，北宋一直处于下风。耶律休哥成了赵光义的死敌，也是赵光义的噩梦。

此后由于宋朝后继的皇帝们死守太祖皇帝赵匡胤定的制度，不知变通，导致军力削弱，在整个大宋王朝时期，都未能将燕云十六州给收复过来。